DIETHARD STEIN

MODERN DRUMMING 2

Schlagzeugschule mit CD zum Mitspielen, Band 2

Konzeptionelles Lernprogramm für modernes Schlagzeugspiel

Linear Drumming, Permutation, Substitution, Metrische Modulation, Odd Times, Anwendung von Leseübungen, Grooves, Licks aus allen musikalischen Stilrichtungen, acht Play along Songs mit einer Live Band

Lehrbuch mit CD

LEU-VERLAG

Die Vorstufe für den Schlagzeug-Einsteiger:
MODERN DRUMMING BASICS, der Vorstufen-Lehrgang zum Band **MODERN DRUMMING 1,** richtet sich an den absoluten Schlagzeug-Einsteiger. Mit CD incl. aller Übungen und 5 Play along Songs: ISBN 978-3-89775-057-9

Die anschließende Weiterführung:
MODERN DRUMMING 1, Schlagzeugschule mit CD zum Mitspielen. Das praxisnahe und umfassende Lernprogramm, alle modernen Spieltechniken und musikalischen Stilrichtungen, umfangreiche Groovesammlung, Fill Ins, spieltechnische Übungen, Rudiments, 8 Play along Songs etc.: ISBN 978-3-928825-24-5

Der weiterführende 2. Band für semi-professionelle bzw. professionelle Drummer:
MODERN DRUMMING 2, Schlagzeugschule mit CD. Linear Drumming, Permutation, Substitution, Odd Times, metrische Modulation, Grooves und Licks aus allen musikalischen Stilrichtungen, 8 Play along Songs: ISBN 978-3-928825-45-0

Lernen von den Top-Schlagzeugern:
MODERN DRUMMING 3, Schlagzeug-Transkriptionen, ergänzend zu MODERN DRUMMING 1 und 2. Original-Transkriptionen, bearbeitet von Diethard Stein und Michael Strunk, Stilanalysen, Spieltechnikerläuterungen: ISBN 978-3-928825-67-2

Die ergänzenden Groove-Tools zu MODERN DRUMMING 1:
MODERN DRUMMING Grooves, Lehrbuch mit CD. Schlagzeug-Groove-Tools, Groove-Konzepte aller musikalischen Stilrichtungen, notierte Grooves, 12 Basictracks: ISBN 978-3-89775-033-3

4. Auflage 2021
© 1994 by LEU-Verlag, Bergisch Gladbach/Neusäß, www-leu-verlag.de
Lektorat: Wolfgang Leupelt

Satz und Layout: Diethard Stein
Cover: Klever Repro, Bergisch Gladbach
Notengraphik: Diethard Stein
Fotos: SONOR
Play along-Songs aufgenommen im Inner Light Studio, Remscheid
Toningenieur: Dietmar Steinhauer
Musiker: Markus Wienstroer   - Gitarre
                Dietmar Steinhauer   - Keyboards
                Markus Wienstroer   - Bass
                Diethard Stein   - Schlagzeug
                Frank Kirchner   - Saxofon
Alle acht Songs wurden von Diethard Stein und Markus Wienstroer komponiert, arrangiert und produziert.

Printed in Germany 2021
ISBN 978-3-928825-45-0

Inhaltsverzeichnis

III. Interpretation von Leseübungen

IV. Big Band Akzente & Vorbereitungen

V. Rhythmische Patterns

VI. Stickings

VII. Linear Drumming

VIII. Ungerade Taktarten/Odd Meters

IX. Play along-Songs

X. Leseübungen

Anhang

Über das Buch

Ein Grund dafür, warum viele gute Drummer irgendwann wirklich ganz hervorragende Schlagzeuger werden, ist meiner Ansicht nach der, dass sie zu einem bestimmten Zeitpunkt in ihrer musikalischen Entwicklung damit begannen, sich darauf zu konzentrieren, was sie selbst spielen und musikalisch ausdrücken wollten, anstatt ständig nur ihre Vorbilder zu kopieren. Kopieren ist wichtig! Man lernt dabei eine Menge. Das Schreiben von Transkriptionen, also das Heraushören von Musik und anschließende Aufschreiben ist ebenfalls äußerst effektiv. Man bekommt viele Ideen und Anregungen dazu, wie Rhythmen und Fills in einem bestimmten musikalischen Zusammenhang eingesetzt werden. Und man trainiert durch Transkriptionen natürlich ungemein das Gehör. Auch das Aufnehmen des eigenen Spiels ermöglicht eine ganz andere Hörweise und damit auch Kritikfähigkeit über das eigene Spiel. Wichtig sind aber dabei nicht nur die einzelnen Rhythmen und Fills Ins. Diese sind austauschbar, es gibt viele Möglichkeiten Musik zu interpretieren. Wichtiger ist es vielmehr zu verstehen, aus welchen Bausteinen die Grooves und Fills zusammengesetzt sind, welchen Einfluß die Dynamik beim Spielen hat, welche Rolle das Timing spielt, wie die einzelnen Patterns am Drumset orchestriert werden, warum man einen bestimmten Handsatz spielt usw.: Es geht also darum, das Konzept, das dahinter steht, zu begreifen und sich damit zu beschäftigen, wie man es musikalisch einsetzt.

Daher sollte es meiner Ansicht nach Ziel eines jeden Lehrers und jeden Unterrichts sein, dem Schüler eine Basis für die Entwicklung seines eigenen zukünftigen Stils zu geben und seine Kreativität zu fördern. Unter diesen ganzen Gesichtspunkten, Kreativität, eigener Spielstil, Musikalität, Konzepte, Ideen, Transkriptionen, verschiedene Musikstile etc. baut **Modern Drumming 2** auf dem Band **Modern Drumming 1** auf.

Modern Drumming 2 ist ein offenes Lehrkonzept, bietet eine umfassende Zusammenfassung der angesagten Konzepte für das moderne Schlagzeugspiel, ermöglicht die individuelle Interpretation des Materials und fördert die Entwicklung der eigenen Kreativität: Groove Konzepte, Anwendung der Rudiments, Paradiddles und Leseübungen als Rhythmen und Fills am Drumset, Stickings, Groove Displacement, Brasilianische und Afro-Kubanische Rhythmen am Drumset, Linear Drumming, Permutation, Substitution, Odd Times, Metrische Modulation, Grooves, Licks und Ideen für alle musikalischen Stilrichtungen: Rock-Pop-Hard Rock-Metal-Jazz-Latin-Fusion-Funk-R&B-Hip Hop etc.

Mit Hilfe der von einer Live-Band eingespielten acht Play Along Songs aus unterschiedlichen musikalischen Stilrichtungen kann zudem direkt praxisorientiert geübt werden. Die einzelnen Songs sind auf der CD in jeweils zwei Fassungen zu hören: in der Original - Version mit Drums und in einer Version ohne Drums mit Click.

Viel Spaß mit **MODERN DRUMMING Band 2**.

Diethard Stein

Das Stimmen des Drumsets

Ein gut gestimmtes Schlagzeug ist die Voraussetzung für einen optimalen Drumsound, der natürlich je nach Geschmack und Art der entsprechenden Musikrichtung recht unterschiedlich sein kann. Höre dir am besten ein paar gute Plattenproduktionen der unterschiedlichen Musikstilrichtungen an, um eine Idee für einen wirklich guten Sound zu bekommen.

Die verwendeten Trommelkessel sowie die Wahl der Trommelfelle und natürlich in erster Linie die Qualität des Schlagzeugers sind für einen guten Schlagzeugsound absolut entscheidend. Außerdem ist natürlich die richtige Stimmung der Felle sehr wichtig.
Einen guten Sound zu bekommen ist sicherlich Erfahrungssache. Damit du diese Erfahrung sammeln kannst, mit der Zeit selbst das Stimmen erlernst und ein Gefühl für einen guten Sound entwickelst, solltest du sämtliche Ideen und Anregungen, die du hinsichtlich des Stimmens bekommst, selbst ausprobieren und mit deinem Schlagzeugsound herumexperimentieren. Probiere verschiedene Stimmungen aus und vor allen Dingen verschiedene Felltypen. Neben der Stimmung und den Trommelkesseln sind die verwendeten Felle für den Klang sehr entscheidend. Selbst qualitativ weniger hochwertige Drumsets kannst du mit guten Fellkombinationen klanglich ungemein verbessern. Sehr wichtig ist es ebenfalls, dass du dir gute Plattenproduktionen aus den unterschiedlichsten Musikstilistiken anhörst. Tausche deine Ideen auch mit Schlagzeugerkollegen aus und informiere dich in den Schlagzeugfachzeitschriften.

- **Zur Vorbereitung** zum eigentlichen Stimmen solltest du das Schlag- und Resonanzfell auf dem jeweiligen Kessel einmal ganz hoch stimmen, damit sich das Fell der Kesselgratung anpasst und sich die überschüssigen Kleberreste im Trägerreifen plattdrücken. Dadurch wird ermöglicht, dass sich die Trommel später stabiler und sauberer stimmen lässt.
- Drehe zu diesem Zweck sämtliche Spannschrauben mit den Fingern über Kreuz soweit, bis sie sich per Hand nicht mehr weiterdrehen lassen.
- Anschließend drehst du mithilfe des Stimmschlüssels jede Schraube um eine 1/4 bzw. 1/2 Umdrehung weiter, natürlich auch über Kreuz.
- Bei diesem Vorgang wird es „knirschen" und „knacken", was aber nicht bedeutet, dass das Fell gleich reißt, sondern nur, dass sich die Kleberreste plattdrücken. Auch wirst du dabei feststellen, dass sich die eine oder andere Schraube leichter weiterdrehen lässt. In diesem Fall drehst du diese Schraube(n) so weit weiter, bis du merkst, dass an allen Stimmschrauben in etwa die gleiche Spannung anliegt.
- Auf diese Weise werden die Felle nach und nach alle so weit straff angespannt bzw. hochgestimmt, bis es nicht mehr „knirscht" und „knackt".
- **Zum basismäßigen Stimmen** löse nun die Fellspannschrauben wieder so weit, bis das Fell komplett entspannt ist und beginnt, Falten zu werfen.
- Anschließend ziehst du sämtliche Spannschrauben wieder mit den Fingern so weit an, bis sie gleichmäßig am Spannreifen greifen.
- Nun stimmst du das Schlagfell auf die gewünschte Tonhöhe. Dabei drehst du mithilfe des Stimmschlüssels über Kreuz alle Stimmschrauben hintereinander um jeweils ca. eine 1/4 Umdrehung. Danach beginnst du wieder bei der ersten Stimmschraube und führst diesen Vorgang fort, bis die Trommel die gewünschte Tonhöhe erreicht hat.
- Damit das Fell gleichmäßig gestimmt ist, sollte die Tonhöhe am Rand des Felles in der Nähe der Stimmschrauben bei allen Stimmschrauben gleich sein.
- Schlage daher zur Kontrolle regelmäßig während des Stimmvorgangs das Fell am Rand in der Nähe der Stimmschrauben an.
- Ob die Trommel insgesamt einen gleichmäßigen Ton produziert, kannst du nur feststellen, indem du die Trommel in der Fellmitte anschlägst.
- Das Resonanzfell auf der Trommelunterseite stimmst du nun auf die gleiche Weise in der gleichen Tonhöhe.

Hier noch ein paar spezielle **Tipps zum Stimmen**:

- Wie hoch oder tief du die Trommel stimmst, hängt letztendlich von deinem persönlichen Geschmack ab und natürlich auch davon, welchen bestimmten Schlagzeugsound du errreichen möchtest.
- Klingen die Trommeln zu lange nach, entstehen also zuviele sogenannte Obertöne, kannst du mithilfe von Klebeband und Papiertaschentüchern, die du in der Regel auf der Oberseite des Schlagfells der jeweiligen Trommel anbringst, einen „trockeneren" Sound erreichen.
- Unerwünschte Obertöne bei der Snaredrum kannst du mittels eines Dämpfungsringes - erhältlich in allen Schlagzeugläden - beseitigen. Der Sound wird insgesamt „trockener".
- Die Toms sollten in der Regel entsprechend ihrer Größe gestimmt sein. Dabei ist das kleinste Tom am höchsten und das Standtom am tiefsten gestimmt. Achte dabei darauf, dass die Tonhöhe vom kleinsten Tom bis zum Standtom gleichmäßig abfällt.
- Um einen vollen, satten und knackigen Bassdrum-Sound zu bekommen, spannst du das Schlagfell relativ locker auf und legst zur Abdämpfung eine kleine Decke in die Trommel. Für diesen modernen Sound ist es wichtig, in das Resonanzfell ein kleines, rundes Loch zu schneiden.

Die Schlagzeugnotation

Jedes Schlaginstrument hat im fünflinigen Notensystem seine bestimmte Position.

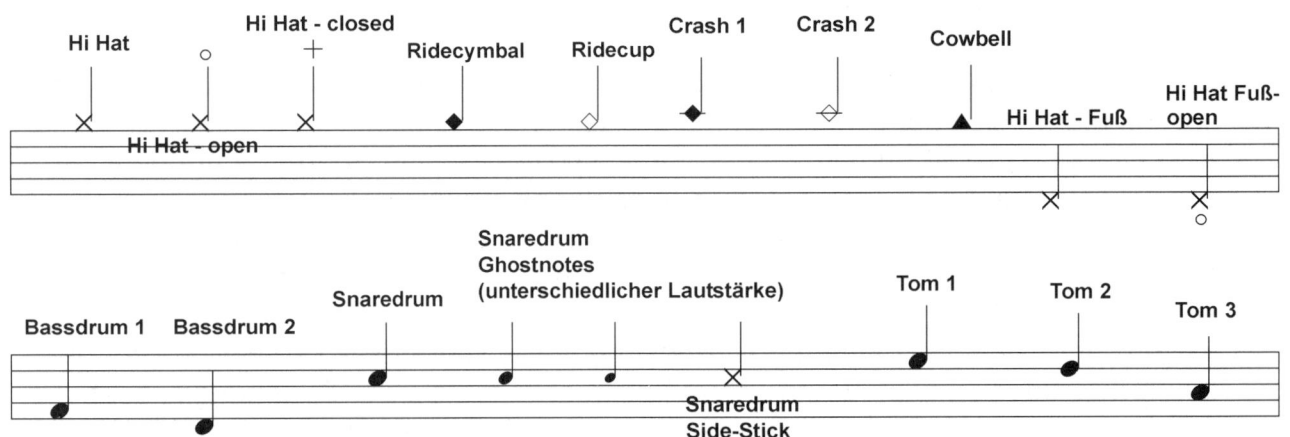

R= rechte Hand   L= linke Hand

Dynamik: Darunter versteht man die jeweilige Lautstärke beim Spielen.
Dynamikbezeichnungen: p = piano (leise)
mf = mezzoforte (mittellaut)
f = forte (laut)
Das Verhältnis zwischen den einzelnen Stufen ist relativ. Zu jeder Stufe gibt es noch Untereinheiten wie z.B. pp = pianissimo (sehr leise) oder ff = fortissimo (sehr laut).

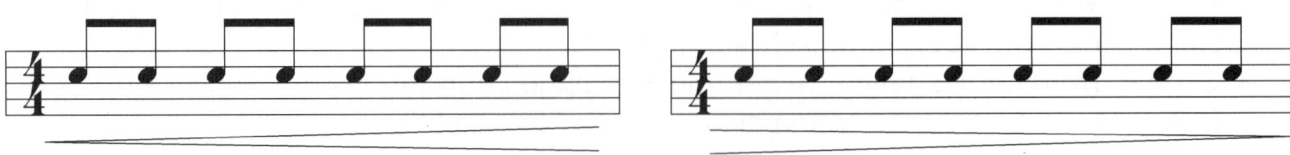

crescendo = gleichmäßig lauter werden   decrescendo = gleichmäßig leiser werden

Akzent: Unter Akzenten versteht man betonte Schläge, d.h. akzentuierte Schläge werden lauter im Verhältnis zu nichtakzentuierten Schlägen gespielt.

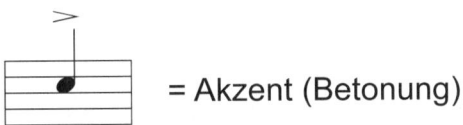 = Akzent (Betonung)

Die rhythmischen Notenwerte

Wozu sind Noten eigentlich wichtig und nützlich?

Das 'Notenlesen können' ist zunächst einmal für die Qualität der Musik uninteressant. Du bist kein besserer Musiker, nur weil du Noten lesen kannst. Noten sind im Prinzip ein Hilfsmittel, sie

- erleichtern den rhythmischen und musikalischen Überblick
- dienen der besseren und einfacheren Kommunikation der Musiker untereinander
- ermöglichen, dass du durch Bücher wie dieses eine Menge Anregungen und Ideen bekommst, diese mithilfe der Notenschrift aufschreiben und dadurch auch für längere Zeit festhalten kannst.

Die Notenwerte

Zunächst erkläre ich dir ein paar wichtige theoretische Grundbegriffe: Die **rhythmischen Notenwerte** dienen dazu, einen bestimmten Zeitraum, in dem ein Rhythmus gespielt wird, z.B. ein 4/4 Takt, in bestimmte kleinere Zeiträume einzuteilen. Unter einem **Takt** versteht man die räumliche bzw. zeitliche Unterteilung eines Musikstückes. Takte werden der viel besseren Übersichtlichkeit wegen durch **Taktstriche** gekennzeichnet. Die sogenannte **Taktart** wird zu Beginn des Taktes durch einen Bruch - z.B. 4/4 - dargestellt.

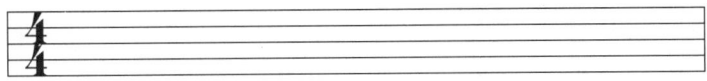

Die Zahl im Zähler (obere) zeigt an, wie oft in einem Takt gezählt wird, nämlich viermal. Die Zahl im Nenner (untere) drückt aus, welche Notenwerte als Grundzählzeiten in diesem Takt verwendet werden. In diesem Fall sind es Viertelnoten. Der 4/4 Takt kann auch anstatt des Bruches durch das folgende Zeichen dargestellt werden:

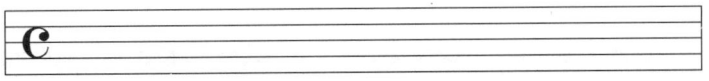

Das unten stehende Zeichen nennt man 'alla breve'. Es kennzeichnet den 2/2 Takt. Im Prinzip handelt es sich hierbei von der Notation her um einen normalen 4/4 Takt, bei dem die rhythmischen Schwerpunkte jedoch bei den halben Noten auf den Zählzeiten 1 und 3 liegen. Folgt in einem Musikstück ein in 'alla breve' notierter Takt auf einen 4/4 Takt, so wird er in der Regel im doppelten Tempo - im Verhältnis zum 4/4 Takt -, gespielt. Das heißt, dass die halben Noten des in 'alla breve' notierten Taktes den Viertelnoten des normalen 4/4 Taktes entsprechen.

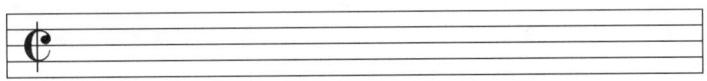

Leu-Verlag

Die gebräuchlichsten Taktarten sind 4/4, 3/4, 6/8, 12/8 und 2/4 Takte.
Über den einzelnen Noten- und Pausenwerten findest du Zahlen und Buchstaben notiert, die so genannten **Zählzeiten**. Sie helfen dir dabei, zu bestimmen, wann, d.h. zu welchem Zeitpunkt in einem Takt, ein bestimmtes Instrument gespielt werden soll. Mehr über die Bedeutung des Mitzählens findest du im Kapitel **'Das Zählen'**.
Eine **Note** besteht aus einem Notenkopf und einem Notenhals, der sowohl nach oben als auch nach unten gerichtet sein kann. Das dient lediglich einer optisch übersichtlicheren Schreibweise. Wenn eine Note notiert ist, so spielst bzw. schlägst du das entsprechende Instrument zu der Zählzeit an, auf der die Note steht. Zu jedem Notenwert (z.B. eine Viertelnote) gibt es einen entsprechenden Pausenwert. Bei notierten Pausenwerten wird entsprechend des jeweiligen Pausenwertes **nur gezählt**, **nicht** aber **gespielt**!

Der so genannte 'Notenbaum', das Verhältnis der Notenwerte untereinander:

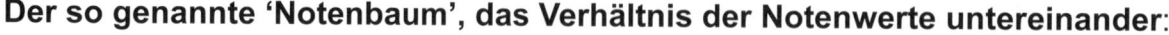

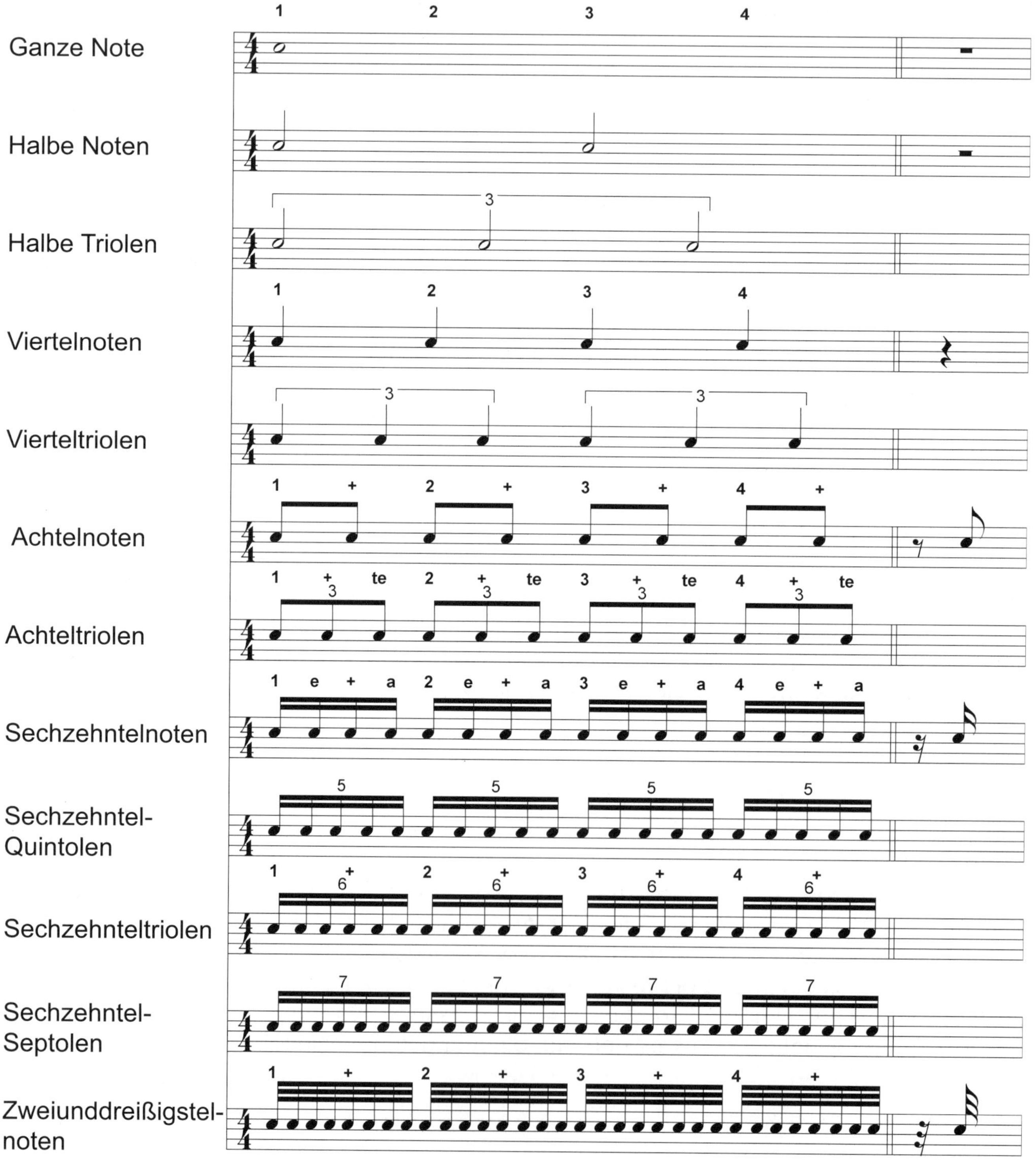
Ganze Note
1 2 3 4
Halbe Noten
Halbe Triolen
3
Viertelnoten
1 2 3 4
Vierteltriolen
3 3
Achtelnoten
1 + 2 + 3 + 4 +
Achteltriolen
1 + te 2 + te 3 + te 4 + te
3 3 3 3
Sechzehntelnoten
1 e + a 2 e + a 3 e + a 4 e + a
Sechzehntel-Quintolen
5 5 5 5
Sechzehnteltriolen
1 + 2 + 3 + 4 +
6 6 6 6
Sechzehntel-Septolen
7 7 7 7
Zweiunddreißigstel-noten
1 + 2 + 3 + 4 +

Das Timing

Das Wort **Timing** kannst du am ehesten mit 'rhythmischer Sicherheit' übersetzen. Darauf musst du als Schlagzeuger allergrößten Wert legen, denn du setzt zusammen mit den anderen Musikern der Rhythmusgruppe - Bassist, Gitarrist und Keyboarder - das rhythmische Fundament, auf dem die Musik aufgebaut ist.

Wenn Mitmusiker einem Schlagzeuger ein schlechtes Timing vorwerfen, dann meinen sie in der Regel damit, dass er beim Spielen schneller oder auch langsamer wird. Jedoch ist es mit dem Timing der Mitmusiker oft so eine Sache, d.h. oft sind sie selbst unsicher. Letztendlich trägt jeder seinen Teil zum Ganzen bei, nach dem Motto: Die Kette ist nur so stark wie ihr schwächstes Glied.

Ein gutes Timing zu haben heißt auch nicht nur, beim Spielen nicht etwas schneller oder langsamer zu werden, sondern rhythmisch 'in sich geschlossen', 'homogen' und 'organisch' zu spielen. 'Nur' richtig im Tempo zu spielen, also eben nicht schneller oder langsamer zu werden, bedeutet noch lange nicht, dass das Timing o.k. ist.

Der **Groove** eines Musikstückes -, also den Rhythmus mit dem richtigen Tempo und Feeling (Gefühl) zu spielen, damit es eben richtig 'groovt', mitreißt und abgeht (das hat nichts mit einem **schnellen** Tempo zu tun oder damit, dass du beim Spielen schneller wirst) -, stellt sich nur durch die jeweilige Interpretation des Timings ein. Mal ein bisschen 'vor der Zeit', mal ein wenig 'hinter der Zeit' spielen. Diese Erfahrungswerte wirst du im Laufe der Zeit durch viel Spielen und Musikhören selbst entdecken. Hieran siehst du aber auch, dass eine Band das Timing schon einheitlich und gemeinsam - jeder auf seine Weise - interpretieren muss, damit sich ein homogener Gesamtsound entwickelt. Wenn ein guter Schlagzeuger mit einem im Timing unsicheren Bassisten spielt, wird die Musik in der Regel nicht grooven.

Ein solides Timing zu entwickeln ist eine Sache, die du erlernen kannst und zwar am Besten, indem du mit einem Metronom arbeitest. Wie das genau funktioniert, kannst du im Kapitel **Das Metronom** nachlesen. Sehr effektiv ist es auch, wenn du dein Spiel aufnimmst und anschließend anhörst und analysierst. Dabei werden dir viele Kleinigkeiten auffallen, die du beim Spielen gar nicht bemerkst und an deren Verbesserung du nun bewusst arbeiten kannst. So hörst du mit ein wenig Übung etwa, ob du beim Spielen vom Tempo her schleppst oder treibst, oder ob du den Backbeat auf den Zählzeiten 2 und 4 wirklich genau auf den Punkt spielst. Auch die Arbeit mit den rhythmischen Leseübungen fördert mit der Zeit deine **rhythmische Sicherheit** enorm.

Das Metronom

Du hast sicher schon von anderen davon gehört, wie wichtig es sei, mit einem Metronom zu üben bzw. mit dem 'Click' spielen zu können. Was ist denn nun ein Metronom, warum ist es wichtig und wie arbeitest du am effektivsten damit?

Ein **Metronom** ist ein Taktgeber, mit dem das genaue Zeitmaß, also die Geschwindigkeit bzw. das Tempo von gespielten Schlägen, Rhythmen, Notenwerten usw. im Verhältnis zueinander festgelegt werden kann. Diese Tempobestimmung erfolgt über eine am Metronom angebrachte Zahleneinteilung bzw. eine digitale Anzeige von meist 40 bis 208 Schlägen. Diese Schläge werden bei einem elektronischen Metronom über eine Lautanzeige (ein 'Click' ertönt über den eingebauten Lautsprecher) und/oder eine Lichtanzeige (Leuchtdiode, Lichtpunkt o.ä.) hörbar bzw. sichtbar gemacht. Die Zahlen geben die pro Minute gespielten Schläge (Beats) an. Das heißt, bei einer Einstellung auf die Zahl '60' wird das Metronomsignal (Click, Lichtanzeige) sechzigmal in der Minute, also im Sekundenabstand, ausgesandt. Daher auch die Abkürzung 'bpm', also 'beats per minute'.

Mit Hilfe eines Metronoms kannst du also das genaue Tempo markieren. Dadurch ist das Metronom ein hervorragendes Werkzeug, um wesentlichen Zielen eines jeden Musikers und ganz besonders eines Drummers näher zu kommen: ein gutes Timing zu haben und das in jeder Hinsicht kontrollierte Spielen.

Das Metronom spielt das jeweils eingestellte Tempo genau und unbestechlich durch und macht dadurch jede kleine Schwankung in deinem Spiel sofort deutlich. Durch die Arbeit mit einem Metronom kannst du die Fähigkeit des „Time Keepings" (das Halten des Tempos), die Fähigkeit zu Grooven und einen starken und genauen Puls zu spielen, enorm verbessern. Jeder Drumer sollte, gerade im Zeitalter der Sequencer und Computer, darüber hinaus in der Lage sein, genau zu einem Clck zu spielen.

Fassen wir kurz zusammen: Die Arbeit mit einem Metronom:

- kann zur Verbesserung des Grooves und des „Time Keepings" beitragen,
- dient als Maßstab des Fortschritts, etwa hinsichtlich der Geschwindigkeit, mit der du bestimmte Fills, Rhythmen etc. spielen kannst,
- trägt durch regelmäßiges Üben bei allen möglichen Tempi dazu bei, das Problem zu beseitigen, ein Musikstück nur in deinem „Lieblingstempo" am Besten spielen zu können

Die Arbeit mit einem Metronom

1. Passive Herangehensweise:

Du stellst beim Üben oder Spielen die Vierelnoten auf dem Metonom ein, d.h. bei einer Einstellung auf die Zahl „60" werden die Vierelnoten in diesem Tempo gespielt.

Diese Art der Einstellung ist relativ passiv, da du praktisch „nur" auf den Click draufspielst und dich führen lässt. Anfangs musst du dich an die Areit mit einem Metronom gewöhnen, da du das Gefühl hast, gegen etwas anzuspielen und irgendwie beim Spielen gefesselt zu sein. Nach relativ kürzer Zeit stört dich das jedoch nicht mehr und wird zur Gewohnheit.

Mit dieser gerade beschriebenen Arbeitsweise beginnst du. Wenn du schon ein fortgeschrittener Drummer im Umgang mit der Metronom bist und eine gewisse Sicherheit erlangt hast, solltest du dich mit der nachfolgend erläuterten **aktiven Herangehensweise** beschäftigen, die äußerst effektiv, aber auch zumindest anfangs schwieriger zu erlernen ist.

2. Aktive Herangehensweise:

Viel effektiver ist es auf Dauer, wenn du die Metronomschläge z.B. in einem größeren zeitlichen Abstand zueinander spielen lässt oder auch auf anderen Zählzeiten bzw. die Metronomschläge nicht immer auf die Taktschwerpunkte, wie den Viertelnoten-Zählzeiten 1, 2, 3 oder 4 setzt. Es ist viel schwieriger, die hierdurch entstehenden zeitlichen Zwischenräume richtig, d.h. in Time auszufüllen und den Metronom-Click sozusagen zu umspielen. Auf diese Weise musst du das Tempo bzw. den Groove selbst aktiv gestalten.

- Stelle also z.B. das Metronom auf die Zahl 50 ein. Die jetzt ertönenden Metronomschläge sollen die Zählzeiten 2 und 4, also den Backbeat eines 4/4 Taktes darstellen. Und...? Es ist nun schon recht schwierig, zu dieser Einstellung überhaupt erst einmal richtig zu zählen (1, +, 2, +, usw.), geschweige denn dazu zu spielen.
- Noch interessanter wird es, wenn du die Metronomschläge (z.B. Tempo 60) als die jeweiligen „+'s" der einzelnen Viertelnoten denkst, also: 1+, 2+,3+, 4+. Und richtig schwierig wird es schließlich, wenn du dir die eingestellten Metronomschläge als die jeweils zweite und vierte Sechzehntelnote der einzelnen Viertelnoten denkst, also 1a, 2e, 2a usw.

Sinn der unterschiedlichen Arbeitsweisen ist es, dass du lernst, das Tempo und den Groove aktiv selbst zu gestalten und dich eben nicht „nur" an den Click dranhängst. Achte auch einmal auf die unterschiedlichen Feelings, die du bei einem Rhythmus mit den verschiedenen Metronomeinstellungen bekommst.

Es dauert natürlich einige Zeit, bis du mit diesen Einstellungen auch zurechtkommst, aber ein derartiges Arbeiten mit dem Metronom macht sich definitiv im Laufe der Zeit sehr positiv bemerkbar.

Leu-Verlag

Das Zählen

Vielleicht hast du z.B. Probleme damit, laut zu zählen (1, +, 2, +, 3, +, 4, +, s. **Teil 2**) und dazu gleichzeitig die einzelnen Instrumente zu spielen. Und weil das so ist, wirst du eventuell schnell ungeduldig und fragst dich, 'warum muss ich denn überhaupt mitzählen, und das auch noch laut?' Da die Frage nach dem 'warum' des Mitzählens auch recht häufig gestellt wird, möchte ich sie dir kurz beantworten:

Beim Spielen von Rhythmen werden einzelne Instrumente, wie z.B. die Hi Hat, die Snaredrum oder die Bassdrum, entweder gleichzeitig oder auch nacheinander angeschlagen und zwar - je nach Rhythmus - in ganz bestimmten zeitlichen Abständen zueinander. Um nun aber einen bestimmten Rhythmus spielen zu können, musst du natürlich wissen, zu welchem Zeitpunkt ein bestimmtes Instrument (Snaredrum, Hi Hat etc.), das in diesem Rhythmus verwendet wird, angespielt werden muss. Nur durch das gleichmäßige Zählen gliederst du die Gesamtzeitdauer, in der ein Rhythmus gespielt wird, in gleichmäßige zeitliche Unterteilungen auf. Dadurch ist es dir möglich, genau den Zeitpunkt festzulegen, zu dem du ein bestimmtes Instrument spielen willst. Anders funktioniert das nicht. Wenn die Bassdrum z.B. gleichzeitig mit dem - vom Anfang an gerechnet - fünften Hi Hat Schlag gespielt werden soll, musst du ganz einfach die einzelnen Hi Hat Schläge mitzählen, um beim fünften Hi Hat Schlag auch die Bassdrum mitspielen zu können.

Bei ganz einfachen Rhythmen ist es natürlich mit etwas Übung auch möglich, diese mit der Zeit rein vom Gehör her nachzuspielen. Wenn du nun zu den Drummern gehörst, die schon seit 'ein paar Wochen' Schlagzeug spielen und bisher weder Unterricht hatten noch Notenlesen können, wirst du sicher schon einfache Rhythmen gespielt haben.

Sobald jedoch die Rhythmik etwas komplexer und schwieriger wird, ist es kaum mehr möglich, ohne eine gleichmäßige Unterteilung der Zeit, in der ein Rhythmus gespielt werden soll, auszukommen.

Jeder muss auf irgendeine Art zählen - unabhängig davon, ob er bereits Notenlesen kann oder nicht - und damit die Zeit, in der ein Rhythmus gespielt werden soll, gleichmäßig aufteilen! Ob das nun etwa in der Form gemacht wird, wie wir es in den westlichen Kulturen durch die Notenschrift gewohnt sind, oder wie in anderen Kulturen durch das gehörmäßige Einprägen verschiedener rhythmischer Grundmuster, ist im Prinzip egal. Auch die meisten Autodidakten, also diejenigen, die sich das Spielen eines Instrumentes ohne die Hilfe eines Lehrers bis zu einem gewissen spieltechnischen Niveau selbst beibringen, unterteilen die Zeit - meist unbewusst - in der der Rhythmus gespielt wird.

Ich hoffe, dass dir mittlerweile klar ist, wie wichtig das Zählen ist. Gerade am Anfang ist es daher sehr entscheidend, wirklich gut auf die richtige Zählweise zu achten. Übe also das gleichmäßige Zählen - in den Kapiteln in Teil 1 und Teil 2 wird alles genau erklärt: also z.B. 1, und, 2, und, 3, und, 4, und, 1, und... - anfangs sooft wie möglich, auch dann, wenn du nicht am Drumset sitzt. Es geht einfach darum, dass du dir diese Zählweise so einprägst, dass du sie richtig 'verinnerlichst', du sozusagen 'im Schlaf' bzw. automatisch zählen kannst. Schon nach relativ kurzer Zeit nervt das Zählen auch nicht mehr wie zu Beginn. Du kannst das in etwa mit dem Auto-, dem Moped- oder Fahrradfahren vergleichen: Wenn man das Fahren lernt, muss man anfangs bewusst darüber nachdenken, wie und wann man schaltet oder wieviel Gas man in bestimmten Situationen geben kann - oder wie man das Gleichgewicht beim Fahrradfahren hält. Mit der Zeit jedoch macht man diese ganzen Bewegungsabläufe automatisch und denkt nicht mehr bewusst darüber nach. Genauso ist es mit dem Zählen.

Der Sinn des **lauten** Zählens - zumindest am Anfang, bis du eine gewisse Sicherheit erreicht hast - liegt darin, dass du ganz einfach dadurch besser eventuelle Fehler erkennst, z.B. ungleichmäßiges Zählen. Es ist also sehr wichtig, dass du bei Übungen zu Beginn gleichmäßig, langsam und laut mitzählst, denn nur so kannst du die rhythmischen Abläufe richtig verfolgen und kontrollieren. Wenn du zu schnell spielst, verlierst du leicht den Überblick. Vor allen Dingen solltest du erst dann von Übung zu Übung fortfahren, wenn du die jeweils vorhergehende Übung relativ sicher beherrschst. Du musst dir die einzelnen Schritte erarbeiten. Habe also etwas Geduld, übe sorgfältig und überstürze nichts.

Sinnvolles und praxisnahes Üben

Wenn du auf deinem Instrument vorwärtskommen willst, musst du 'ganz einfach' üben. Schlaue Sprichwörter wie 'Von nichts kommt nichts' etc. treffen, so abgedroschen sie auch sein mögen, den Nagel meist auf den Kopf.

Durch falsches und uneffektives Üben kannst du jedoch auch eine Menge Zeit verschwenden. Deshalb hier ein paar Tipps, die dir helfen sollen, so effektiv wie möglich zu üben und gleichzeitig viel Freude dabei zu haben:

- Das Wichtigste ist deine positive Einstellung zu allem, was du tust. Versuche das Üben nicht als notwendiges Übel zu betrachten, sondern freue dich darauf.
- Nur das regelmäßige Üben bringt den Erfolg. Es ist z.B. effektiver, täglich eine Stunde zu üben, als einmal in der Woche sieben Stunden.
- Natürlich gibt es ganz bestimmte Übungen, bei denen sich der Erfolg erst durch längeres, ständiges Wiederholen einstellt. Das macht meistens weniger Spaß! Daher ist es wichtig, dir pro Übethema eine bestimmte Zeitspanne festzulegen, die du auch regelmäßig einhälst, nicht mehr, aber auch nicht weniger, z.B. täglich zehn Minuten Rudiments üben. Das gibt dir zum einen das positive Gefühl, etwas getan zu haben, zum anderen weißt du von vorneherein, wie lange du dich mit einer beim Üben etwas langweiligeren Sache beschäftigen musst.
- Setzte dir zu jedem Thema bestimmte Ziele, die du erreichen möchtest, stelle dir auf dieser Basis ein Übungsprogramm zusammen und arbeite konzentriert daran. Beginne dein Programm auch einmal rückwärts durchzuarbeiten oder übe 'im Kreis', d.h., beginne am nächsten Tag mit den Übungen, bei denen du am Tag zuvor aufgehört hast und gehe von dort an weiter.
- Nimm dir dabei nicht zu viele Sachen auf einmal vor, denn dadurch verzettelst du dich leichter.
- Berücksichtige beim Erstellen deines Programms die Zeit, die du in der Regel auch wirklich zum Üben hast. Wenn du z.B. eine Stunde Freiraum hast, bedeutet das nicht, dass du auch wirklich eine Stunde üben kannst. Auf das Üben muss man sich einstellen, für konzentriertes und richtig effektives Üben sind die Pausen ebenso wichtig. Die Übezeit mehr oder weniger 'abzusitzen' führt zu nichts.
- Zu Beginn solltest du dich zuerst einmal **warmspielen**. Beginne dann mit deinem **Pflichtprogramm**, arbeite also an deiner Spieltechnik, an neuen Grooves, Fills und Rudiments. Im Anschluss daran kommst du zur **Kür**, also zum **kreativen Teil**. Probiere eigene Ideen für Rhythmen und Fills aus, arbeite an einem Solo und setze das Gelernte mit den **Play Along** Songs in die Praxis um.

I. Groove - Konzepte
Teil 1

Vorbemerkungen

In diesem Kapitel beschäftigen wir uns mit dem Spielen von Schlagzeug-Grooves und dem Entwickeln eigener Rhythmen durch das Verstehen und Umsetzen des dahinterstehenden Konzeptes.

Vielleicht ist es dir bereits ähnlich ergangen: Da findest du in diversen Schlagzeuglehrbüchern, Workshops in den unterschiedlichen Schlagzeug-Fachzeitschriften oder auch in auf youtube geposteten Videos irgendwelche Rhythmen abgedruckt bzw. live an zuhören oder auch zu sehen, ein Pattern interessanter als das andere. Aber ...., wer hat schon die Zeit, jeden Tag stundenlang zu üben und all diese Grooves so einzustudieren, dass sie in der Bandpraxis auch ständig einsetzbar bzw. abrufbar sind?
Sicherlich hast du dir auch schon bestimmte Rhythmen, die dir gefallen, herausgesucht und diese geübt. Tja..., und dann bei der nächsten Bandprobe versucht, den ein oder anderen Groove anzuwenden. Aber irgendwie passte dieser Beat, so toll er ja auch für sich alleine gespielt klingen mag..., irgendwie passte er nicht zur Musik der Band. Oder aber du hast dich gefragt, wie ein Drummer auf diese bestimmte Art gekommen ist, einen Rhythmus zu spielen. Und wie kannst du deine eigenen Ideen, angepasst an die Erfordernisse der Songs in deiner Band entwickeln?
Wenn du das Konzept verstehst, also die Bausteine kennst, aus den Grooves zusammengesetzt sind, bist du in der Lage, dir deine eigenen Patterns kreativ zu entwickeln bzw. zu erspielen, Ideen und Anregungen schneller aufzugreifen, zu variieren und deinen Anforderungen in der Bandarbeit anzupassen.
In Teil 1 dieses Kapitels stelle ich dir z.B. die Basisbausteine für eine bestimmte Art Grooves zu spielen vor. Mithilfe dieser Bausteine kannst du dir deine eigenen Figuren kreativ entwickeln sowie ein hohes Maß an Koordinationsfähigkeit deiner Hände und Füße erarbeiten.

Teil 1 ist in strukturell in zwei Unterkapitel aufgeteilt: „**Systeme**" und „**Snaredrum/Bassdrum-Kombinationen**". Nach der Vorstellung der möglichen Bausteine findest du Erläuterungen zum jeweiligen Konzept sowie genaue Übungstipps zur praktischen Umsetzung.

1. Systeme - binär

Unter **Systemen** versteht man die vielen Möglichkeiten, unterschiedliche Hi Hat- bzw. Ride-cymbal-Patterns, also Rhythmusmuster zu spielen. Diese sind sehr wichtig, da du durch die unterschiedlichen Patterns unterschiedliche „Time Feelings" beim Spiel von Rhythmen am Drumset erreichst. So klingt ein und derselbe Snaredrum/Bassdrum-Groove mit verschiedenen Systemen gespielt vom Feel sehr unterschiedlich.

- Die meist verbreitete Methode ist die, eine ostinate, also eine sich ständig wiederholende rhythmische Figur - z.B. durchlaufende Viertel-, Achtel- oder Sechzehntelnoten - auf der Hi Hat oder dem Ridecymbal zu spielen.
- Entweder werden diese Figuren mit einer Hand gespielt oder aber mit unterschiedlichem „Sticking" (Schlagkombinationen) umgesetzt, d.h., die einzelnen Schläge eines Patterns werden zwischen beiden Händen aufgeteilt.
- Zudem können die einzelnen Schläge eines Systems unterschiedlich akzentuiert werden. Auf diese Weise lassen sich interessante Variationen erzeugen.
- Die nachfolgend notierten System-Patterns zeigen etliche Möglichkeiten, die Figuren 1 bis 12 gehören zu den Gebräuchlichsten.
- Alle diese Hi Hat/Ridecymbal-Patterns können nun mit den im Kapitel „Snaredrum/Bassdrum-Kombinationen" gezeigten Snaredrum/Bassdrum Patterns kombiniert werden.

Hi Hat/Ridecymbal Patterns:

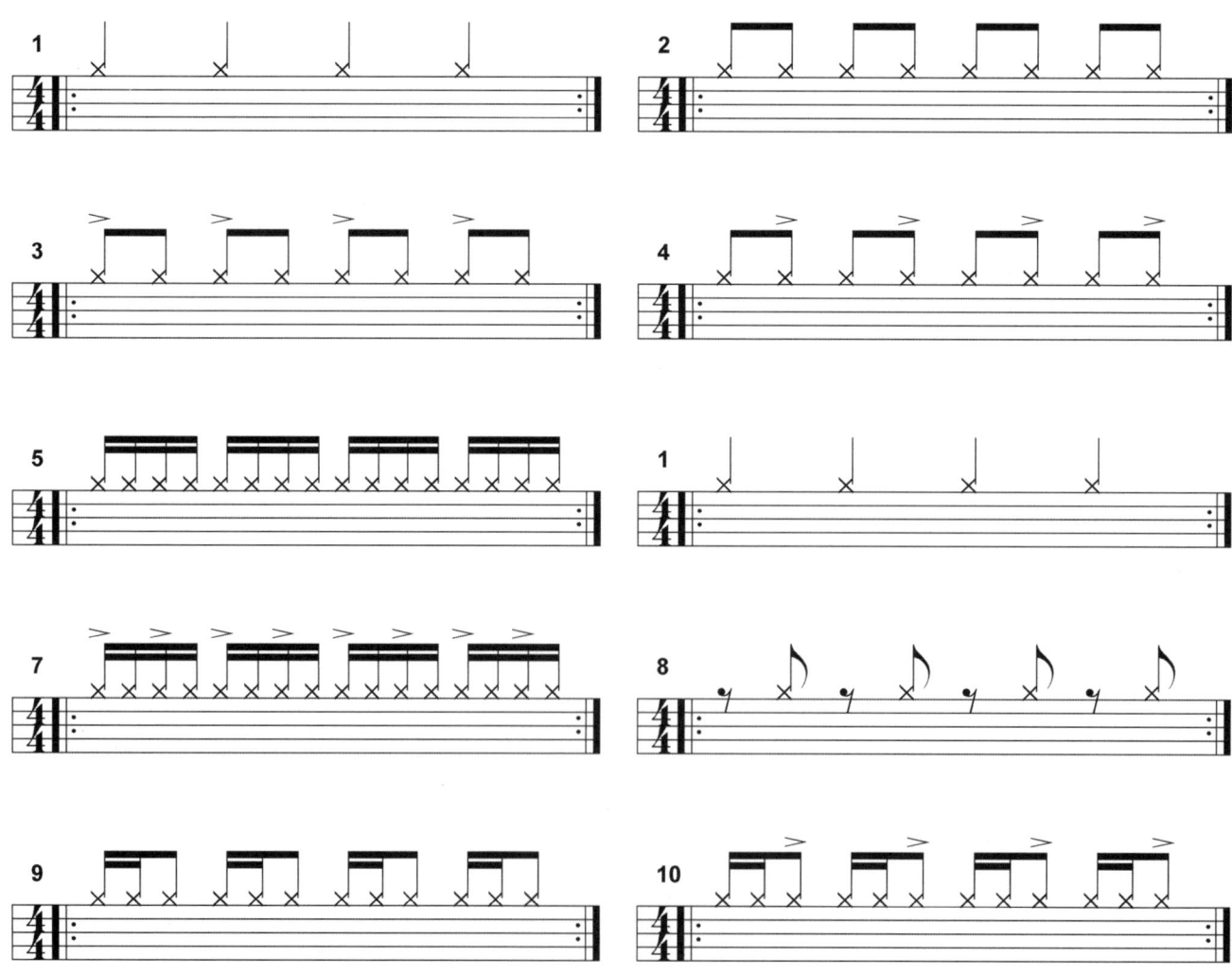

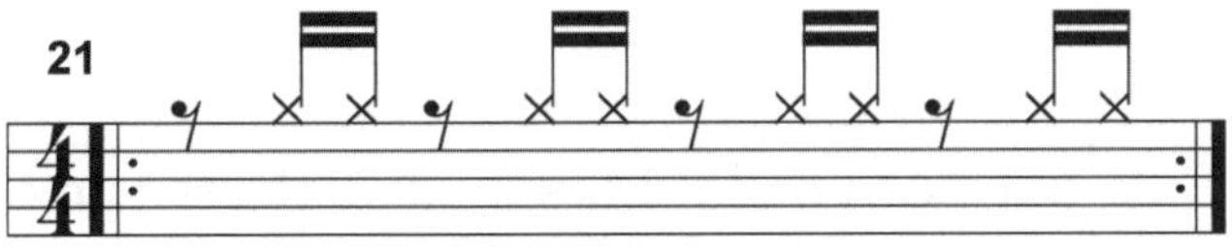

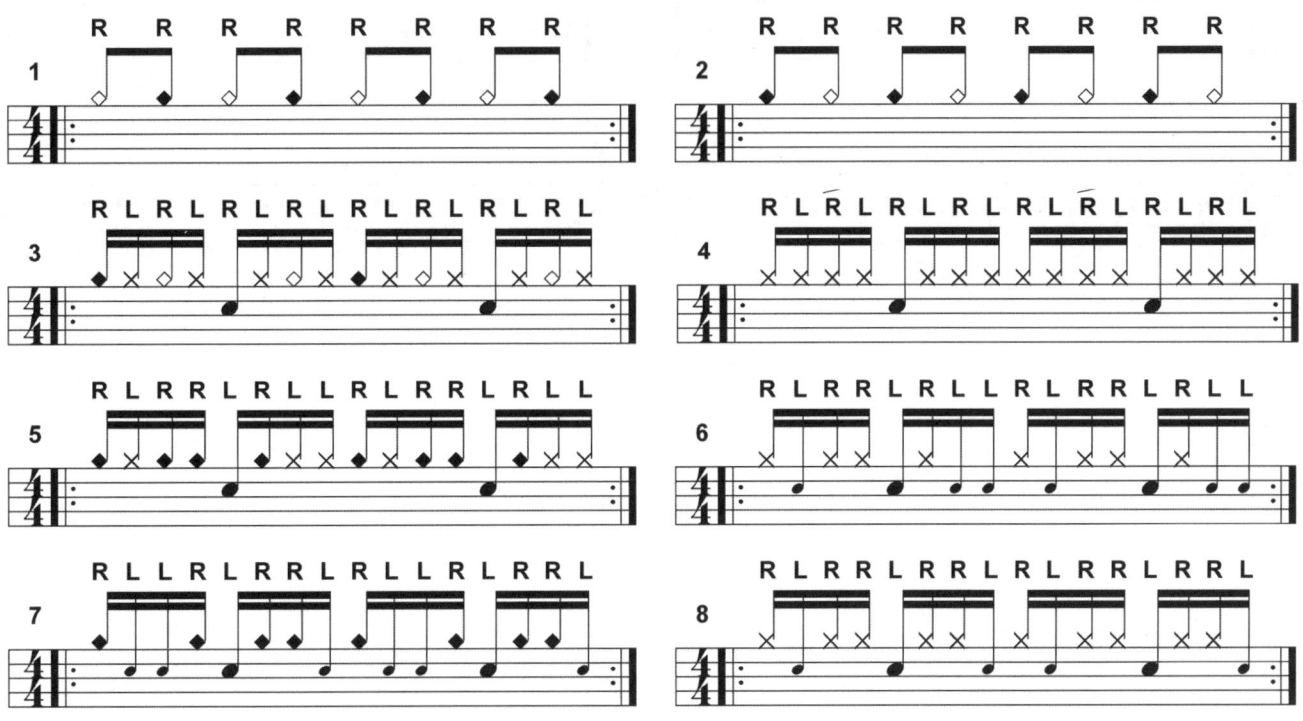

Hi Hat/Ridecymbal Pattern-Variationen:

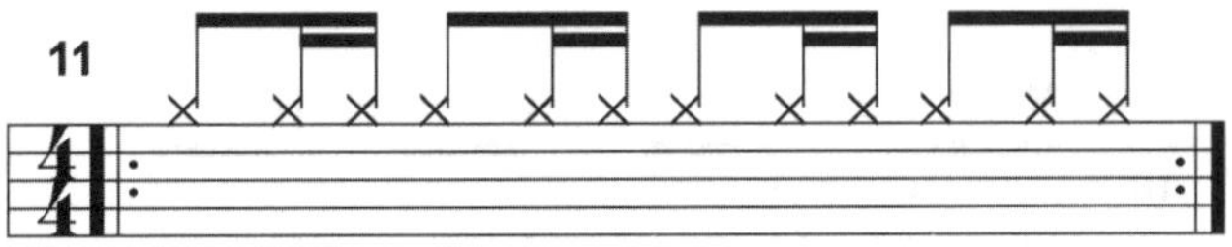

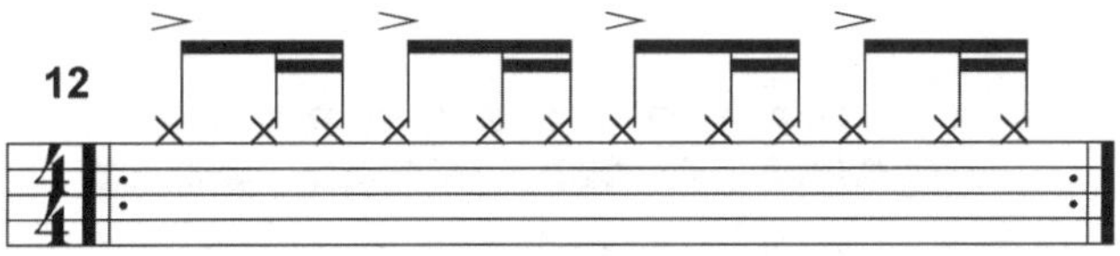

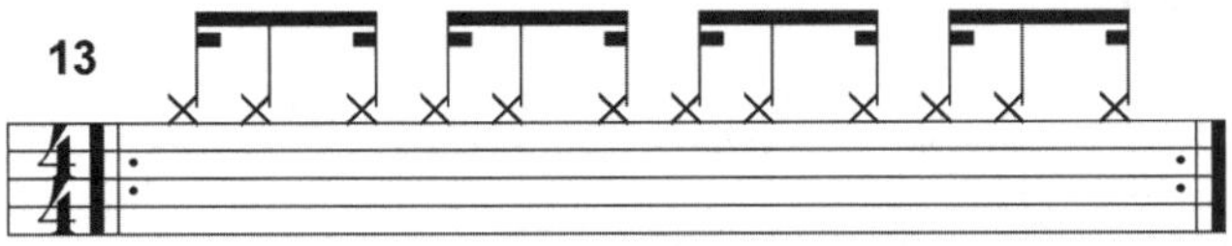

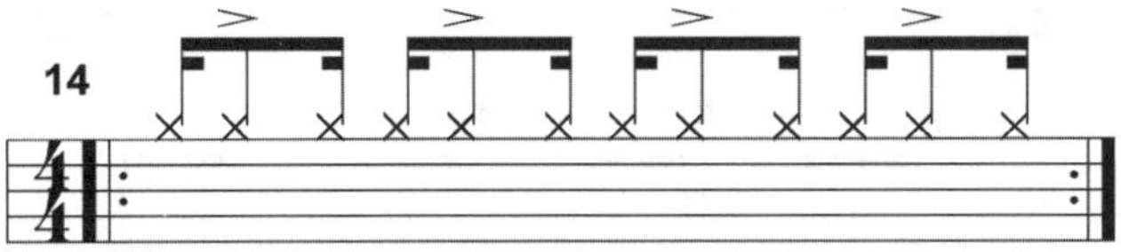

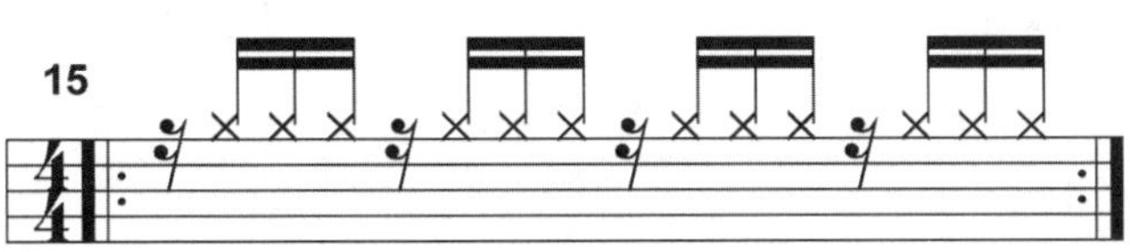

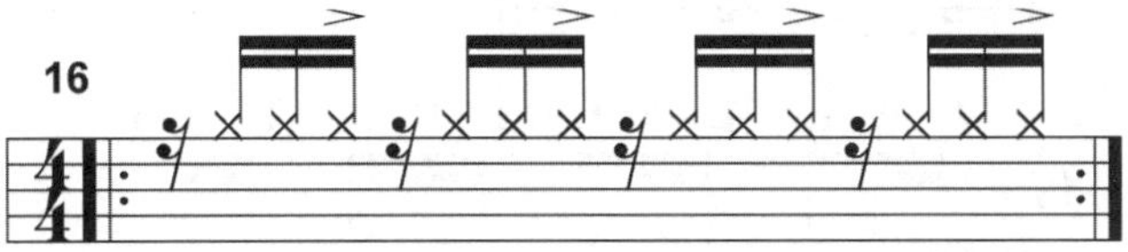

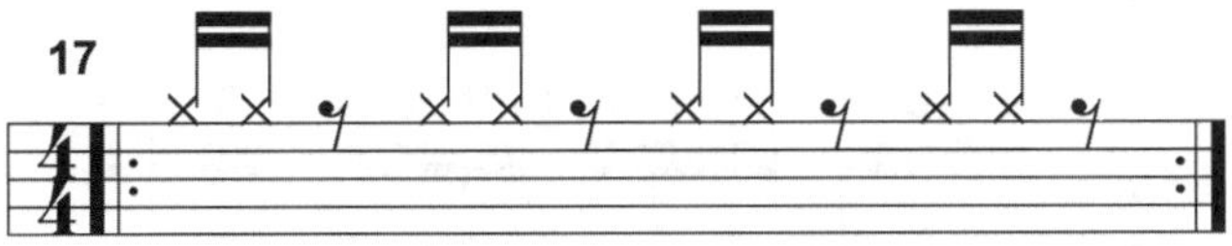

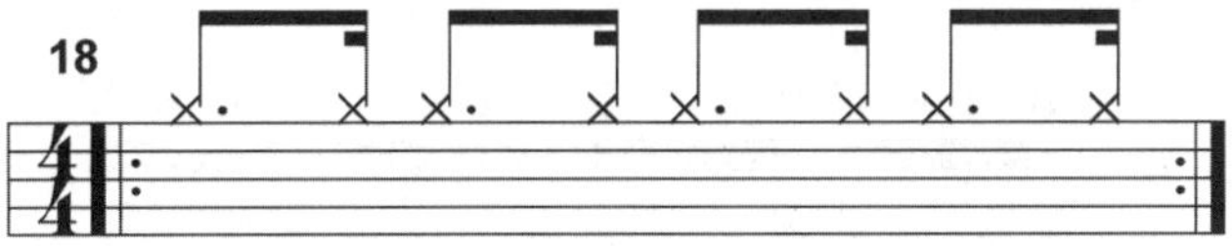

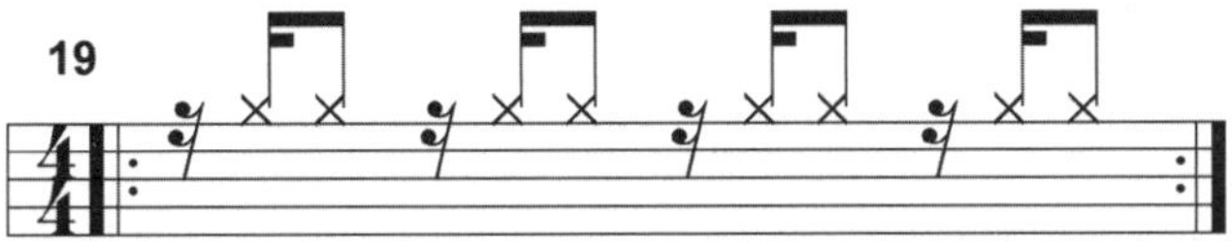

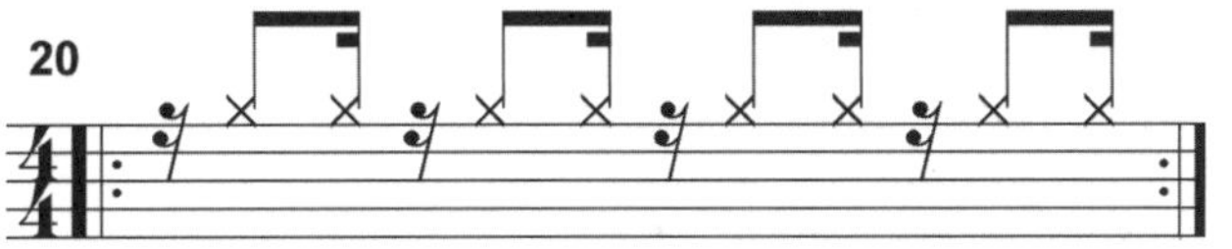

Die folgenden Figuren zeigen interessante System-Variationen, die auf unterschiedlichen Orchestrierungen sowie verschiedenen Stickings basieren.

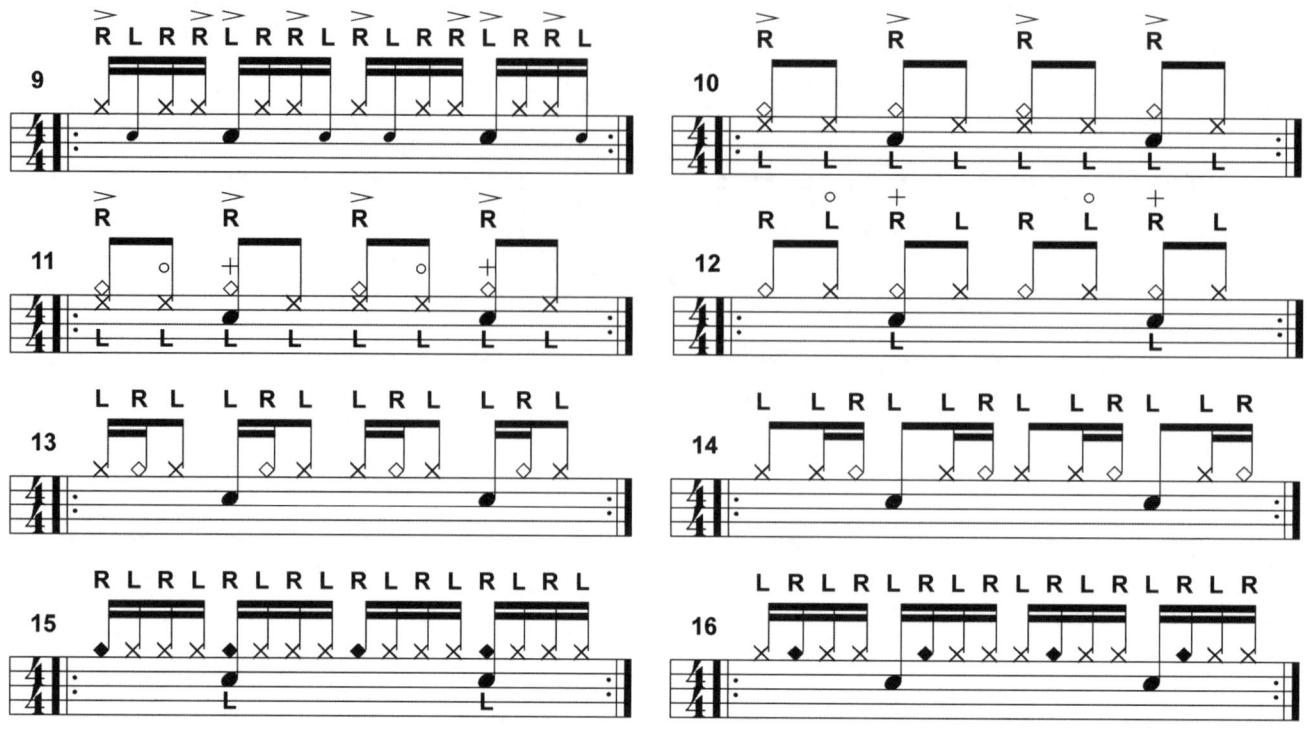

Hi Hat/Fuß-Patterns:

Diese Hi Hat/Fuß-Patterns werden mit linken Fuß auf der Hi Hat-Maschine getreten und können allen Grooves hinzugefügt werden, bei denen die rechte Hand auf dem Ridecymbal oder einer Zusatz-Hi Hat spielt.

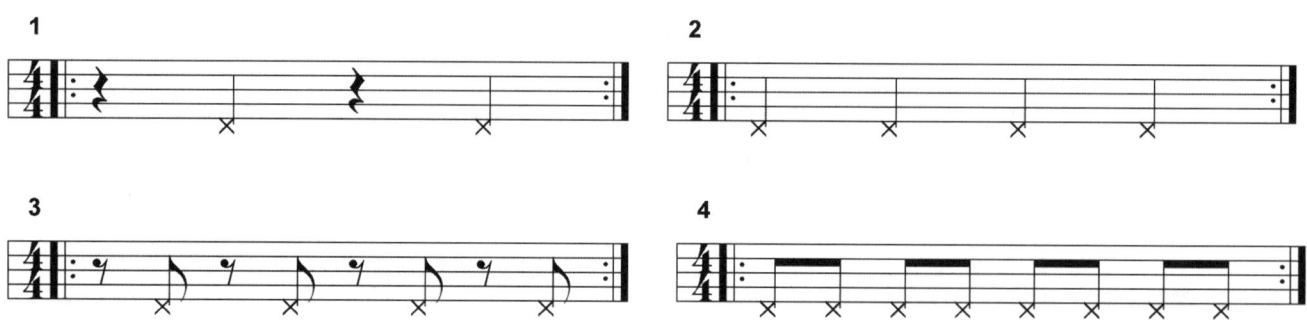

2. Snaredrum/Bassdrum-Kombinationen 1 - binär, Backbeat

Die nachfolgend unter **A** und **B** gezeigten Patterns sind alle im 2/4 Takt notiert. Spielst du jede Übung zweimal hintereinander oder kombinierst zwei verschiedene Übungen miteinander, so entsteht ein 4/4 Takt.

Bei allen Patterns unter A wird die Snaredrum immer auf dem Backbeat, also den Zählzeiten 2 und 4 (s.o.) gespielt. Alle Variationen betreffen ausschließlich die Figuren, die die Bassdrum auf den Zählzeiten 1 und 3 spielen kann.

Auch bei allen Patterns unter B wird die Snaredrum immer auf dem Backbeat gespielt. Alle Variationen betreffen ausschließlich die Figuren, die die Bassdrum auf den Zählzeiten 2 und 4 spielen kann.

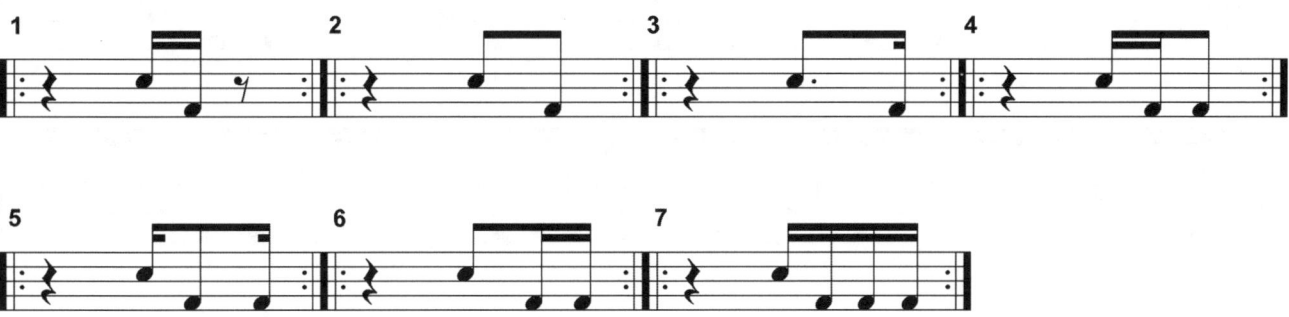

Praktische Anwendung:
Kombinationen Systeme plus rhythmische Muster aus A

Zu diesen unter A und B gezeigten Snaredrum/Bassdrum-Übungen kannst du nun verschiedene ostinate, also gleichbleibende bzw. sich ständig wiederholende Hi Hat oder Ridecymbal Patterns spielen.

Übungsbeispiel 1:
Die nachfolgende Übung zeigt einige Möglichkeiten, verschiedene Systeme mit unterschiedlichen Mustern aus A zu kombinieren:

In den Übungen 1 bis 4 wird das System Nr. 2 verwendet, also auf der Hi Hat gespielte durchlaufende Achtelnoten. Dazu werden verschiedene Patterns aus A verwendet:

- Übung 1: A1

- Übung 2: A2

- Übung 3: A5 und A6

- Übung 4: A7 und A8

Bei den Übungen 5 bis 8 kommen entsprechend die Systeme Nr. 3, Nr. 1., Nr. 5 und Nr. 6 mit diversen Snaredrum/Bassdrum Patterns aus A zur Anwendung.

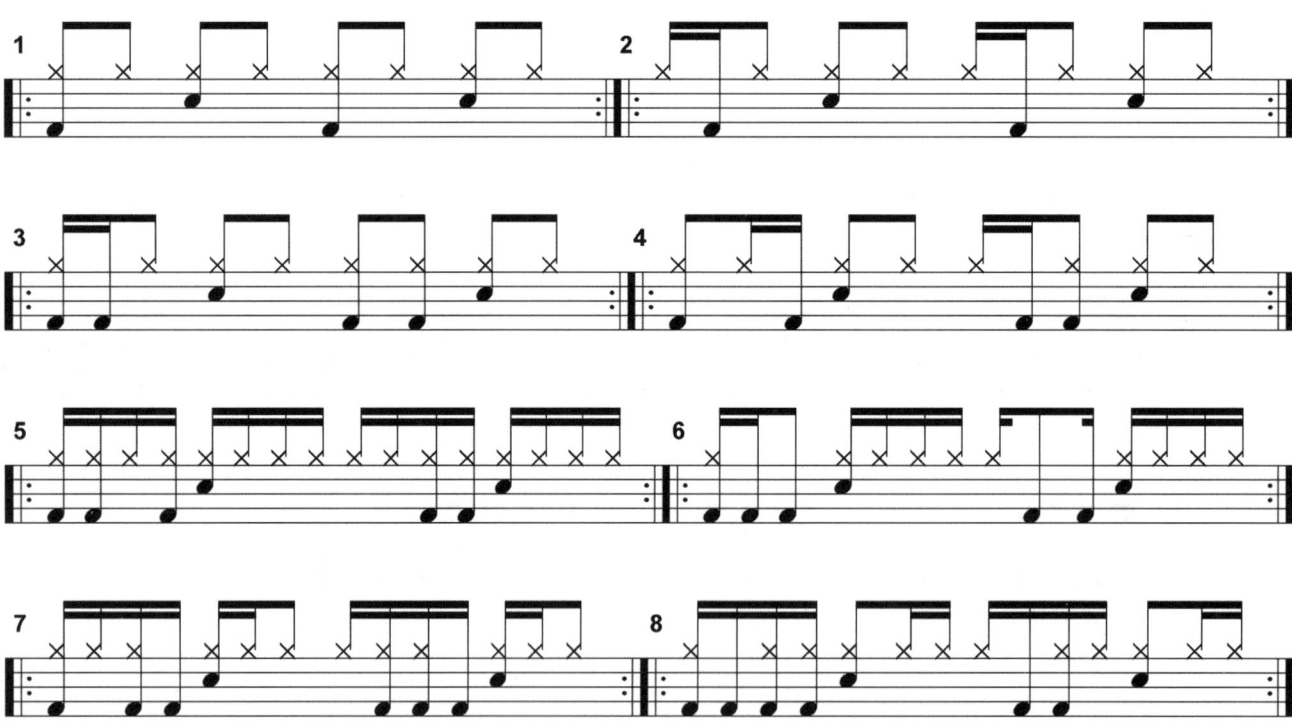

Übungsbeispiel 2:

Dieses Beispiel zeigt die Kombination von System Nr. 2 - auf der Hi Hat durchlaufende Achtelnoten - sowie auf der Zählzeit 1 jeweils das Pattern A1 - die Bassdrum spielt auf der Zählzeit 1 -, mit allen Möglichkeiten der unter B notierten Bassdrum-Variationen. Alle Übungen sind hier im 2/4 Takt notiert, um einen 4/4 Takt zu erhalten, musst du also alle Patterns jeweils zweimal hintereinander oder mit einem anderen Pattern kombiniert spielen.

Übungsbeispiel 3:

Sämtliche unter den Punkten A und B gezeigten Variationen der Bassdrum auf den Zählzeiten 1, 2, 3 und 4 können nun auf vielfältige Weise miteinander kombiniert werden, wodurch unterschiedliche Grooves entstehen.

Übetipps:

Beim Kombinieren der Patterns aus A und B gehst du wie folgt vor:

- Wähle ein System aus, hier z.B. die Nr. 2, durchlaufende Achtelnoten auf der Hi Hat
- Spiele das Pattern A, also die Bassdrum auf den Zählzeiten 1 und 3.
- Spiele dazu der Reihe alle unter B notierten Bassdrum-Figuren auf den Zählzeiten 2 und 4.
- Übung 1 besteht demnach aus der Kombination A1/B1, Übung 2 aus A1/B2, Übung 3 aus A1/B3, Übung 4 aus A1/B4 etc.

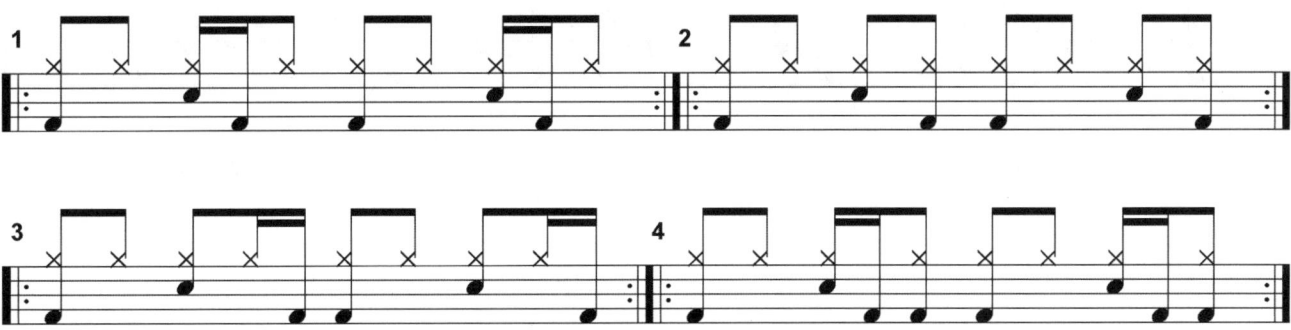

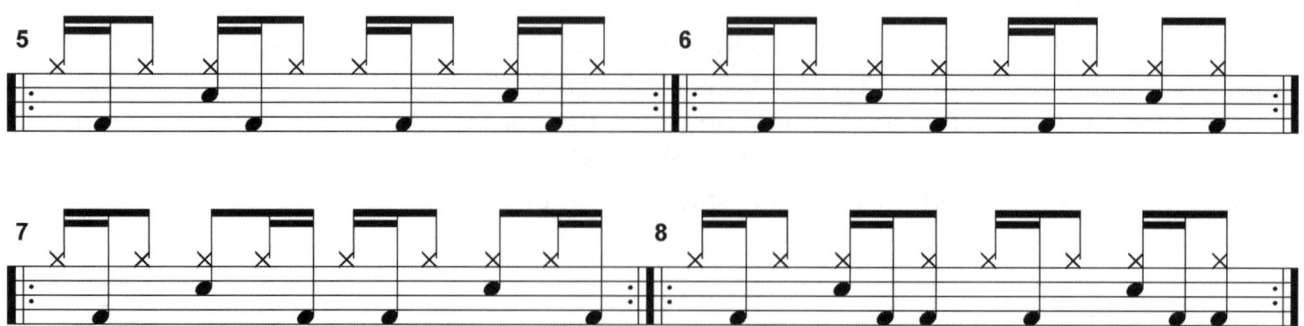

Übungsbeispiel 4:

Übetipps:

- Sobald du die erste Variation aus Punkt A mit allen Variationen aus Punkt B gespielt hast, kombinierst du die zweite Variation aus Punkt A mit allen Variationen aus Punkt B, anschließend die dritte, die vierte etc.
- Übung 4 zeigt dir einige Grooves, die aus der Kombination der Pattersn aus A und B entstehen können. Versuche hierbei einmal festzustellen, welche A-Kombination mit welcher Figur aus B im jeweiligen Takt zusammengestellt ist.

Auf diese Weise kannst du mit der Zeit alle Variationen aus A mit denen aus B miteinander kombinieren und dir einen großen rhythmischen **„Groove-Wortschatz"** erarbeiten.

Zusammenfassende Übetipps:

Fassen wir einmal zusammen, wie du die unter den Punkten A und B gezeigten Snaredrum/Bassdrum Patterns in Verbindung mit den System übst:

- Suche dir ein Hi Hat/Ridecymbal Pattern aus, mit dem du dich beschäftigen möchtest (s. S. 18, Kapitel 1, Systeme binär).
- Spiele dieses Hi Hat/Ridecymbal Pattern und dazu der Reihe nach alle Figuren aus Punkt A (s. S. 21).
- Übe jede Übung zuerst in einem langsamen Tempo und steigere dieses mit der Zeit.
- Spiele z.B. jede der Kombinationen täglich **1 Minute** und das **1 Woche** lang, bevor du zu einem neuen Tempo wechselst.
- Versuche dabei mit der Zeit jeweils ohne Pause zur nächsten Übung überzugehen.
- Sobald du alle Patterns beherrschst, beginne damit, die einzelnen Übungen miteinander zu vermischen. Du musst dann beim Spielen entscheiden, welche Figuren du als nächstes und in welcher Reihenfolge du diese spielen möchtest. Du beginnst also mit der Improvisation des kennengelernten Materials.
- Auf die gleiche Weise erarbeitest du dir die Patterns aus Punkt B bzw. die Kombination der Figuren aus A und B.
- Du kannst alle Patterns natürlich auch „open handed" umsetzten, d.h., dass die linke Hand auf der Hi Hat und die rechte Hand auf der Snaredrum spielt.

3. Snaredrum/Bassdrum-Kombinationen 2 - binär, linear

Die folgenden Übungen zeigen alle möglichen rhythmischen Kombinationen, die zwischen der Snaredrum und der Bassdrum linear gespielt werden können.
Die praktischen Übetipps dazu findest du im Anschluss auf Seite 26.

C drei Schläge pro Viertelnote

D vier Schläge pro Viertelnote

Zusammenfassende Übetipps:

Gehe beim Üben dieser Patterns genauso vor, wie bereits im Kapitel „Snaredrum/Bassdrum-Kombinationen 1 (binär, Backbeat)" beschrieben:

- Suche dir ein Hi Hat/Ridecymbal Pattern aus, mit dem du dich beschäftigen möchtest (s. S. 18, Nr. 1 bis 21, Kapitel 1, Systeme binär).
- Spiele dieses Hi Hat/Ridecymbal Pattern und dazu der Reihe nach alle Figuren aus den Punkten A, B, C und D.
- Erarbeite dir dabei zuerst die Patterns aus Punkt A, wenn diese funktionieren folgen die ersten vier Patterns aus B, dann die zweiten vier Figuren aus B usw.
- Denke daran, dass die Übungen im 2/4 Takt notiert sind und, um z.B. einen 4/4 Takt zu bekommen, auf der dritten und vierten Viertelnote wiederholt werden müssen.
- Übe jede Übung zuerst in einem langsamen Tempo und steigere dieses mit der Zeit.
- Spiele z.B. jede der Kombinationen täglich **1 Minute** und das **1 Woche** lang, bevor du zu einem neuen Tempo wechselst.
- Versuche dabei mit der Zeit jeweils ohne Pause zur nächsten Übung überzugehen.
- Sobald du alle Patterns beherrschst, beginne damit, die einzelnen Übungen miteinander zu vermischen. Du solltest mit der Zeit dann beim Spielen entscheiden, welche Figuren du als nächstes und in welcher Reihenfolge du diese spielen möchtest. Du beginnst also mit der Improvisation des kennengelernten Materials, das ist das Ziel.
- Als Vorübung zu dieser Improvisation ist es sinnvoll, dich zuerst einmal auf lediglich ein Pattern und dessen Aufteilungsmöglichkeiten zwischen der Bassdrum und der Snaredrum zu konzentrieren. Von den unter B gezeigten Figuren gibt es ja pro Pattern nur vier Möglichkeiten, bei den unter C gezeigten Patterns gibt es acht Möglichkeiten.
- Stelle dir dazu aus dem jeweiligen Pattern ein paar Aufteilungsmuster zusammen, z.B. zweimal B1 plus zweimal B4 oder zweimla C3 plus einmal C5 und einmal C7 etc.
- Auf die gleiche Weise erarbeitest du dir die Patterns aus Punkt B bzw. die Kombination der Figuren aus A und B.
- Du kannst alle Patterns natürlich auch „open handed" umsetzten, d.h., dass die linke Hand auf der Hi Hat und die rechte Hand auf der Snaredrum spielt.
- Im Kapitel „Systeme und Leseübungen in Grooves" findest du einige weitere Übeideen zu diesem Thema.

Leu-Verlag

4. Hi Hat Fuß/Doublebassdrum - Kombinationen

Die nachfolgend unter den Punkten A und B gezeigten Patterns zeigen die verschiedenen Kombinationsmöglichkeiten, die mit der mit dem linken Fuß getretenen Hi Hat bzw. dem linken Doublebassdrum-Pedal sowie der mit dem rechten Fuß gespielten Bassdrum und der Snaredrum möglich sind.

Durch diese Figuren kannst du die Koordination und Balance zwischen Händen und Füßen enorm trainieren, es eröffnen sich viele Möglichkeiten, die mit dem linken Fuß gespielte Hi Hat in das Spielen von Grooves mit einzubauen.

Da du zudem alle mit dem linken Fuß gespielten Hi Hat-Patterns auch auf einer zweiten Bassdrum bzw. einem Doublebassdrum Pedal spielen kannst, trainierst du auf diese Weise dein Doublebassdrum Spiel.

Die auf Seite 26 gegebenen ausführlichen **Übetipps** kannst du auch bei diesen Figuren anwenden.

Übetipps:

- Du kannst die bisher gezeigten wie auch die nachfolgenden Patterns natürlich auch als reine Hand/Fuß-Kombinationen verwenden und dies in Grooves und Fill Ins einsetzen.
- Für die einzelnen in den Figuren von den Händen zu spielenden Anschläge kannst du das Sticking, also den Handsatz variieren und diesen dabei entweder stets vorher festlegen oder beim Spielen imnprovisieren. Spiele z.B.. abwechselnde Singles, Doubles, Paradiddle etc.
- Verteile dabei die von den Händen gespielten Anschläge am kompletten Drumset.
- Sehr ausführliche Infos zu diesem Thema findest du auch in den weiteren Kapiteln dieses Buches bzw. im Band **Modern Drumming Grooves**.

A drei Schläge pro Viertelnote

B zwei Schläge pro Viertelnote

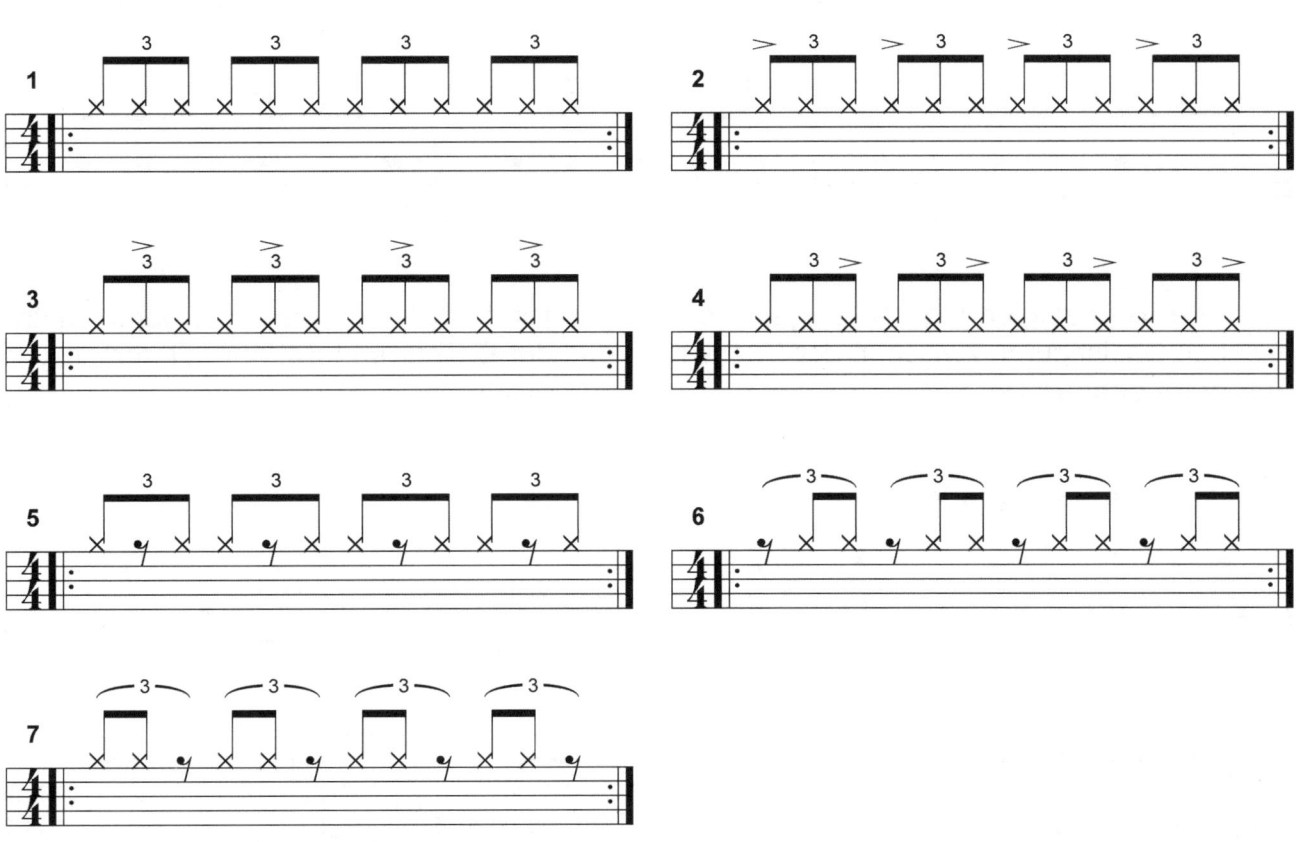

5. Systeme - ternär

Hi Hat/Ridecymbal Patterns:

Hi Hat/Fuß-Patterns:

Diese Hi Hat/Fuß-Patterns werden mit linken Fuß auf der Hi Hat-Maschine getreten und können wieder allen Grooves hinzugefügt werden, bei denen die rechte Hand auf dem Ridecymbal oder einer Zusatz-Hi Hat spielt.

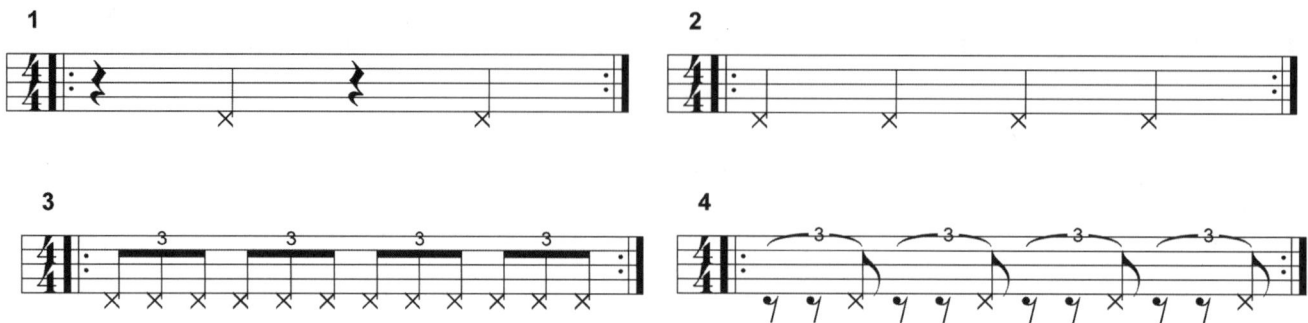

6. Snaredrum/Bassdrum-Kombinationen - ternär, linear

Die folgenden unter A gezeigten Patterns zeigen alle ternären rhythmischen Basisfiguren, die mit der Snaredrum, der Bassdrum oder auch der mit dem linken Fuß getretenen Hi Hat gespielt werden können.

A ein Schlag pro Viertelnote

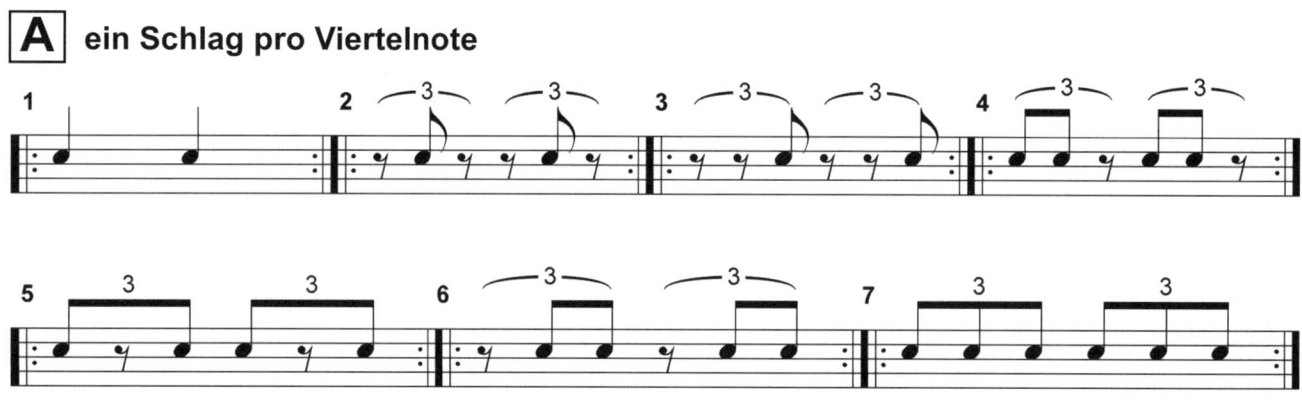

Die unter B gezeigten Figuren zeigen die Aufteilungsmöglichkeiten dieser ternären rhythmischen Basisfiguren zwischen der Snaredrum und der Bassdrum bzw. der mit dem linken Fuß getretenen Hi Hat.

B zwei Schläge pro Viertelnote

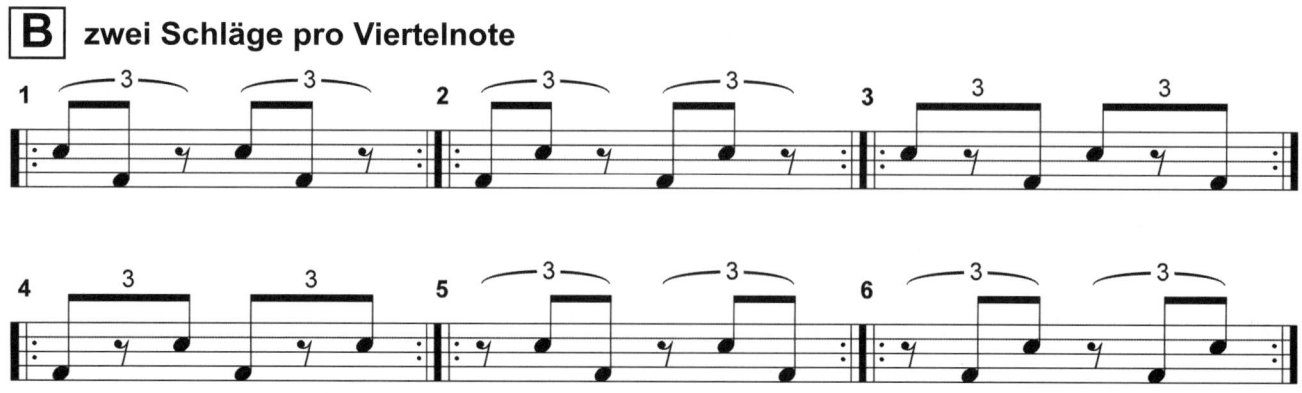

Die unter C gezeigten Figuren zeigen in 3-er Gruppen von Achteltriolen die Aufteilungsmöglichkeiten dieser rhythmischen Basisfiguren zwischen der Snaredrum und der Bassdrum und der mit dem linken Fuß getretenen Hi Hat.

C drei Schläge pro Viertelnote

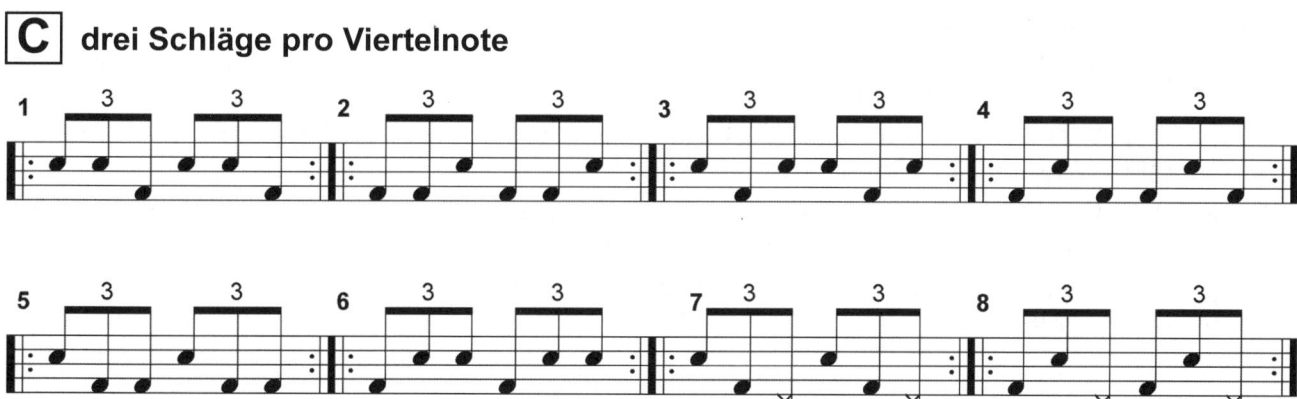

Übetipp:

- Zur praktischen Umsetzung am Drumset gelten diegleichen Übetipps, die du in einer ausführlichen Zusammenfassung auf Seite 28 findest.

7. Systeme und Leseübungen in Grooves

Das Ziel des in diesem Kapitel vorgestellten Konzeptes ist es, dir dabei zu helfen, die vollständige Unabhängigkeit deiner Hände und Füße beim Spielen zu erlernen und dir damit die Freiheit zu geben, kreativ zu sein. D.h., all das spielen zu können, was du hörst oder fühlst. Dabei sollte natürlich klar sein, dass eine vollständige Unabhängigkeit wahrscheinlich nicht wirklich zu erreichen ist bzw. das Erreichen einer, nennen wir sie mal „extremen" Unabhängigkeit sehr viel Übefleiß erfordert. Die Frage, die sich dabei stellt, ist natürlich die: „Welches Level an Koordination und Unabhängigkeit brauche ich tatsächlich zu Erreichung meiner musikalischen Ziele, was muß ich für die Musik, die ich spielen möchte, tatsächlich drauf haben?" Dementsprechend richtest du dein Übepensum aus.
Natürlich sollte meiner Ansicht nach eine herausragende Spieltechnik nicht nur nach dem Prinzip „höher, schneller, weiter" lediglich zum Selbstzweck dienen, sondern vielmehr immer im Dienste der Musik stehen.

Die Methode, mit Hilfe von Leseübungen Grooves zu entwickeln, funktioniert im Prinzip folgendermaßen:
Auf bestimmten Instrumenten werden konstante, d.h. ostinate (gleichbleibende) Rhythmus-Patterns gespielt. Z.B. werden auf der geschlossenen Hi Hat durchlaufende Achtelnoten angeschlagen und auf der Snaredrum dazu der Backbeat auf den Zählzeiten „2" und „4" platziert. Wenn diese Hi Hat/Snaredrum-Pattern ohne Veränderung gespielt wird, nennt man diese Figur ein sogenanntes Ostinato. Zu diesem Ostinato kannst du nun beispielsweise mit moder Bassdrum rhythmische Melodien spielen, die in Leseübungen notiert sind und deren Schwierigkeitsgrad sich ständig deinen Fähigkeiten steigern lässt. So beginnst du z.B. zuerst nur mit Viertel- und Achtenoten, dann kommen die Sechzehntelnoten hinzu.
Einige Ideen zur praktischen Umsetzung findest du im nachfolgenden Kapitel **„Rhythmische Basis-Patterns - Praktische Anwendung"** ab Seite 32.

8. Rhythmische Basis-Patterns - Praktische Anwendung

Ein im Prinzip altbekanntes Konzept zum Erspielen von Grooves und Fills beruht auf der Anwendung von rhythmischen Basis-Patterns. Diese stellen sozusagen die Buchstaben dar, die dann beim Spielen von Grooves und Fills sinnbildlich gesprochen zu Worten und Sätzen und damit zu einer musikalischen Aussage zusammengefügt werden. Mit diesem Konzept eines rhythmischen Alphabets lässt sich im Prinzip alles, was man so als Drummer braucht, zusammenbauen bzw. umsetzen und üben: Grooves, Fills, Unabhängigkeit, Koordination, Improvisation, Rudiments, Timing etc.

Im Prinzip gibt es lediglich 24 rhythmische Basis-Figuren, sechzehn binäre und acht ternäre Patterns. Sie stellen die Buchstaben dar. Diese sind nachfolgend notiert. Die möglichen Aufteilung dieser Patterns zwischen den Händen und Füßen hast du bereits in den bisherigen Kapitel kennengelernt.

Interpretation der rhythmischen Basismuster

Entscheidend ist nun die Interpretation dieser binären und ternären rhythmischen Basis-Patterns, d.h., wie entwickelst du daraus Grooves und Fills. Es geht also um Stickings, Hand/Fuß-Koordinationen sowie Dynamik. Wie das Ganze funktioniert, habe ich nachfolgend basismäßig anhand einer zweitaktigen binären Leseübung, die aus einer Kombination der 16 binären Basis-Figuren besteht, zusammengestellt.

Leseübung:

A **„Bassdrum-Buchstaben"**

Über ein ostinat mit durchlaufend auf den Hi Hat gespielten 1/8 Noten, die im 1/4 Puls akzentuiert werden sowie einem Snaredrum-Backbeat auf den Zählzeiten „2" und „4" werden die in der Leseübung notierten Patterns mit der Bassdrum gespielt. Dabei lässt man meist die Schläge weg, die wie hier auf den Zählzeiten „4" in beiden Takten ebenfalls von der Snaredrum akzentuiert werden.

System

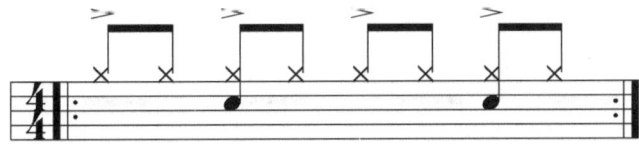

Anwendung

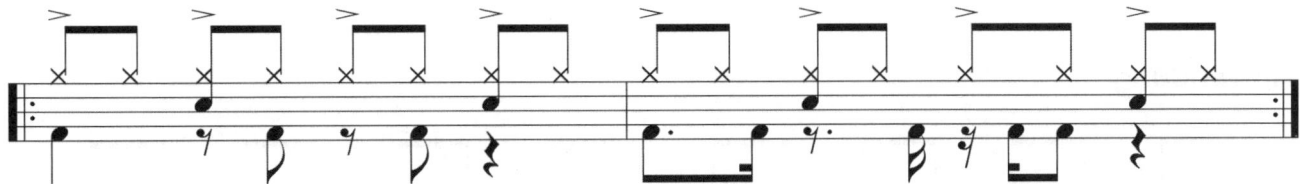

Übetipps:

- Spiele das Hi Hat-Pattern auch mit der linken Hand bzw. den Snardrum-Backbeat mit der rechten Hand.
- Spiele weiterhin das Hi Hat-System und spiele dazu die Leseübung nur mit der Snaredrum, nur mit der Bassdrum sowie gleichzeitig mit der Snaredrum und der Bassdrum.
- Spiele die Leseübung abwechselnd mit der Bassdrum und der Snaredrum oder mit zwei Anschlägen hintereinander mit der Bassdrum und anschließend zwei Anschlägen mit der Snaredrum bzw. das Ganze umgekehrt.
- Versuche die Figuren der Leseübung derart zwischen der Bassdrum und der Snaredrum aufzuteilen, wie du es in Kapitel 3 **„Snaredrum/Bassdrum-Kombinationen 2 - binär, linear"** kennengelernt hast.
- Spiele den Takt der Leseübung auch geshuffelt, wenn du eine Leseübung zusammenstellst, die nur aus Achtel- und Viertelnoten besteht, geht das auch damit.

Leu-Verlag

B „Hi Hat-Buchstaben 1"

Hier werden die Figuren aus der oben gezeigten Leseübung mit der rechten Hand auf der Hi Hat über ein einfaches Bassdrum/Snaredrum-Ostinato gespielt (Bassdrum auf den Zählzeiten „1"/"3", Snaredrum auf „2"/"4").

C „Hi Hat-Buchstaben 2"

Bei dieser Interpretation werden die bei dem gezeigten System auf der Hi hat durchlaufend gespielten Achtelnoten entsprechenden der darunter notierten Leseübung akzentuiert.

Leseübung

System

Anwendung

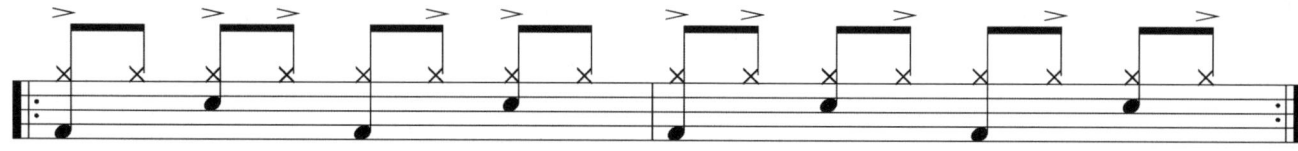

D „Snaredrum Ghosting Buchstaben"

Hier besteht das Ostinato aus einem einfachen Groove mit auf der Hi Hat durchlaufenden 1/8 Noten, einem Snaredrum-Backbeat auf den Zählzeiten „2" und „4" sowie Bassdrum-Akzenten auf der „1" und „3", so, wie unter Punkt C notiert. Die linke Hand spielt nun zusätzlich zu den Backbeats die in der unten notierten Leseübung gezeigten Patterns als Ghost Notes.

Leseübung

System

Anwendung

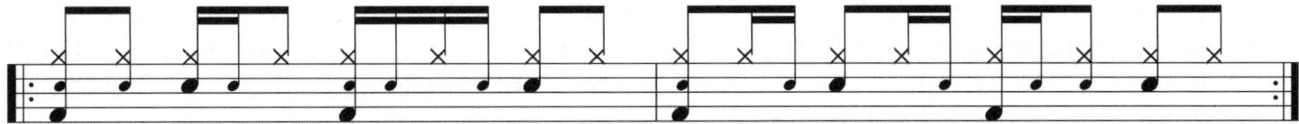

E „Snaredrum Ghosting Buchstaben"

Hier besteht das System-Ostinato aus einem einfachen Groove mit auf der Hi Hat durch-laufenden 1/8 Noten sowie Bassdrum-Akzenten auf der „1" und „3". Die linke Hand spielt nun dazu auf der Snaredrum die in der Leseübung gezeigten Figuren. Der Clou dabei ist das Abwechseln von akzentuierten und nicht akzentuierten Schlägen. Spieltechnich werden diese Abfolgen mithilfe der „Moeller"-Technik umgesetzt.

Leseübung:

System

Anwendung

Übetipp:

- Wähle ein System aus und erarbeite dir die oben gezeigten Konzepte mithilfe der im Anhang dieses Buches notierten Leseübungen.
- Orientiere dich dabei an den bisher erläuterten Übetipps.

Teil 2

1. Das Ausfüllen der Pausen durch Hi Hat/Ridecymbal: Backbeat 2 +

Ein sehr interessantes Konzept Grooves zu entwickeln besteht darin, dass man ein ostinates Bassdrum/Snaredrum-Pattern auswählt und anschließend alle nicht von der Snaredrum oder der Bassdrum gespielten Achtel-, Achteltriolen- oder Sechzehntelnoten-Zählzeiten, also die Pausen, durch Hi Hat oder Ridecymbal-Schläge ausfüllt.

In Übung 1 ist ein „normaler" Rhythmus notiert. Notenbeispiel 2 zeigt dasselbe Bassdrum/Snaredrum-Pattern, bei dem nun alle nicht von der Bassdrum oder Snaredrum gespieltem Sechzehntenoten-Zählzeiten von der Hi Hat „ausgefüllt" werden.

Die folgenden Notenbeispiele 1 bis 6 zeigen die Anwendung der gleichen Idee mit weiteren bvinären Bassdrum/Snaredrum-Pattterns, bei den Beispielen 7 bis 10 wird dieses Konzept mit Achteltriolen angewendet. In der linken Spalte steht jeweils das Ausgangs Bassdrum/Snaredrum-Pattern (mit einer herkömmlichen Hi Hat Figur), in der rechten Spalte ist die Anwendung des oben erläuterten Konzeptes notiert.

Allen Übungen ist gemeinsam, dass die Snaredrum jeweils ausschließlich auf den Backbeat-Zählzeiten 2 und 4 angeschlagen wird.

2. Das Ausfüllen der Pausen durch Hi Hat/Ridecymbal: Snaredrum-Variationen

Allen Übungen des vorherigen Kapitels ist gemeinsam, dass die Snaredrum ausschließlich auf den Backbeat-Zählzeiten 2 und 4 gespielt wird. In diesem Kapitel zeige ich dir das Konzept des „Ausfüllens der Pausen" mit Snaredrum-Variationen, d.h., die Snaredrum wird nicht mehr nur ausschließlich auf dem Backbeat gespielt.

In der linken Spalte ist das jeweilige Ausgangs Bassdrum/Snaredrum-Pattern wieder mit einer herkömmlichen Hi Hat Figur notiert, die rechte Spalte zeigt die Anwendung der Idee des „Ausfüllens der Pausen".

Teil 3
Ghost Notes

Ghost Notes sind äußerst leise auf der Snaredrum gespielte Schläge. Durch die Anwendung bekommen Rhythmen und Fills einen sehr rollenden, fließenden Charakter.
Die nachfolgenden Übungen helfen dir beim Training der für das Spielen von Ghost Notes notwendigen Spieltechnik. Man nennt das Ganze auch „Two-Level-Konzept". Einfach deshalb, weil man im Prinzip mit zwei unterschielichen Lautstärken arbeitet.

Übetipps:

- Es ist technisch schwierig, auf der Snaredrum sehr leise Schläge im Wechsel mit akzentuierten Schlägen zu spielen. Arbeite beim Spielen mit zwei unterschiedlichen Stockhöhen: ca. 2 - 4 cm bei allen unbetonten und ca. 20 cm bei den betonten Schlägen.
- Eine wichtige Spieltechnik zur Umsetzung dieser Spielweise ist die sogenannten Möller-Technik.
- Arbeite die folgenden Übungen der Reihe nach durch. Es werden jeweils Hi Hat/Snare Drum-Basisfiguren gezeigt, zu denen dann verschiedene Bassdrum-Figuren gespielt weren.

3.1 Ghost Notes (binär)

Durchlaufende Sechzehntelnoten, Handsatz RLRL

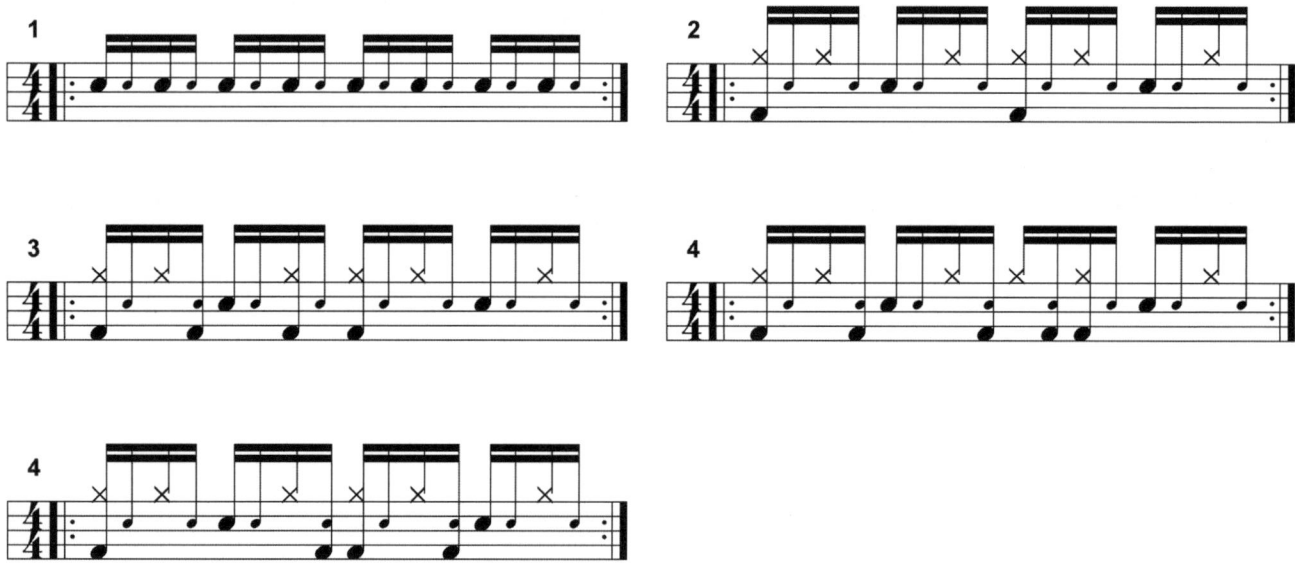

Hi Hat durchlaufende Achtelnoten + Snaredrum Ghost Notes auf 1e/3e sowie 2a/4a

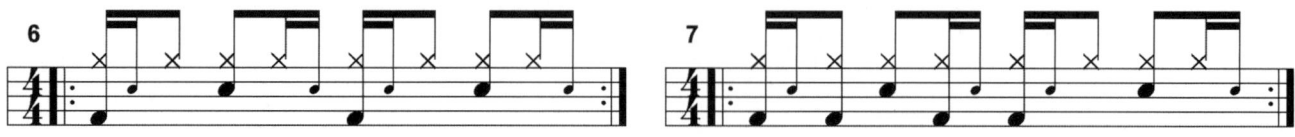

3.2 Ghost Notes (ternär)

Durchlaufende Achteltriolen, Handsatz RLR-LRL

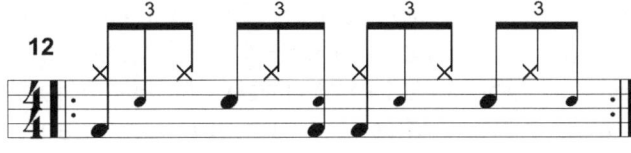
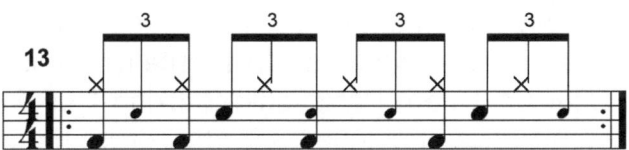
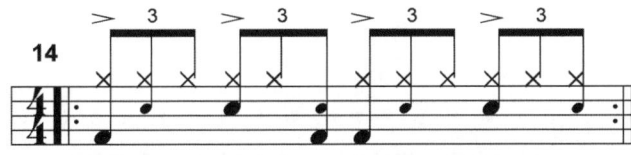
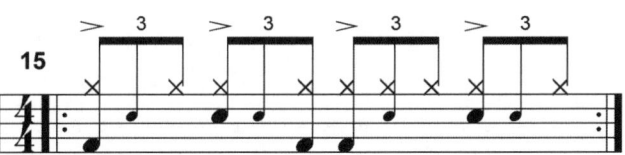
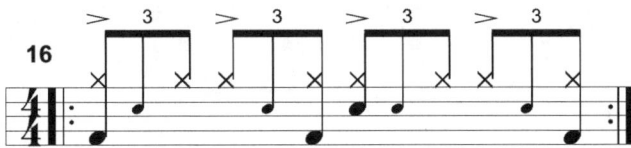

Teil 4

1. Permutation

„Permutation" ist ein Begriff aus der Mathematik und bedeutet „die Bildung aller Zusammenstellungen, die aus einer bestimmten Anzahl von Elementen möglich sind". D.h., eine Zahlenreihe 1-2-3-4 ergäbe um eine Stelle permutiert (verschoben) die Folge 4-1-2-3 oder 2-3-4-1. Die nächtse Permutation der Zahlenreihe 2-3-4-1 wäre demnach wieder 1-2-3-4 oder umgekehrt 3-4-1-2.

Wie du siehst, handelt es sich um ein mathematisches Konzept, das zuerst einmal mit Musik wenig zu tun zu haben scheint. Auf Drumset-Rhythmen angewendet bedeutet es, dass man z.B. ein konstantes Hi Hat- und Snaredrum Pattern spielt und den jeweiligen bei diesem Groove gespielten Bass Drum Part komplett um eine Sechzehntelnote permutiert, also verschiebt und dadurch einen völlig neuen Groove bekommt.

Die nachfolgenden Übungen 1 und 2 zeigen eine derartige Permutation. Übung 1 zeigt dabei den Basisrhythmus. Die rechte und linke Hand spielen ein ostinates Hi Hat/Snaredrum-Pattern mit dem Paradiddle-Sticking RLRR-LRRL. In Übung 2 bleibt dieses Hi Hat/Snare Drum-Pattern bestehen, die Bassdrum Figur aus Übung 1 wird jedoch um eine Sechzehntelnote nach rechts verschoben.

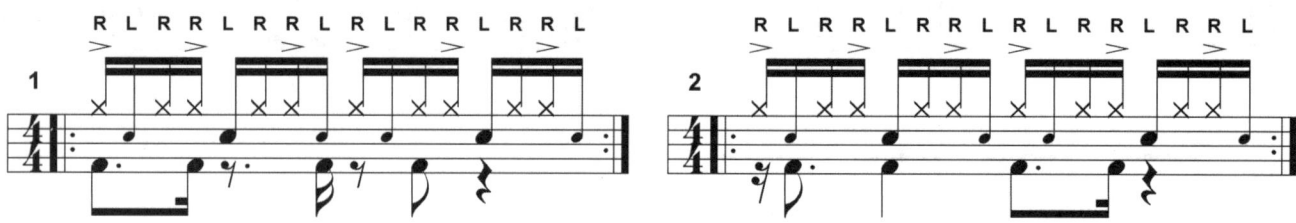

Diese Idee wird in den Übungen 3 und 4 fortgeführt: Die bereits in Übung 2 um eine Sechzehntelnote verschobene Bassdrum-Figur wird in den Übungen 3 und 4 jeweils um eine weitere Sechzehntelnote nach rechts verschoben.

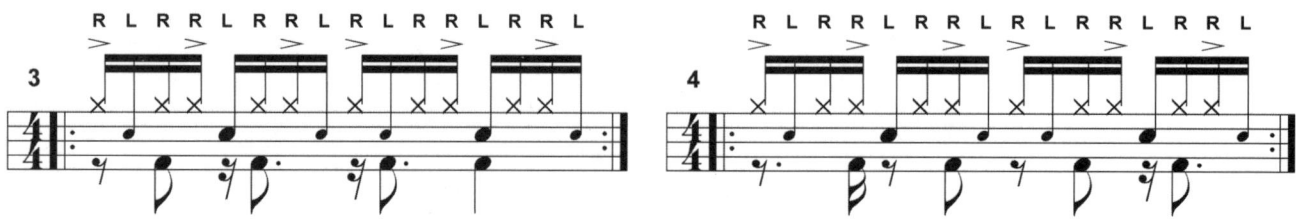

Leu-Verlag

In den Übungen 5 bis 8 wird das oben gezeigte Prinzip umgekehrt. D.h., die Bassdrum-Figur bleibt konstant, aber die komplette in Übung 5 von beiden Händen gespielte Hi Hat/ Snaredrum Figur mit dem Single Paradiddle-Sticking RLRR-LRLL wird in den Übungen 6 bis 8 jeweils um eine Sechzehntelnote nach rechts verschoben.

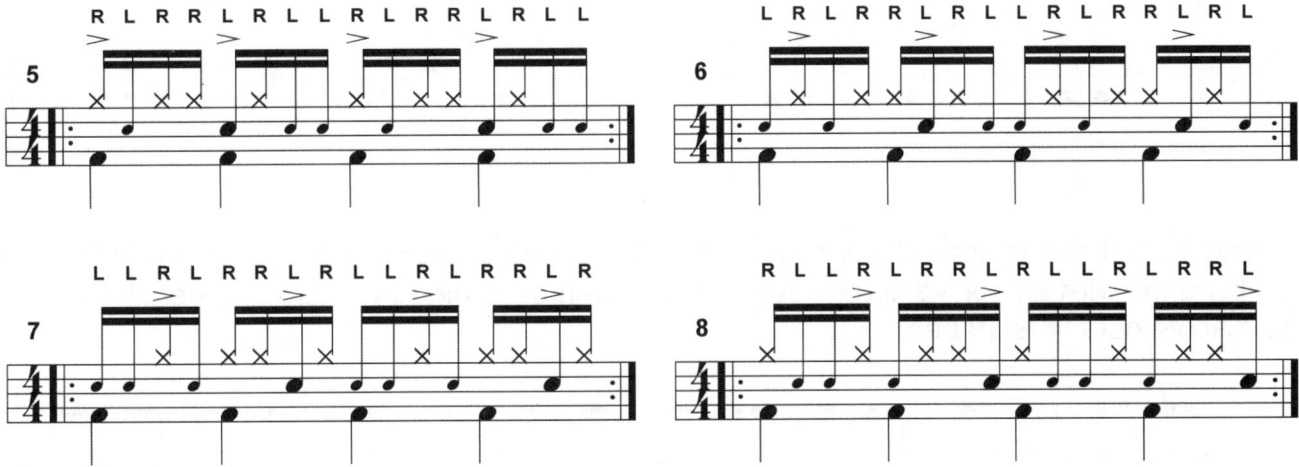

Das Konzept der Permutation läßt sich natürlich auf alle Notenwerte anwenden, die Verschiebung kann auch nach links erfolgen usw. Man kann z.B. inerhalb eines Basis Rhythmus auch nur zeitweise permutieren. Es gibt viele Möglichkeiten. Der Sinn der ganzen Sache besteht arin, viele neue Idee für interessante Grooves zu bekommen.

2. Groove Displacement

Groove Displacement ist im Prinzip eine Weiterentwicklung der Permutation. Es werden hierbei nicht nur einzelne Instrumente gegeneinander verschoben, sondern der komplette Rhythmus wird um eine oder mehrere Notenwerte (Achtel-, Sechzehntelnoten etc.) nach links oder rechts verschoben. Dadurch ändert sich auch das Pulsgefühl des Rhythmus und es entstehen ungerade Takte. Natürlich solltest du dieses Konzept nur „in Zusammenarbeit" mit deinen Mitmusikern erarbeiten und anwenden, andernfalls kommt es leicht zu „Umsteigern".

Übung 1 zeigt dir in den ersten beiden Takten den Basisrhythmus. In den Takten 3 und 4 bleibt das Hi Hat-Pattern konstant, das Snaredrum- und Bassdrum-Pattern wird jedoch um eine Achtelnote nach rechts permutiert. Dadurch beginnt der Bassdrum/Snaredrum-Rhythmus auf der Zählzeit „1+" des dritten Taktes, am Ende „fehlt" dann sozusagen eine Achtelnote. Da die in der Hi Hat gespielten und auf den Viertelnotenzählzeiten akzentuierten Achtelnoten jedoch weiterhin angeschlagen werden, denkt man rhythmisch in diesem Beispiel immer noch an den ursprünglichen 4/4 Takt, der in den Takten 3 und 4 Takt lediglich kurzzeitig verändert wird, bevor die ganze Figur wieder von vorne beginnt.

Übung 2 zeigt dir in den ersten beiden Takten wieder den Basisrhythmus. Rhythmisch passiert allerdings in den Takten das Umgekehrte wie zuvor, der Bassdrum/Snaredrum-Groove wird um eine Achtelnote nicht nach rechts, sondern nach links verschoben. Die Hi Hat wird auch weiterhin in Achtelnoten mit akzentuierten Viertelnoten angeschlagen.

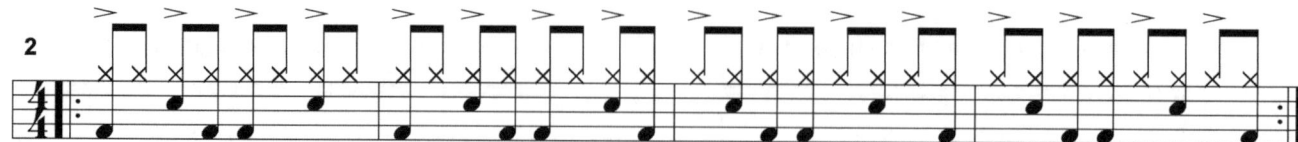

Übung 3 zeigt das gleiche Displacement des Bassdrum/Snaredrum-Patterns wie in Übung 2, allerdings wird ab der Verschiebung ab Takt 3 nun auch die Akzentuierung der Hi Hat um eine Achtelnote verschoben.

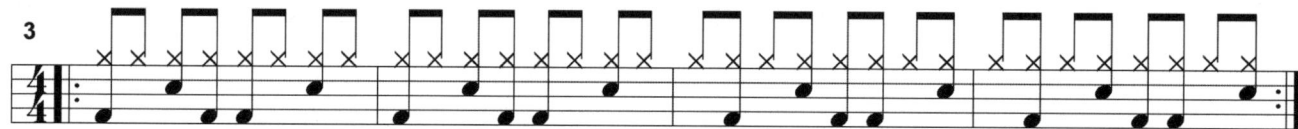

In Übung 4 wird das Bassdrum/Snaredrum-Pattern um eine Sechszehntelnote nach rechts verschoben und beginnt auf der Zählzeit „1e", während die in Achtelnoten angeschlagene Hi Hat weiterhin auf den Viertelnoten akzentuiert wird.

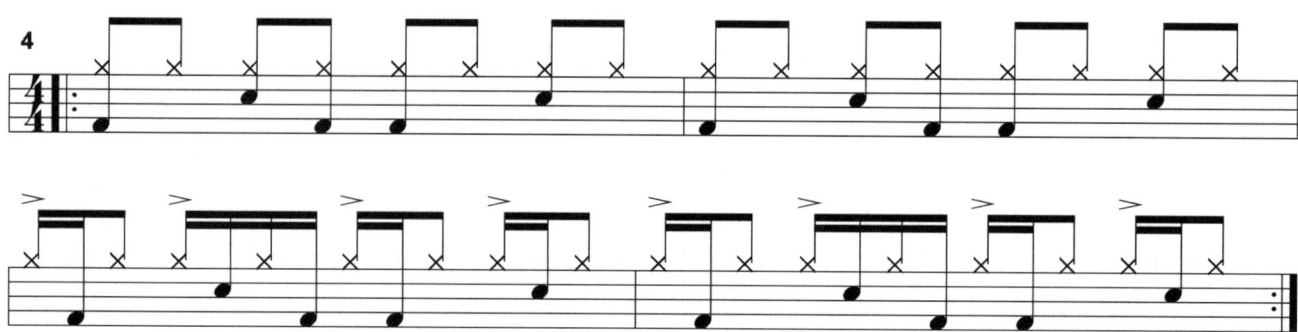

In Übung 5 wird das Bassdrum/Snaredrum-Pattern um eine Sechszehntelnote ebenfalls nach rechts verschoben und beginnt auf der Zählzeit „1e", allerdings wird nun auch ab Takt 3 das Hi Hat Achtelnoten-Pattern um eine Sechszehntelnote nach rechts permutiert, der Rhythmus also komplett verschoben.

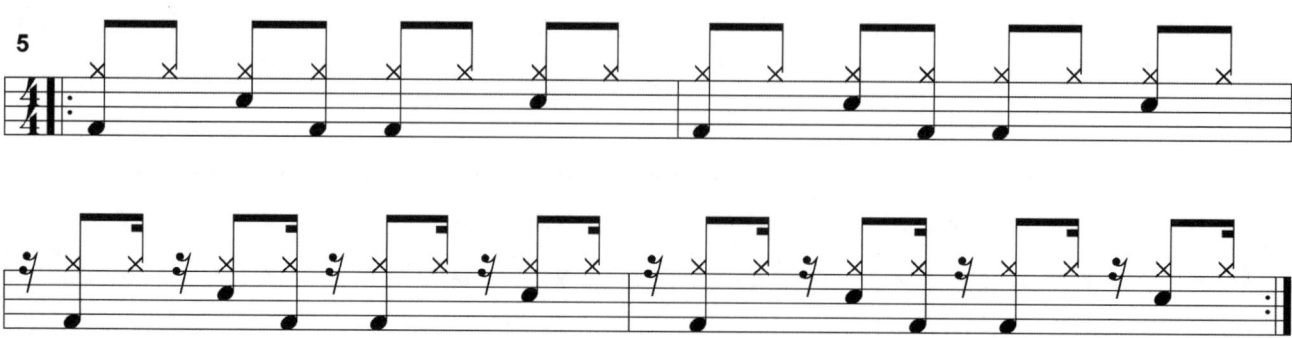

In Übung 6 wird der gleiche in den Takten 1 und 2 notierte Rhythmus komplett um eine Sechzehntelnote nach links verschoben, der Groove beginnt demnach auf der Zählzeit „4a" in Takt 2.

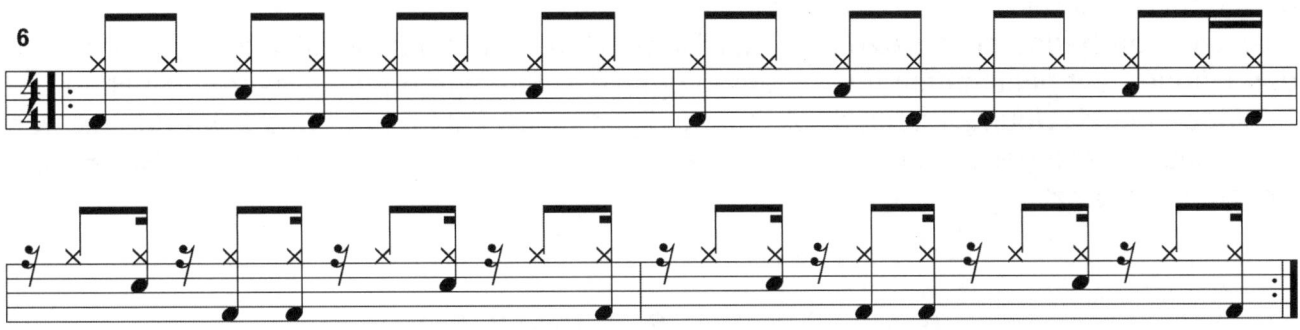

Die Übungen 7 und 8 zeigen die Umsetzung mit rhythmischen aufwendigeren Bassdrum/ Snaredrum-Figuren.

Übetipp:

- Die oben gezeigten Übungen demonstrieren dir das Konzept des „Groove Displacement" jeweils in zwei- bzw. viertaktigen Patterns.
  Natürlich kannst du auch längere Taktpassagen zusammenstellen.

Leu-Verlag

3. Substitution

Das Konzept der „Sustitution" ist eine einfache, jedoch wirkungsvolle Möglichkeit, bestehende rhythmische Figuren wie Fill Ins oder Grooves vom Klangcharakter her zu verändern und dadurch viele neue Ideen zu entwickeln.

Substituieren bedeutet „ersetzen". In der Regel werden bei der Substitution einzelne, von den Händen auf bestimmten Instrumenten gespielte Schläge durch Bassdrum/Hi Hat Fuß-Schläge ersetzt. Übung 1 zeigt die Ausgangsfigur, einen Fill In. In Übung 2 werden die von der rechten Hand gespielten Zählzeiten 1a, 2a, 3a und 4a aus Übung 1 durch Bassdrum-Anschläge ersetzt.

Die Übungen 3 und 4 zeigen die Anwendung der Substitution in einem Rhythmus. Übung 3 zeigt den Ausgangs-Groove, in Übung 4 werden die von der linken Hand auf den Zählzeiten 2a und 4+ gespielten Schläge aus Übung 3 durch die Bass Drum ersetzt.

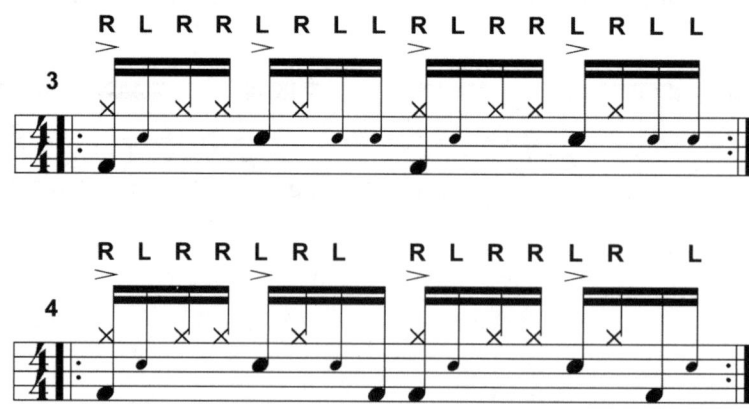

II. Praktische Anwendungsmöglichkeiten der Paradiddles

1. Paradiddle-Akzentübungen

Der Wechsel von akzentuierten und nicht akzentuierten Schlägen ermöglicht sehr vielfältige rhythmische Ausdrucksmöglickeiten und ist gerade beim Spielen von Paradidlen - sowohl bei deren Einsatz in Rhythmen als auch in Fill Ins - von immenser Bedeutung.

Übetipps:

- Spiele alle Übungen zunächst auf der Snaredrum oder dem Übungspad.

- Beginne mit dem Tempo der Viertelnoten bei 60 bpm und steigere es mit der Zeit ganz allmählich.

- Praktische Umsetzungsmöglichkeiten von Akzentübungen am Drumset findest du in den nachfolgenden Kapiteln.

- Probiere ständig deine eigene Ideen aus. Nimm dir z.B. eine bestimmte Para-diddle-Akzentfigur und verteilte sie „frei und spontan" am kompletten Drumset.

- Sämtliche Stickings in den einzelnen Übungen können auch anders rhythmisiert werden. So kannst du Sechzehntelnoten auch als Zweiunddreißigstelnoten bzw. Achteltirolen auch als Sechzehnteltirolen spielen.

1. Grundform

2. Grundform

3. Grundform

4. Grundform

Doubles - Akzentübung

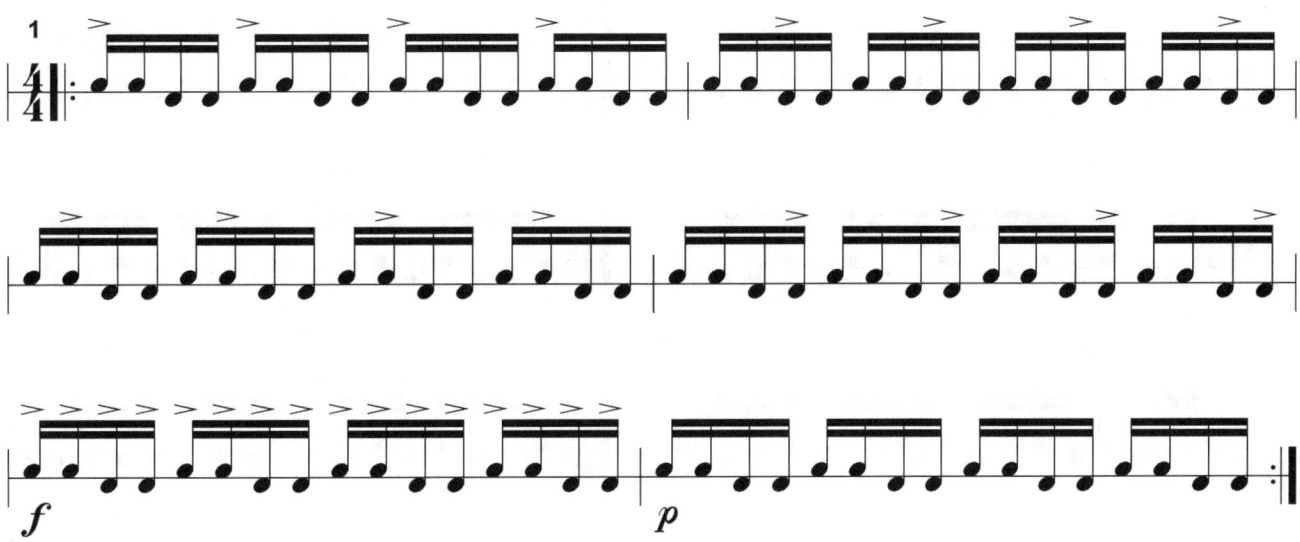

Single Paraddiddle mit versetzten Akzenten

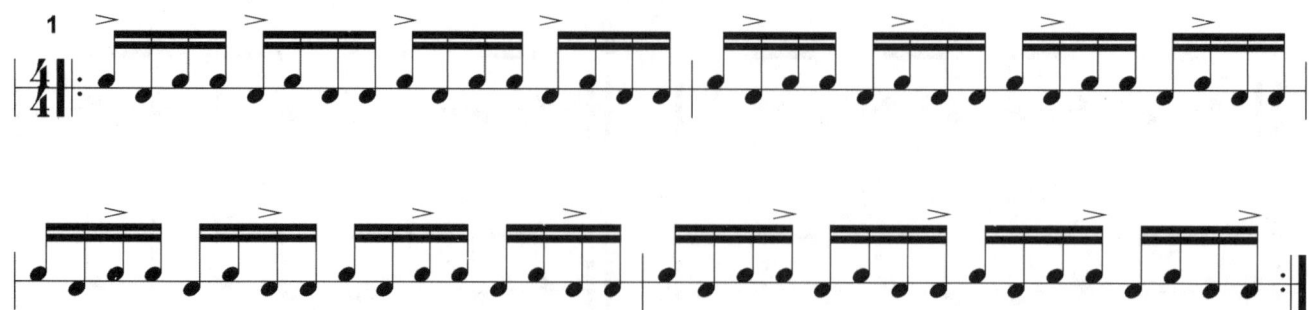

Paraddiddle Grundformen 1 - 4 mit versetzten Akzenten

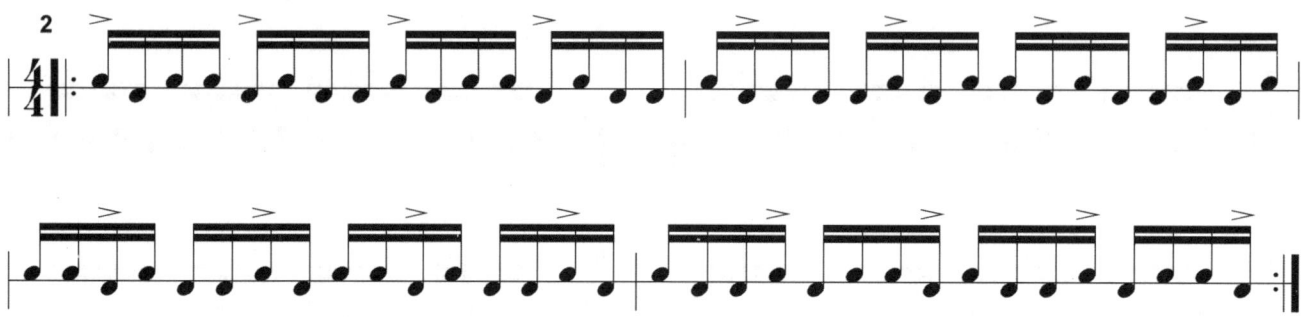

Paradiddle - Kombinationen/Sechzehntelnoten

Leu-Verlag

Paradiddle - Kombinationen/Achteltriolen

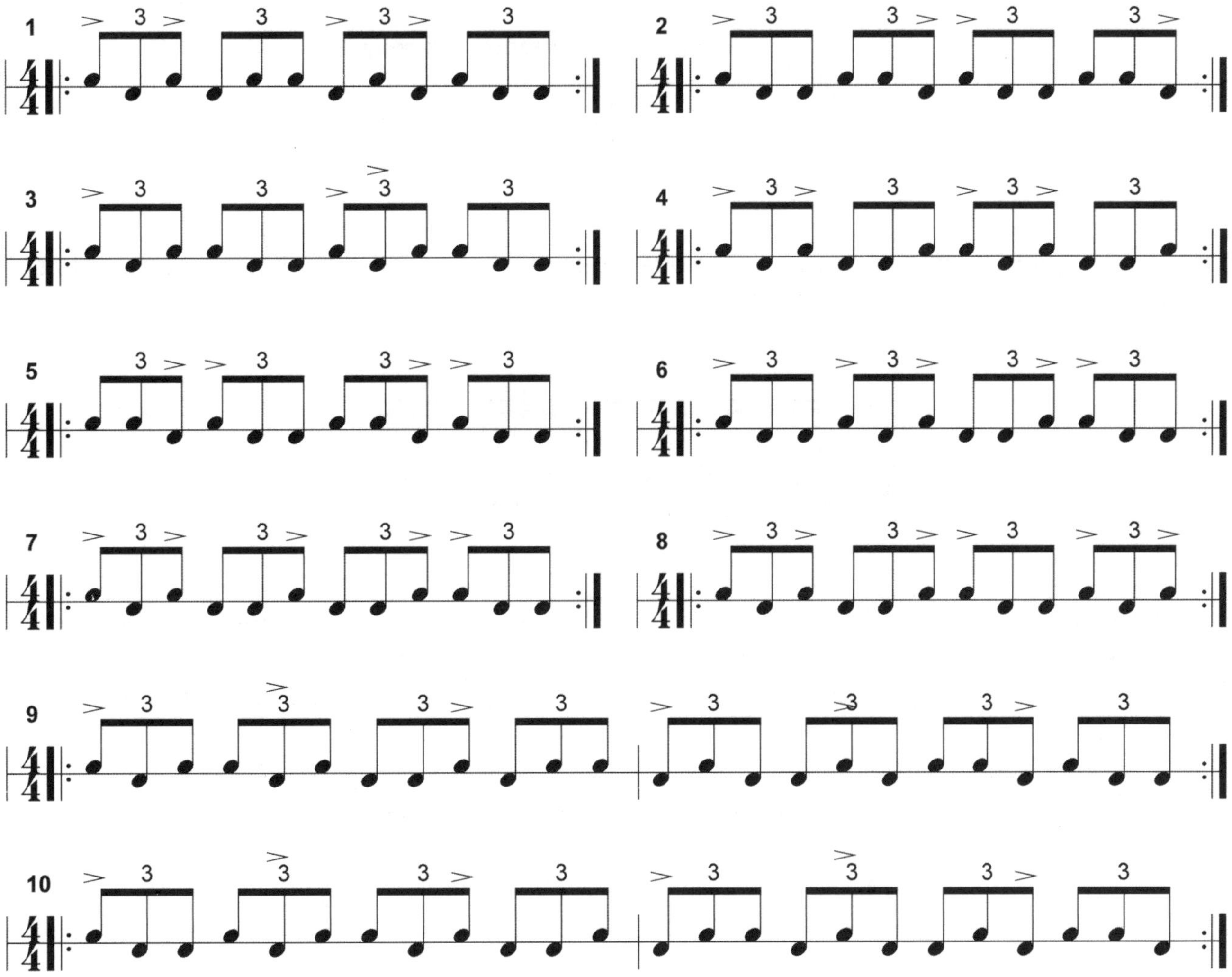

2. Single Paradiddle - Anwendung in Grooves

Ein Paradiddle ist im Prinzip nichts anderes als er systematische Wechsel von Einzel- und Doppelschlägen. Der Sinn dieser Schlagabfolge liegt darin, daß sich durch diese Handsätze ganz andere rhythmische Möglichkeiten eröffnen, als wenn du ausschließlich sämtliche Schläge abwechselnd zwischen der rechten und linken Hand ausführen würdest. Mit Hilfe des Paradidles kannst du rhythmisch sehr interessante und abwechslungsreiche Rhythmen spielen.

Single Paradiddle - Anwendung in Sechzehntelnotennoten

Übung 1: Das Ausgangs-Pattern ist das Standard-Rudiment Nr. 21, der Single Paradiddle. Achte beim Spielen auf die Akzente.

Übung 2: Sobald du das oben gezeigte Pattern beherrschst, spiele alle Schläge der rechten Hand statt auf der Snaredrum auf der geschlossenen Hi Hat.

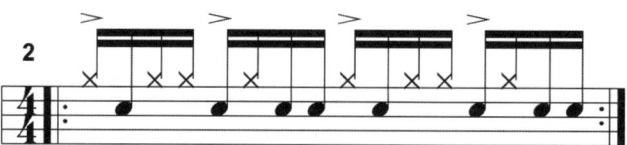

Übung 3: Spiele zusätzlich zu den Schlägen der rechten Hand die Bassdrum, es entsteht auf diese Weise ein rockiger Groove.

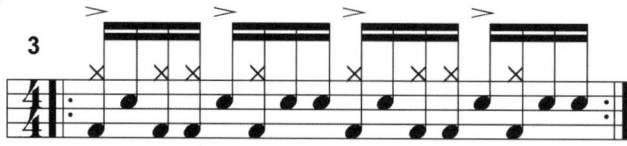

Übung 4: Hier werden alle Schläge der linken Hand nun als leise gespielet Ghost Notes ausgeführt. Auf diese Weise bekommt der Beat einen völlig anderen Charakter, obwohl sich hinsichtlich des Stickings nichts verändert hat. Der Rhythmus klingt „runder" und „flüssiger".

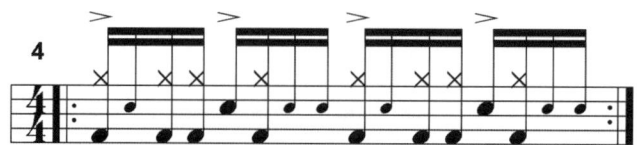

Übung 5: Hier wird nun die Bassdrum nicht mehr parallel zu allen Schlägen der rechten Hand gespielt. Der Beat kommt nicht mehr so kompakt daher, die einzelnen Bassdrum-Akzente machen den Groove rhythmisch interessanter und vielseitiger einsetzbar.

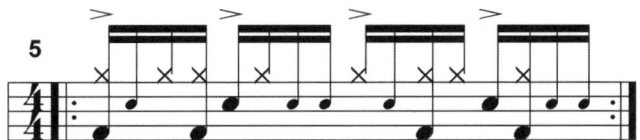

Übung 6 zeigt die zweite Grundform des Single Paradiddle. Sie ist hinsichtlich des Stickings identisch mit dem Ausgangs-Pattern, die Abfolge beginnt jedoch erst auf der Zählzeit „1a".

Die **Übungen 7** bis **10** zeigen dir die gleiche Anwendungsweise wie zuvor, nun allerdings mit der zweiten Grundform des Single Paradiddle.

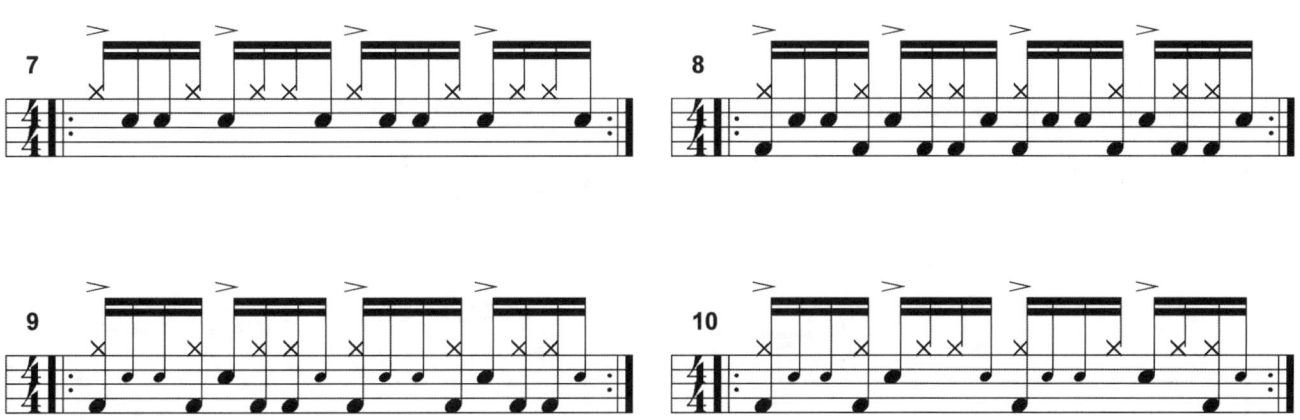

3. Double Paradiddle - Anwendung in Grooves

Die Übungen 1 bis 6 zeigen dir die Anwendung des Standard-Rudiments Double Paradiddle mit dem Sticking RLRLRR-LRLRLL in der gleichen Vorgehensweise wie beim Single Paradiddle.

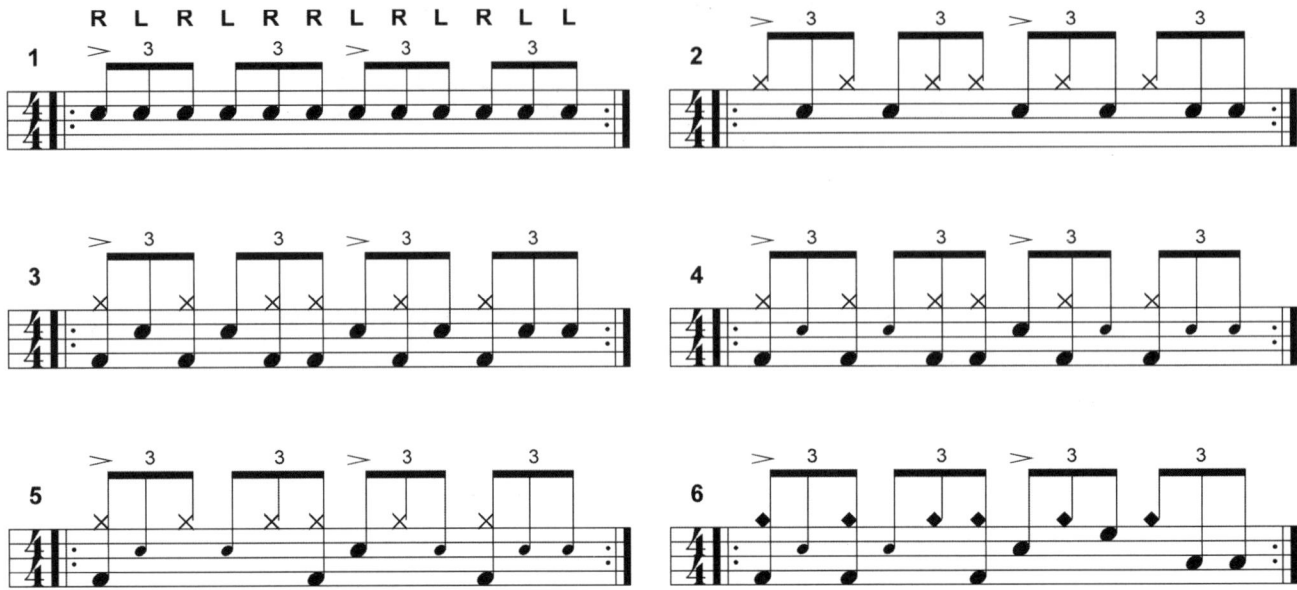

4. Anwendung von Paradiddle - Akzentübungen

Nachfolgend einige Beispiele, wie du Paradiddle-Akzentübungen am Drumset anwenden kannst. Viele Konzept-Ideen wie Substitution, unterschiedliche Orchestrierung, Tempoverdoppelung etc. kommen zur Anwendung und verändern den Sound, während die Original-Stickings der Beispiele 1, 5 und 7 im Prinzip unverändert bleiben.

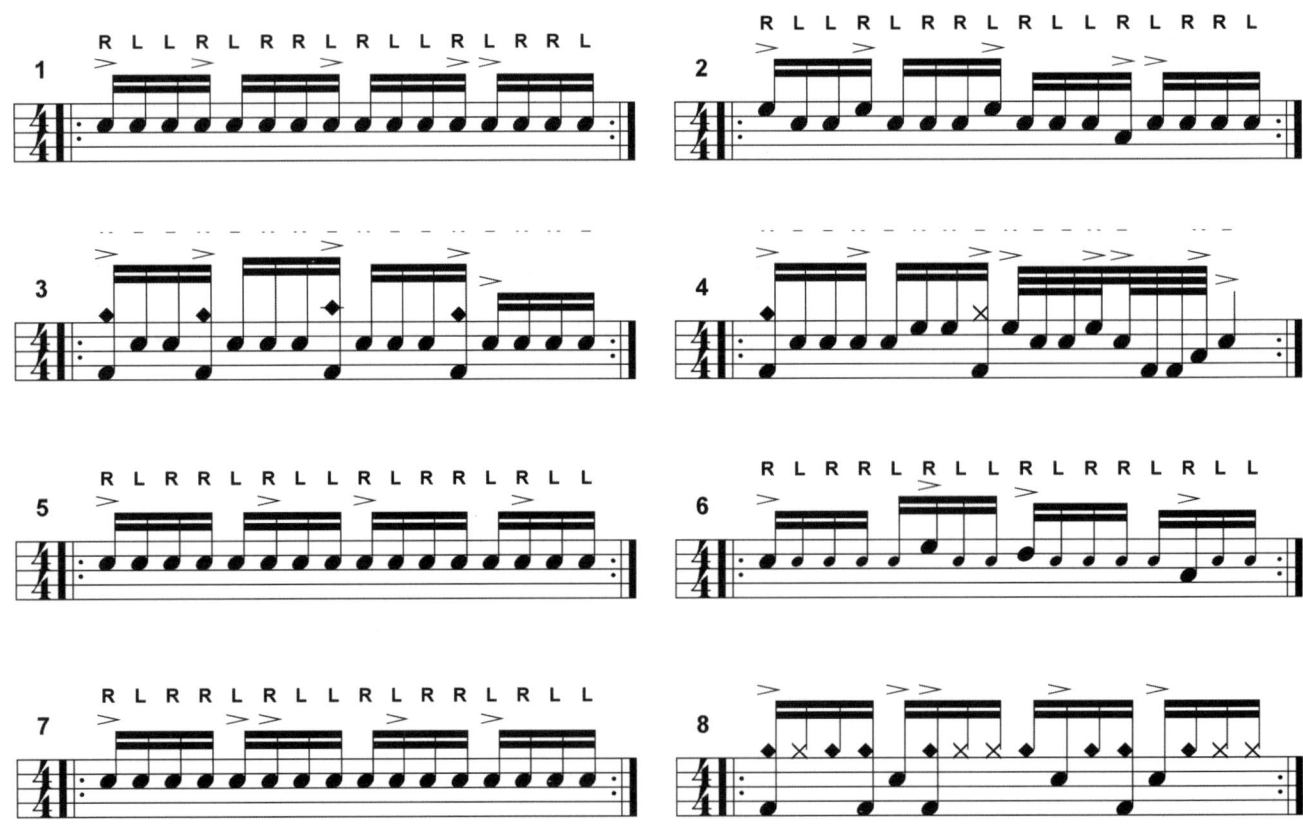

5. Paradiddle Diddle - Anwendung

Der Paradiddle Diddle besteht aus einem Single Paradiddle RLRR und einem Double Stroke LL, die komplette Schlagabfolge lautet demnach RLRRLL. Dieses Rudiment besteht aus einer Gruppe von sechs Schlägen, daher bietet sich zur ersten praktischen Umsetzung in Übung ein Pattern aus Sechzehnteltriolen an. Zudem kannst du den ersten oder, wie notiert, die ersten beiden Schläge jeder 6er-Gruppe akzentuieren.

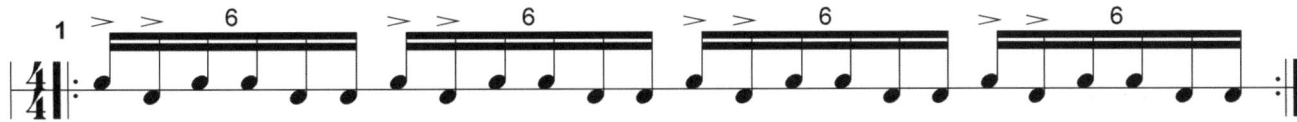

Übungen 2 bis **4**: Orchestriere nun zur praktischen Anwendung am Drumset die akzentuierten Schläge auf Toms sowie Cymbals. Damit es voller klingt, werden in Beispiel 4 die Cymbal-Akzente mit der Bassdrum gedoppelt.

Übung 5: Hier werden alle Schläge der rechten Hand auf der geschlossenen Hi Hat angeschlagen und der erste und dritte Schlag akzentuiert und zusätzlich mit der Bassdrum gedoppelt. Alle Schläge der linken Hand werden auf der Snaredrum als Ghost Notes ausgeführt.

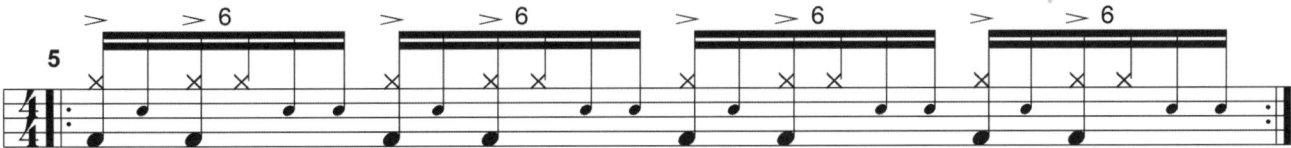

Leu-Verlag

Übung 6: Hier werden die ursprünglich als Doubles mit der linken Hand gespielten letzten beiden Sechzehnteltriolen durch Bassdrum-Anschläge ersetzt.

Übung 7 bis **10**: In diesen Übungen wird das 6er-Gruppen Paradiddle Diddle-Sticking über Sechzehntelnoten bzw. Zweiunddreißigstel Noten rhythmisiert. Auf diese Weise entsteht eine polyrhythmische 6er-Gruppen-Verschiebung, die sich soannungsreich über den zugrunde liegenden Basispuls der Viertelnoten legt.

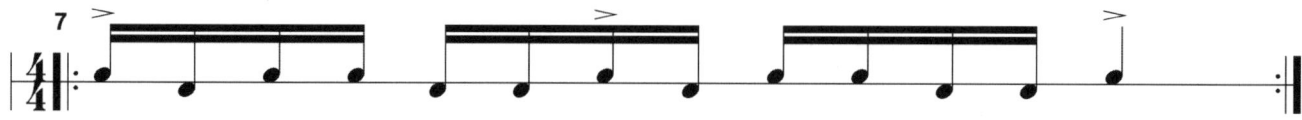

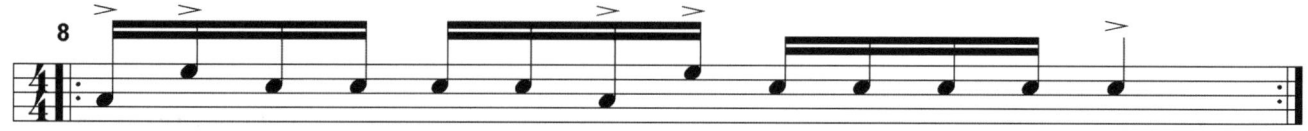

Leu-Verlag

6. Tempoverdopplung

Eine sehr interessante und effektive Variation entsteht durch das Konzept der Tempoverdopplung. Dabei werden z.B. ursprünglich in Sechzehntelnoten oder Achteltriolen gespielte
rhythmische Patterns mit bestimmten Stickings zu Zweiunddreißigstelnoten bzw. Sechzehn-
telteltriolen umgedeutet, also doppelt so schnell wie zuvor gespielt.
In den Beispielen 1 bis 3 ist jeweils in der ersten Takthälfte ein in Sechzehntelnoten ge-
spieltes Pattern mit einem Paradiddle-Sticking notiert, die jeweils zweite Takthälfte zeigt die
Tempoverdopplung dieser Figur zu Zweiunddreißigstelnoten. Die Beispiele 8 bis 10 zeigen
die Anwendung mit Achteltriolen und Sechzehnteltriolen.

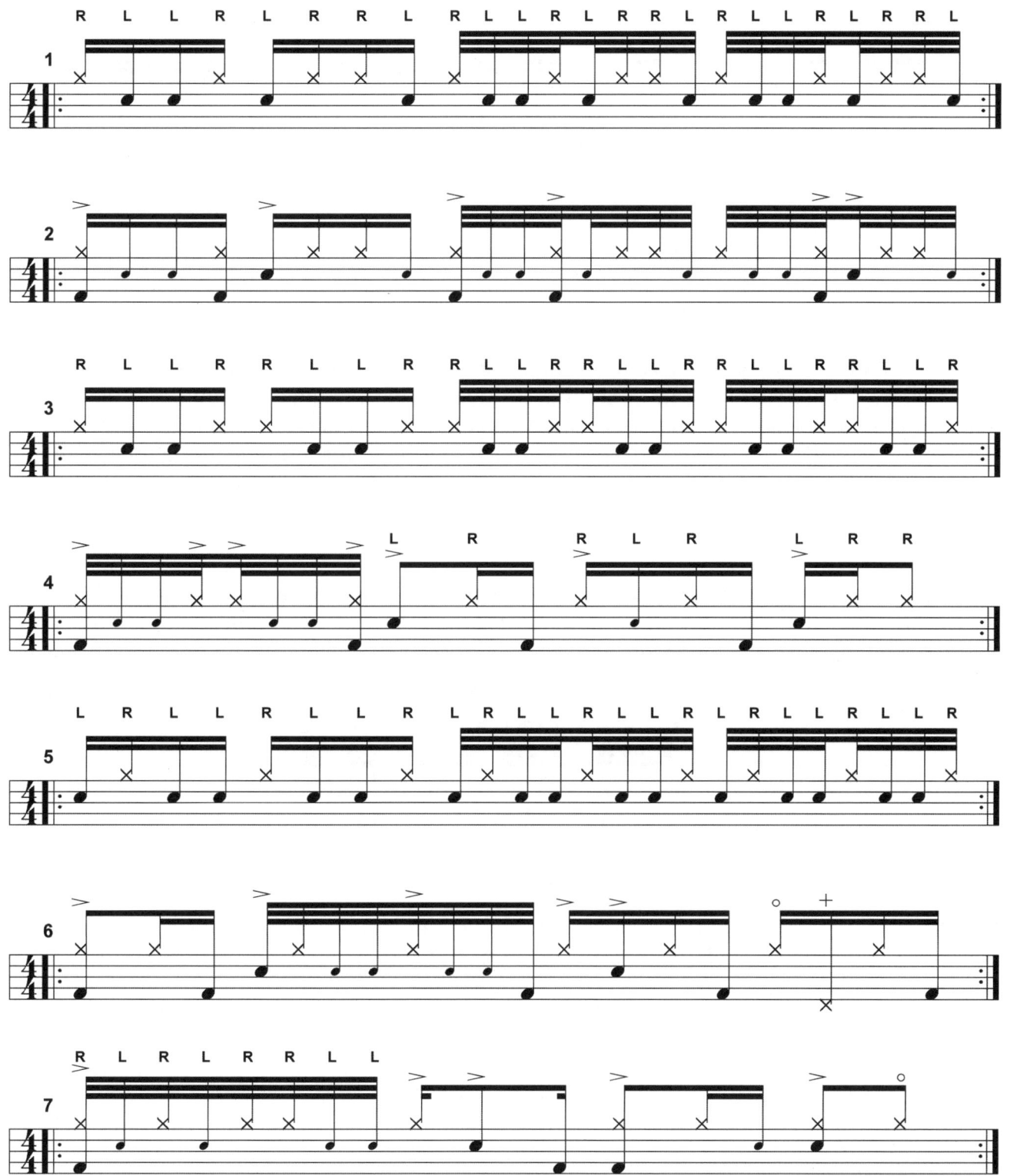

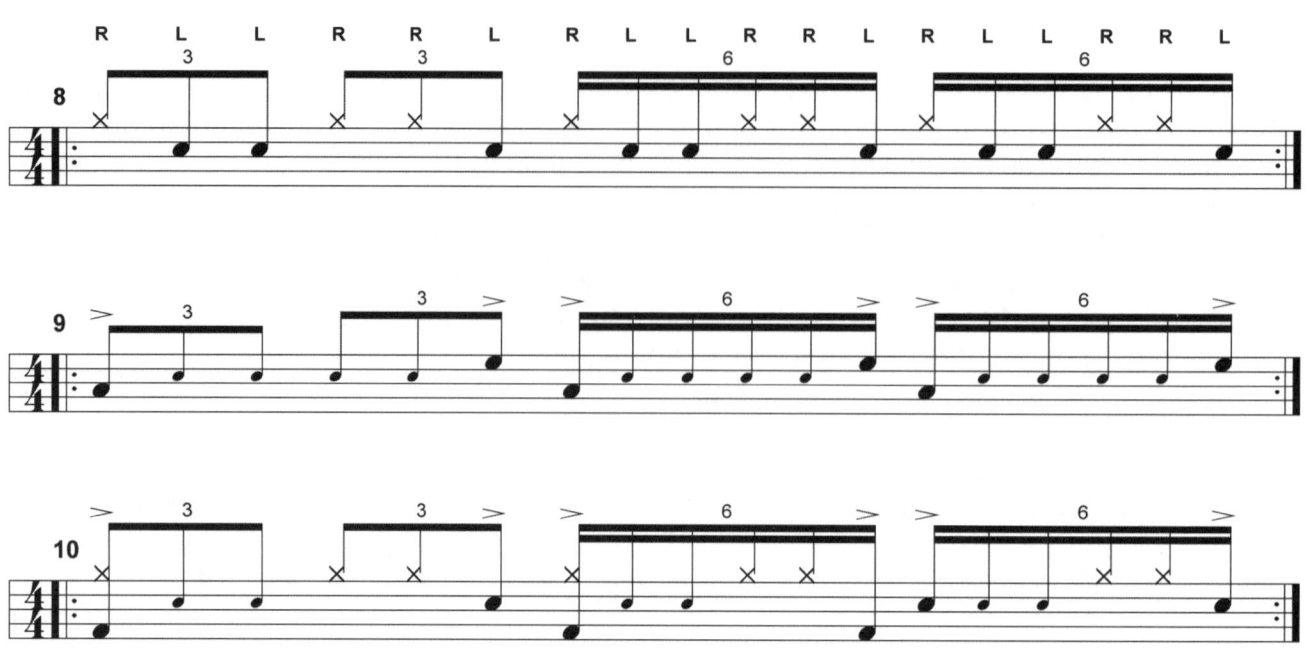

7. Paradiddle - Substitution

Um Paradiddle-Grooves „aufzulockern" und damit rhythmisch weniger kompakt und „vollgepackt" erscheinen zu lassen, besteht eine Idee darin, einzelne Schläge, die bisher bei durchlaufend gespielten Paradiddle-Figuren von der rechten bzw. linken Hand gespielt wurden, durch Bassdrum-Schläge zu ersetzen. Dieses damit verbundene Ersetzen einzelner Instrumente durch andere nennt man auch „Substitution". Die auf diese Weise entstehenden Beats werden häufig in der Funk- bzw. Fusionsmusik verwendet.

Übung 1: Der hier gezeigte Rhythmus ist unser Ausgangs-Groove. Er basiert auf dem Single Paradiddle, die Bassdrum wird auf den Zählzeiten „1" und „3" angeschlagen, die mit der linken Hand gespielten Schläge werden mit Ausnahme der Backbeats auf den Zählzeiten „2" und „4" als Ghost Notes auf der Snaredrum ausgeführt.

Übung 2: Hier werden die ursprünglich mit der linken Hand auf den Zählzeiten „2+", „2a" sowie „4+" gespielten Schläge durch Bassdrum-Schläge ersetzt. Um einen 3er-Anschlag von Sechzehntelnoten mit der Bassdrum zu vermeiden, entfällt der ursprüngliche Akzent der Bassdrum auf der Zählzeit „3".

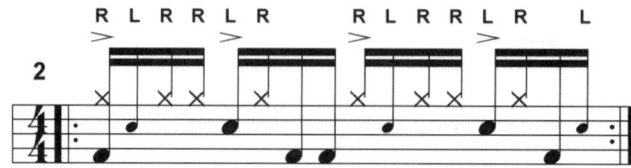

Leu-Verlag

Übung 3: Die ursprünglichen Schläge der linken Hand auf der Zählzeite „2a" sowie der rechten Hand auf der „3+" werden durch Bassdrum-Anschläge substituiert. Zusätzlich wird die Bassdrum auf der Zählzeit „1a" angeschlagen, der Anschlag auf der „3" entfällt.

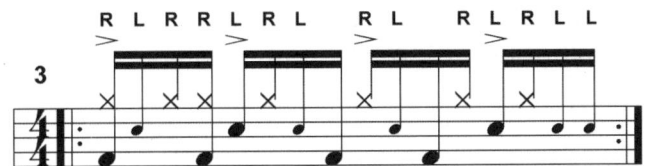

Übung 4: Die Hi Hat auf der „1a" entfällt, die Snaredrum/Bassdrum-Anschläge auf der „2+" sowie „2a" tauschen die Plätze, die Hi Hat auf der Zählzeit „3" wird durch einen Bassdrum-Akzent ersetzt, der Snaredrum-Anschlag auf der „3e" nun akzentuiert ausgeführt sowie der Bassdrum-Anschlag auf der „3+" durch einen Hi Hat-Anschlag ersetzt.

Du siehst, dass es viele Möglichkeiten gibt, die sich sozusagen bei der Anwendung bestimmter Ideen wie der der „Substitution" sowie dem Weglassen oder auch Hinzufügen einzelner Schläge zwangsläufig ergeben.

Übung 5 zeigt mit der zweiten Paradiddle-Variation ein neues Ausgangs-Pattern, das in den nachfolgenden Beispielen 6 bis 9 immer weiter variiert wird. Die Beispiele 10 und 11 zeigen ein weiteres Sticking.

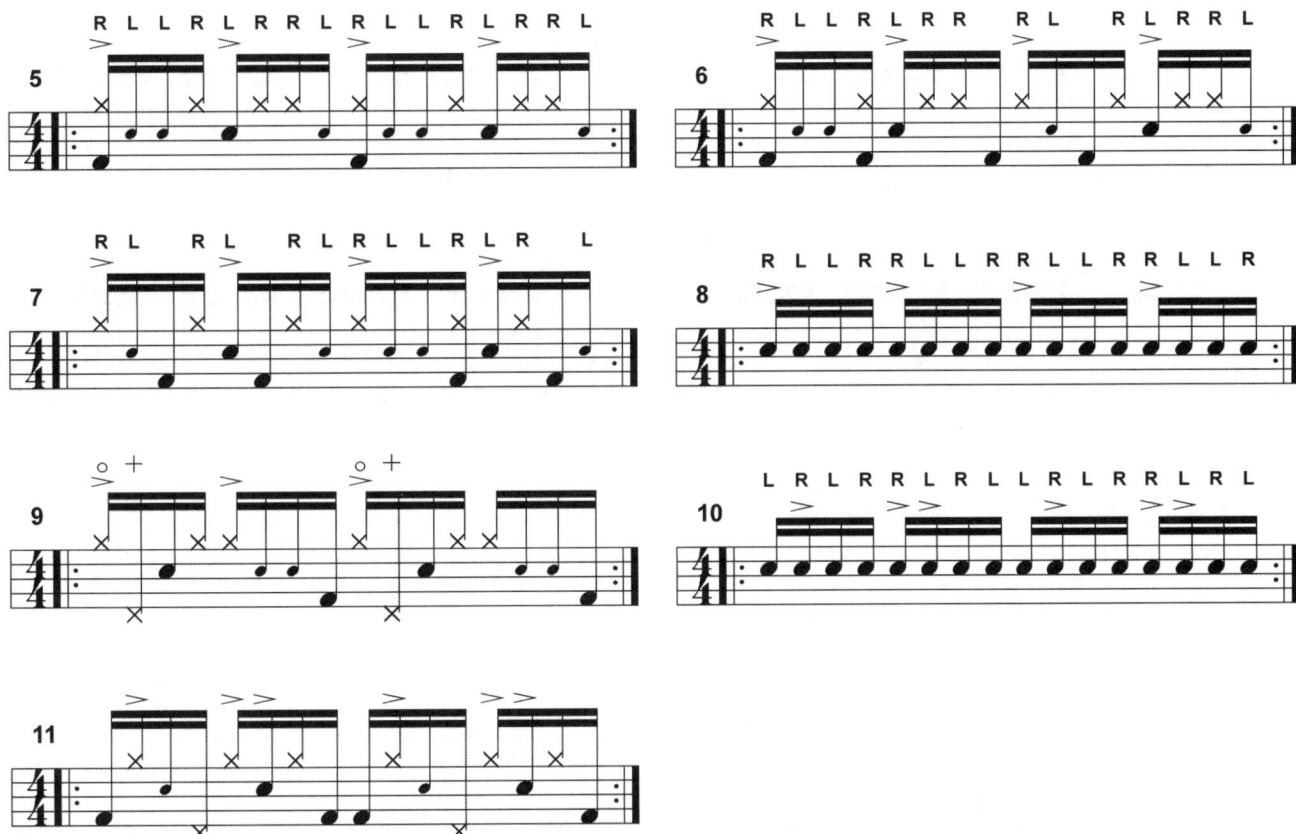

Leu-Verlag

8. Binäre Paradiddle - Koordinationsübungen

Die folgenden Übungen dienen dazu, die Koordination zwischen Händen und Füßen zu verbessern. Die Idee besteht darin, mit der rechten Hand ostinate Hi Hat/Ridecymbal-Patterns zu spielen und dazu Paradiddlefiguren zwischen der mit dem rechten Fuß gespielten Bassdrum sowie der mit der linken Hand gespielten Snaredrum aufzuteilen. Natürlich kannst du die linke hand auch auf andern Instrumenten orchestrieren.

Übetipps:

- In der notierten Form handelt es sich tatsächlich ausschließlich um Koordinationsübungen.
- Zur praktischen Anwendung in der Band sind diese Übungen in der Regel so nicht geeignet. Mit der Bassdrum werden hier z.B. einfach zuviele Schläge gespielt, die Rhythmen klingen daher rhythmisch zu kompakt bzw. „vollgepackt". Die Snaredrum-Schläge werden ebenfalls in der notierten Form nicht dynamisch gespielt.
- Wenn du jedoch die einzelnen Übungen variierst, also z.B. einzelne Bassdrum-Schläge weglässt und einzelne Snaredrum-Anschläge als Ghost Notes ausführts, also z.B. nur den Backbeat auf den Zählzeiten 2 und 4 akzentuierst, dann ergeben sich viele Möglichkeiten praxisorientiert und musikalisch Grooves zu entwickeln. Ausprobieren!

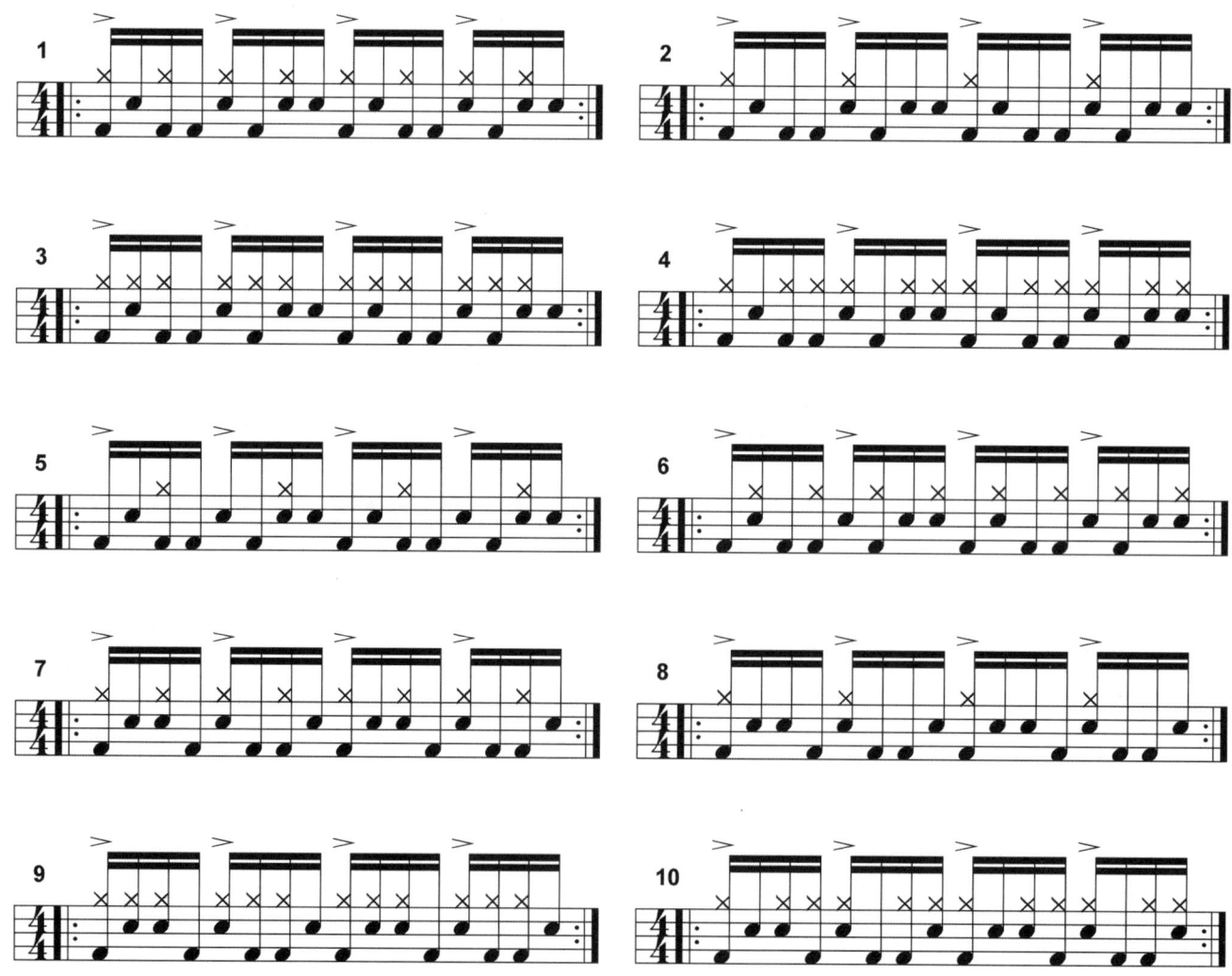

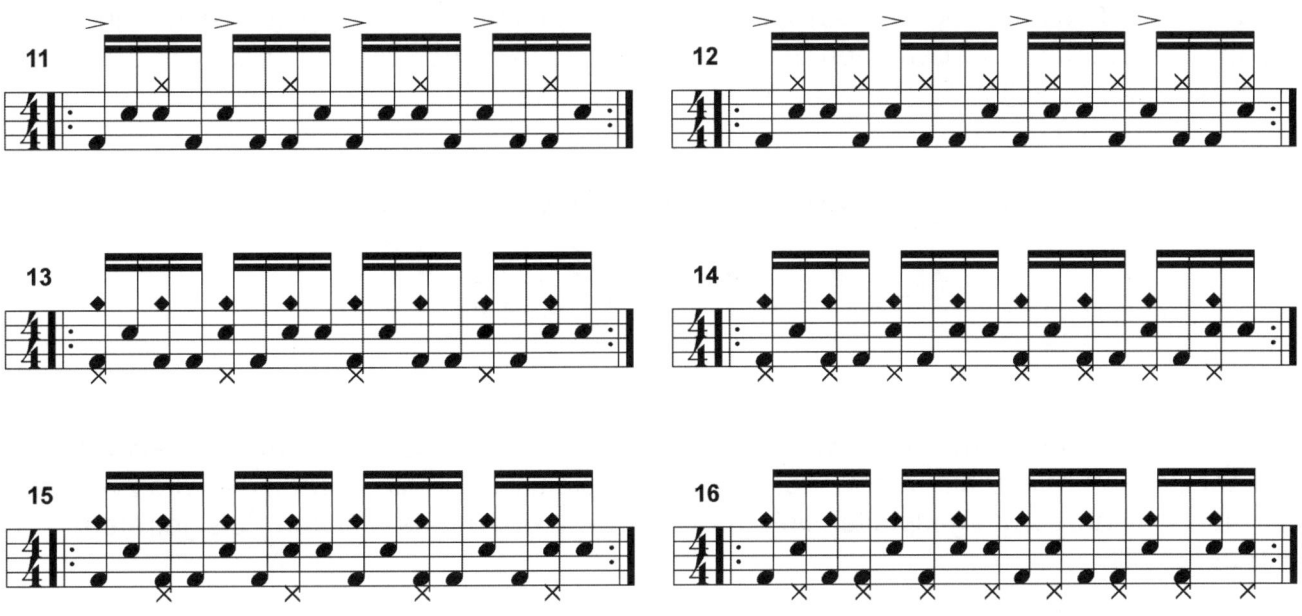

In den nachfolgenden Übungen 1 bis 5 habe ich einige besondere Koordinationsmöglichkeiten notiert, die du mit der Zeit auf alle anderen Paradidle-Patterns übertragen kannst.

Übung 1: Hier wird der Single Paradiddle zwischen der rechten Hand einerseits und der gleichzeitig gespielten linken Hand (Snaredrum) und dem rechten Fuß (Bassdrum) aufgeteilt.

Übung 2: In dieser Übung wird der Single Paradiddle zwischen dem rechten Fuß (Bassdrum) einerseits und der synchron spielenden rechten und linken Hand (Hi Hat und Snaredrum) aufgeteilt.

Übung 3: Hier wird auf der Bassdrum und der mit dem linken Fuß gespielten Hi Hat ein ostinates Samba-Pattern gespielt, während die rechte und linke Hand (Hi Hat und Snaredrum) synchron nur die sonst von der rechten Hand alleine gespielten Schläge des Single Paradiddles spielen.

Übung 4: In dieser Übung wird das Ganze nun genau umgekehrt gespielt. Rechte und linke Hand spielen über einer ostinaten Samba-Begleitung synchron nur die sonst von der linken Hand alleine gespielten Schläge des Single Paradiddle.

Übung 5: Hier werden mit der rechten Hand auf dem Ridecymbal sowie mit dem rechten Fuß auf der Bassdrum durchlaufende Viertelnoten gespielt, der Single Paradiddle wird zwischen der auf der Snaredrum gespielten linken Hand sowie der mit dem linken Fuß getretenen Hi Hat aufgeteilt.

9. Ternäre Paradiddle - Koordinationsübungen (Achteltriolen)

Die folgenden Beispiele zeigen von der Rhythmik her ternäre Koordinationsübungen, so, wie diese im musikalischen Jazz-Kontext zur Anwendung kommen. In den Beispielen 1 bis 10 spielt die rechte Hand das Jazz Ride Pattern, die mit dem linken Fuß getretene Hi Hat wird auf den Zählzeiten 2 und 4 gespielt. Dazu werden diverse Stickings zwischen der mit dem rechten Fuß angeschlagenen Bassdrum sowie der mit der linken Hand gespielten Snaredrum aufgeteilt.

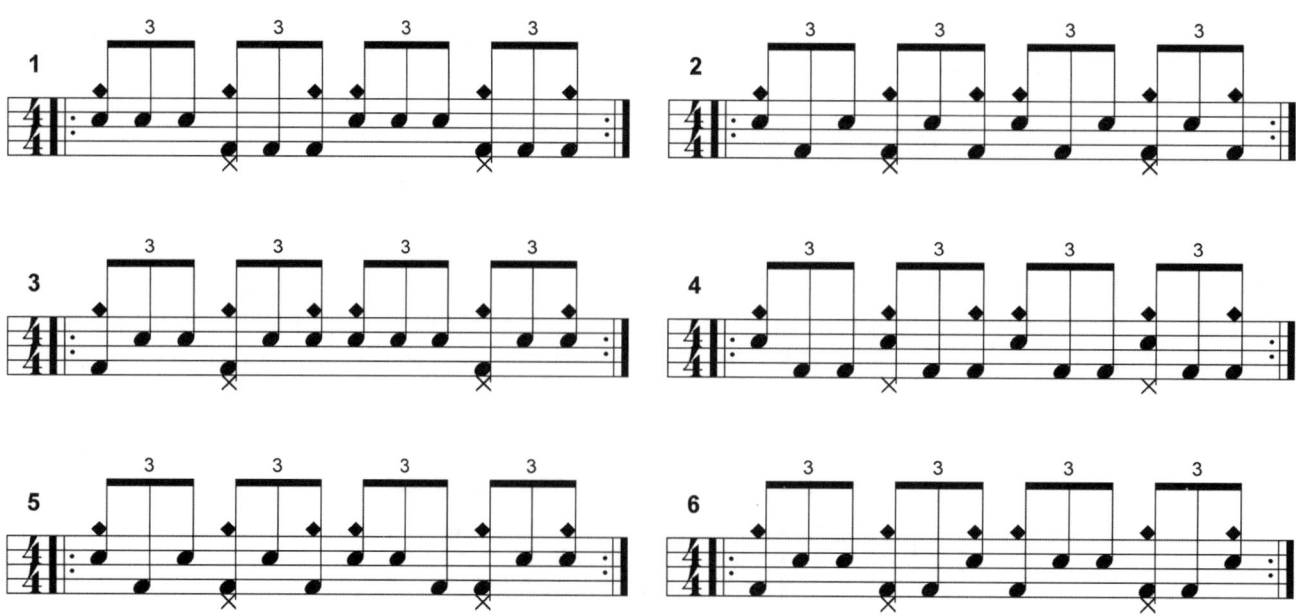

Leu-Verlag

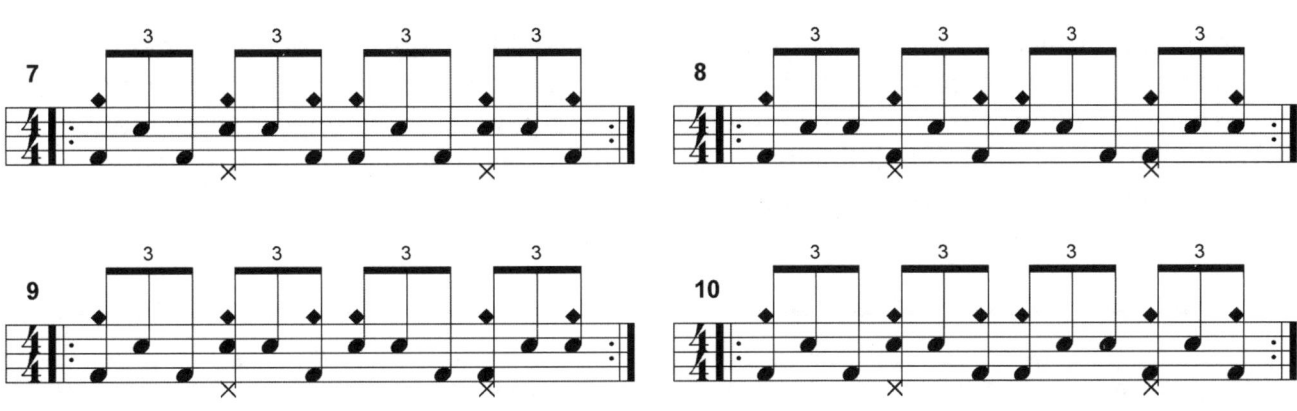

Single Paradiddle-Anwendung

Übungen 1 und 2: Das Single Paradiddle-Sticking wird zu dem ostinat auf dem Ridecambal bzw. der mit dem linken Fuß getretenen Hi Hat über durchlaufende Achteltriolen zwischen der Bassdrum und der Snaredrum aufgeteilt, wobei der jerweils erste Schlag des Single Paradiddles leicht akzentuiert wird.

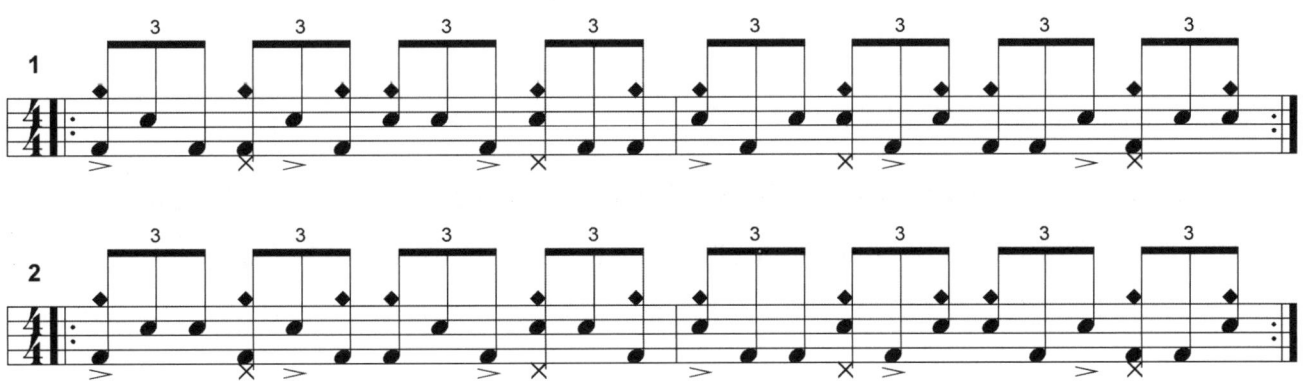

Übungen 3 und 4: Anwendung mit im Sechzehntelnoten-Feeling gespielter Jazz-Time.

Leu-Verlag

Die folgenden Beispiele 1 bis 4 zeigen ternäre Paradiddle-Figuren, bei denen die Schläge der rechten Hand synchron zu den Bassdrum-Schlägen gespielt werden. Sämtliche Anwendungsmöglichkeiten, die mit Sechzehntelnoten gezeigt wurden, können natürlich auch auf Achteltriolen bzw. Sechzehnteltriolen und Zweiunddreißigstel Noten übertragen werden. Probiere einfach deine eigenen Ideen aus.

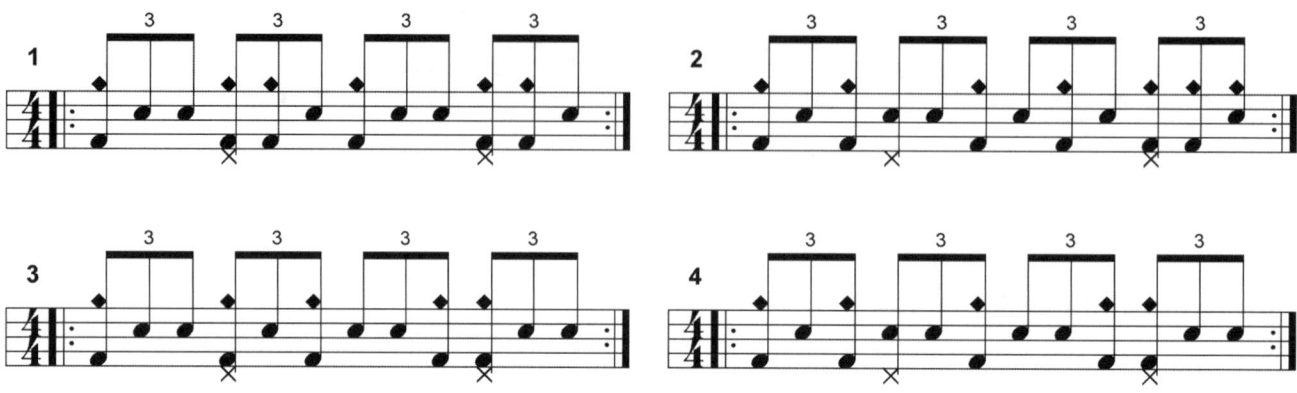

10. Ternäre Paradiddle - Koordinationsübungen (Vierteltriolen)

Die **Übungen 1 bis 6** zeigen über Vierteltriolen gespielte Paradiddle-Stickings.

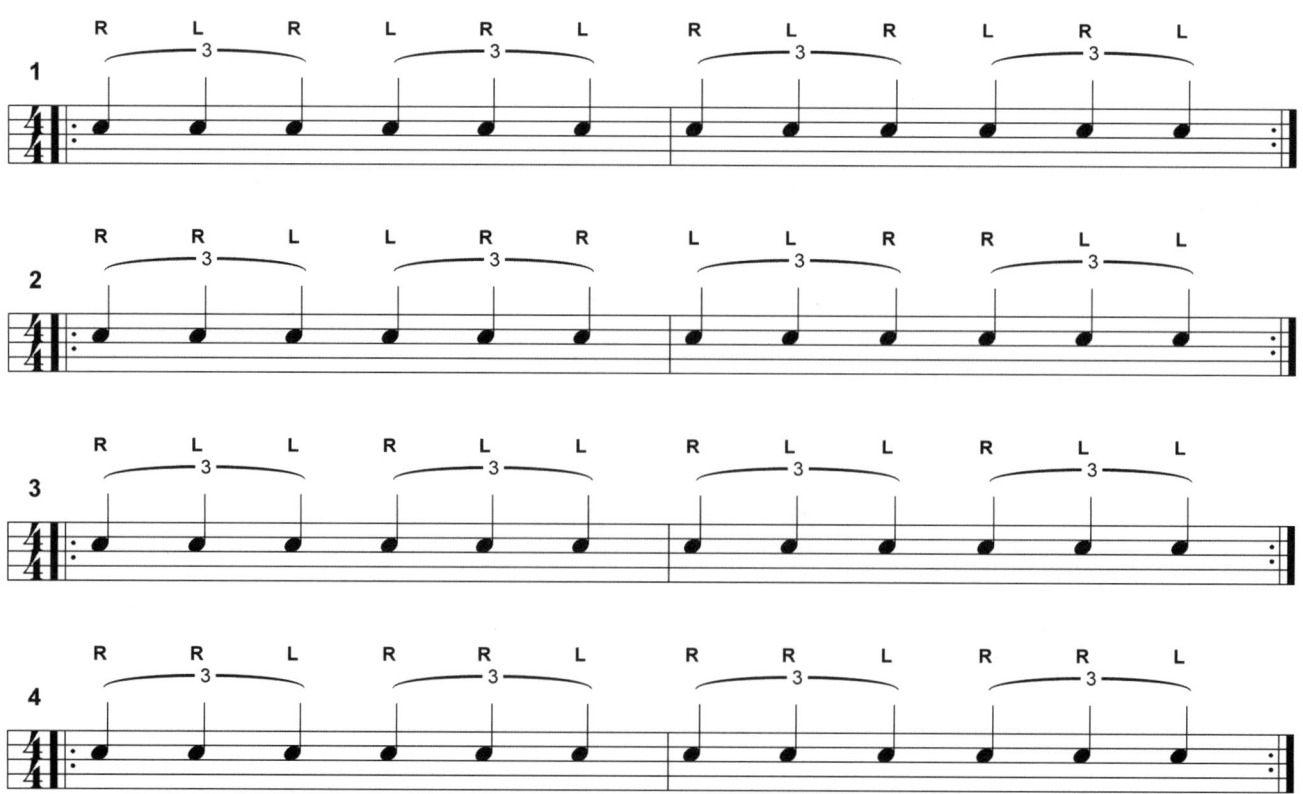

Leu-Verlag

5

6

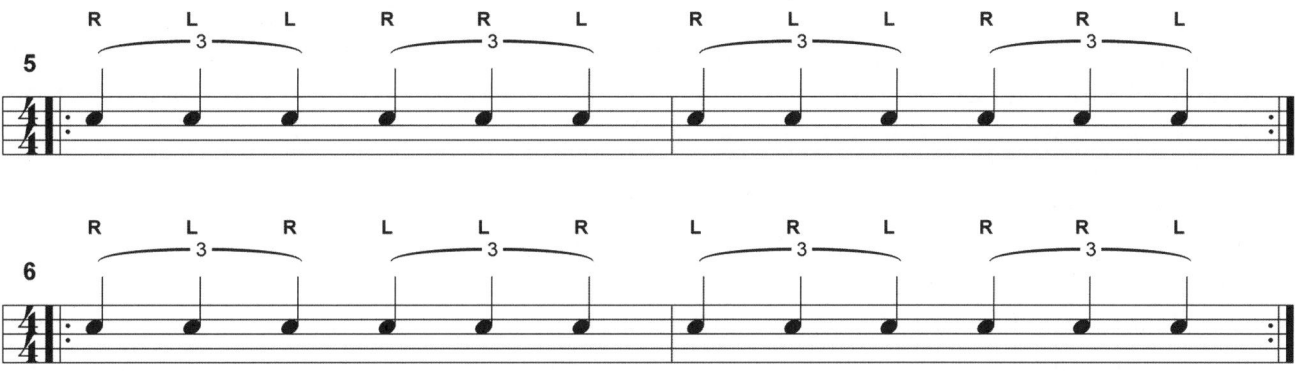

In den **Übungen 7 bis 12** werden die oben notierten Stickings zwischen der linken Hand und dem rechten Fuß aufgeteilt zu dem ostinaten Jazz Ride-Pattern der rechten Hand und des linken Fußes gespielt.

7

8

9

10

11

12

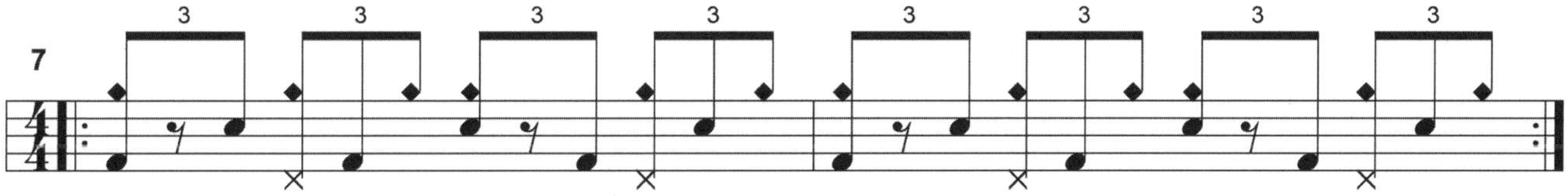

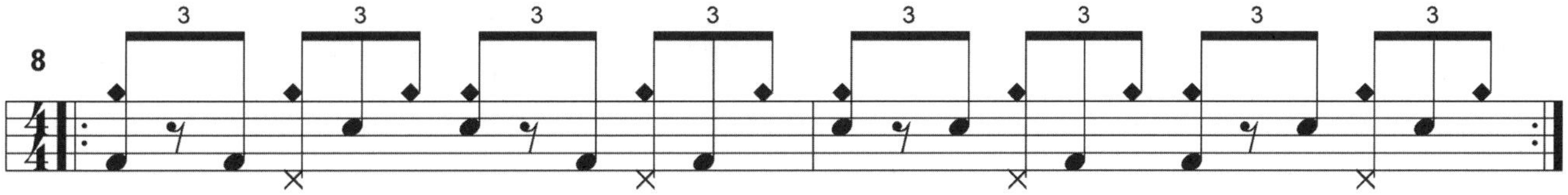

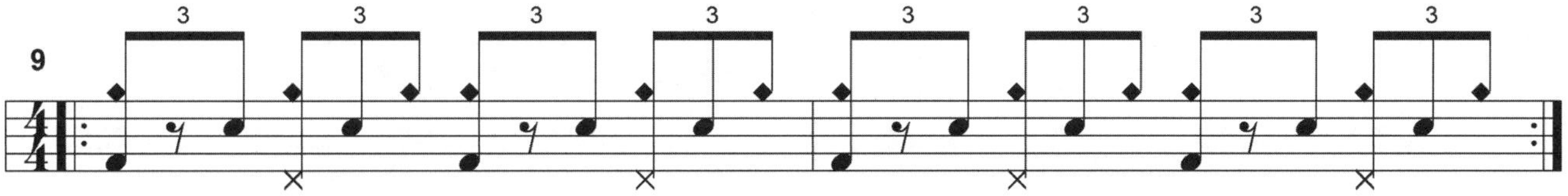

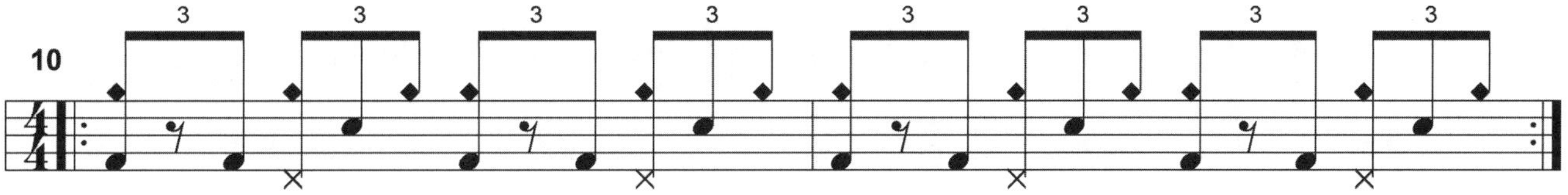

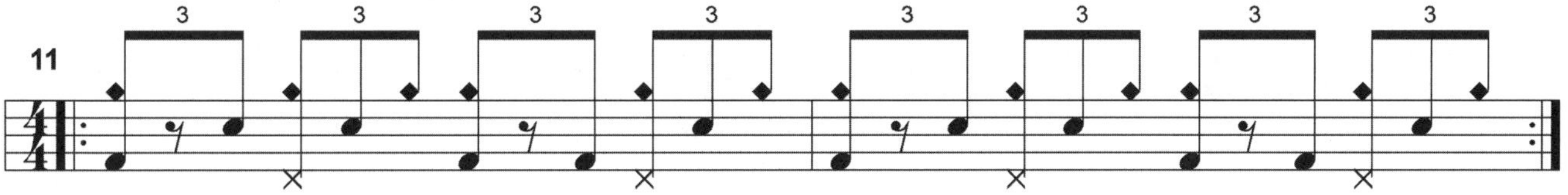

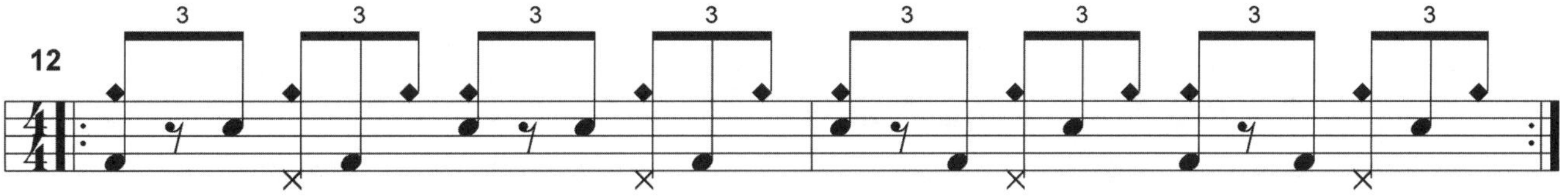

11. Paradiddle und ostinate Bassdrum/Hi Hat Fuß-Figuren

In den folgenden Übungen werden über verschiedene ostinate Bassdrum/Hi Hat Fuß-Figuren unterschiedliche mit den Händen gespielte Paradiddle Patterns gelegt. Die Beispiele 1 bis 12 zeigen die Anwendung mit Achtelnoten, die Beispiele 13 bis 20 mit Sechzehntelnoten und die Übungen 21 und 22 mit Achteltriolen.

Es kommen verschiedene Bassdrum/Hi Hat Fuß-Patterns zum Einsatz: Samba (Beispiele 5, 6, 7, 13, 14, 15), Baiao (Beispiele 8, 16), Tumbao (Afro Cuban, Beispiele 9, 10, 17, 18) sowie einige Double Bassdrum Figuren (Beispiele 11,12, 19, 20, 21, 22). Die mit den Händen gespielten Paradiddle Figuren - in allen Übungen ist als Beispiel immer nur der Single Paradiddle notiert - sind natürlich durch alle anderen möglichen Paradiddle Variationen austauschbar. Sieh dir dazu auch das Kapitel „Paradiddle Akzentübungen" an. Verschiedene Möglichkeiten, Paradiddle Figuren am kompletten Drumset anzuwenden, findest du in den verschiedenen Kapiteln zum Thema „Praktische Anwendungsmöglichkeiten der Paradiddles".

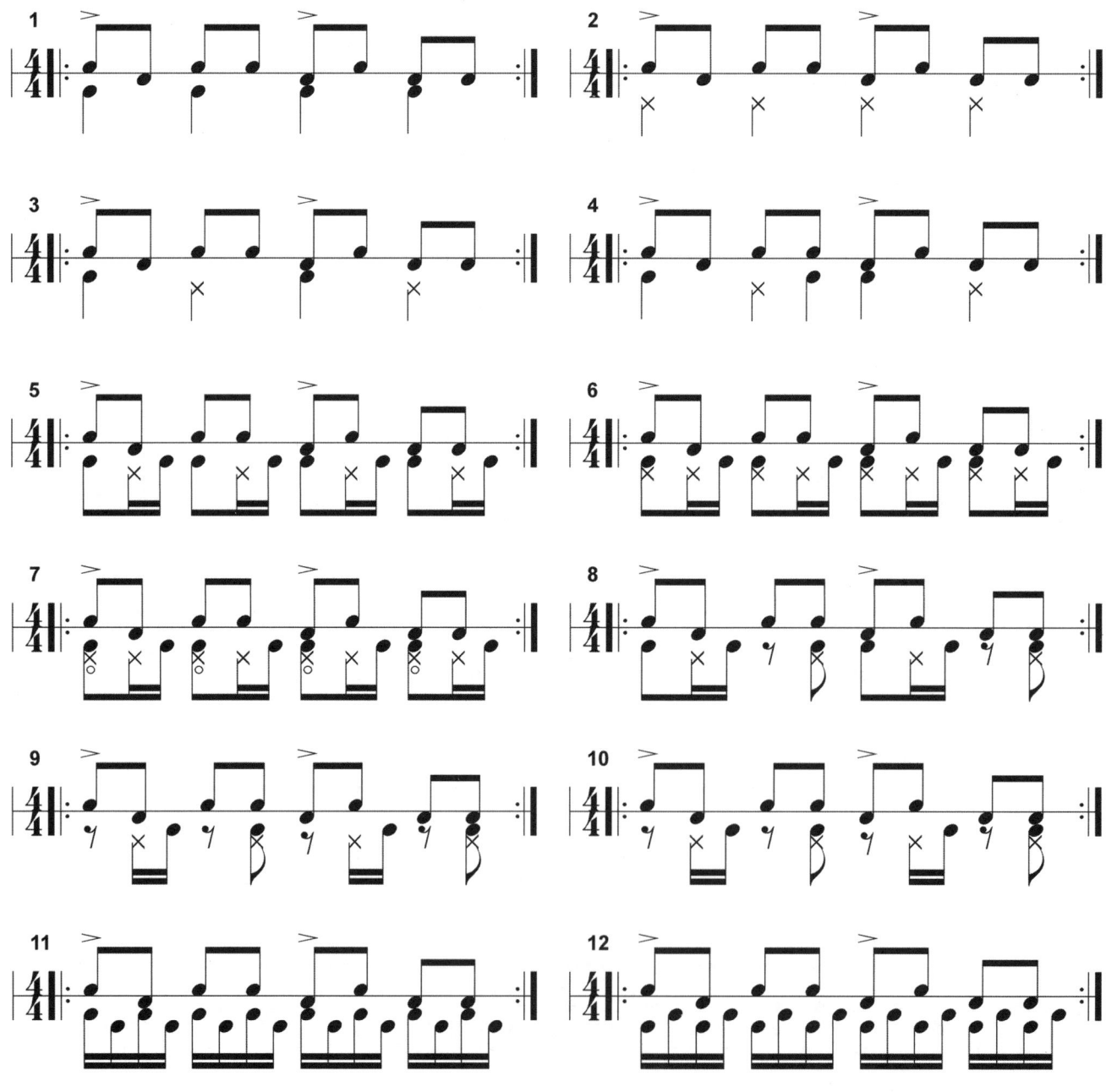

Leu-Verlag

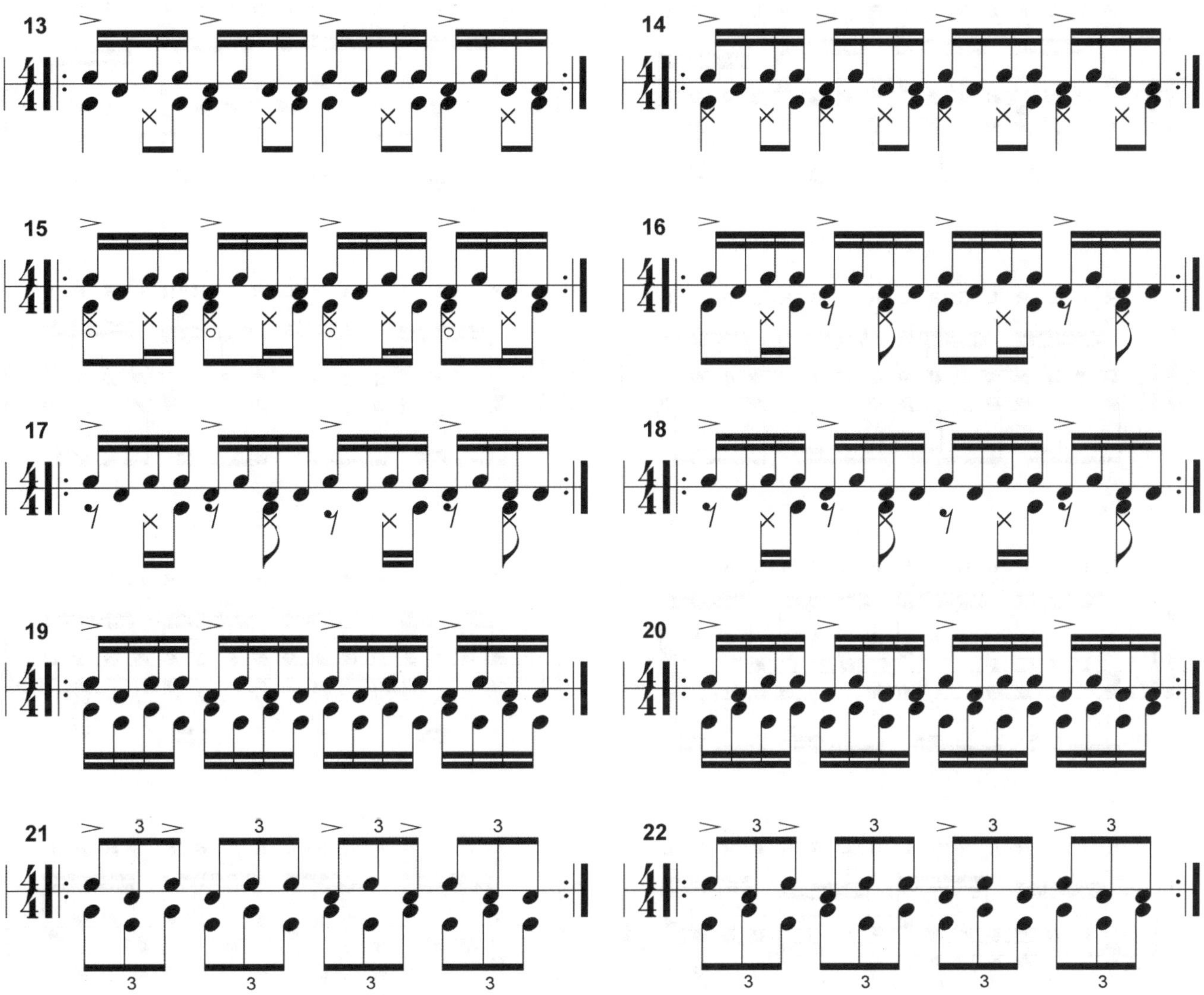

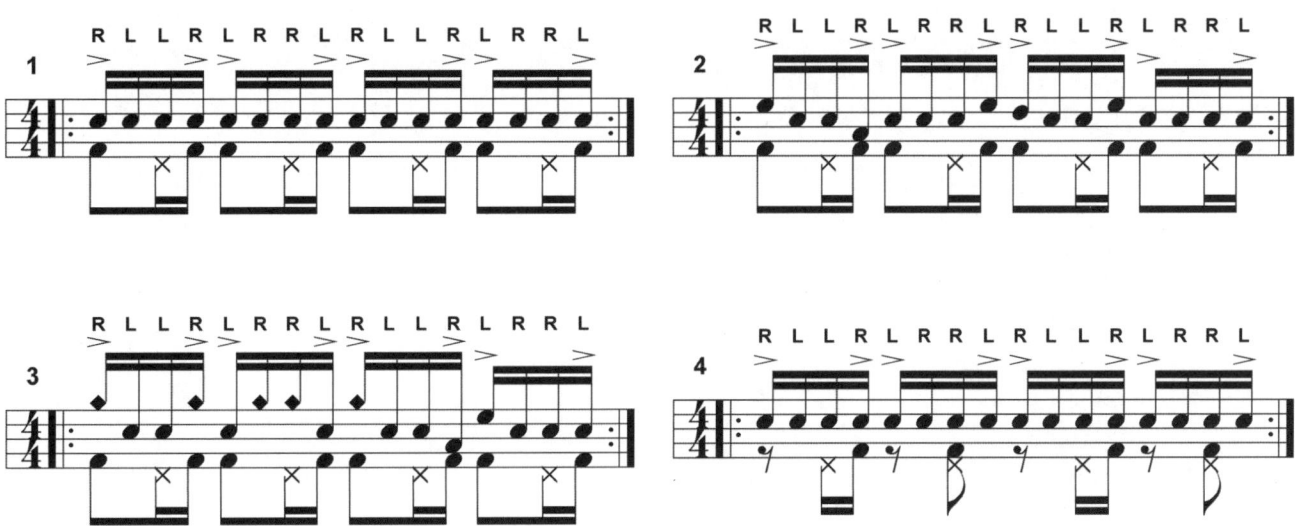

12. Paradiddle - Anwendung in Latin Grooves

Die folgenden Beispiele zeigen etliche Anwendungsmöglichkeiten von Paradiddle Figuren in Latin Grooves. Die meisten Übungen sind dabei mit einem Samba Bassdrum/Hi Hat Fuß-Pattern notiert. In den Beispielen 7 und 14 ist eine Tumbao (Afro Cuban) Bassdrum/Hi Hat Fuß-Figur notiert, die natürlich auch mit sämtlichen anderen Paradiddle Patterns kombiniert werden kann.

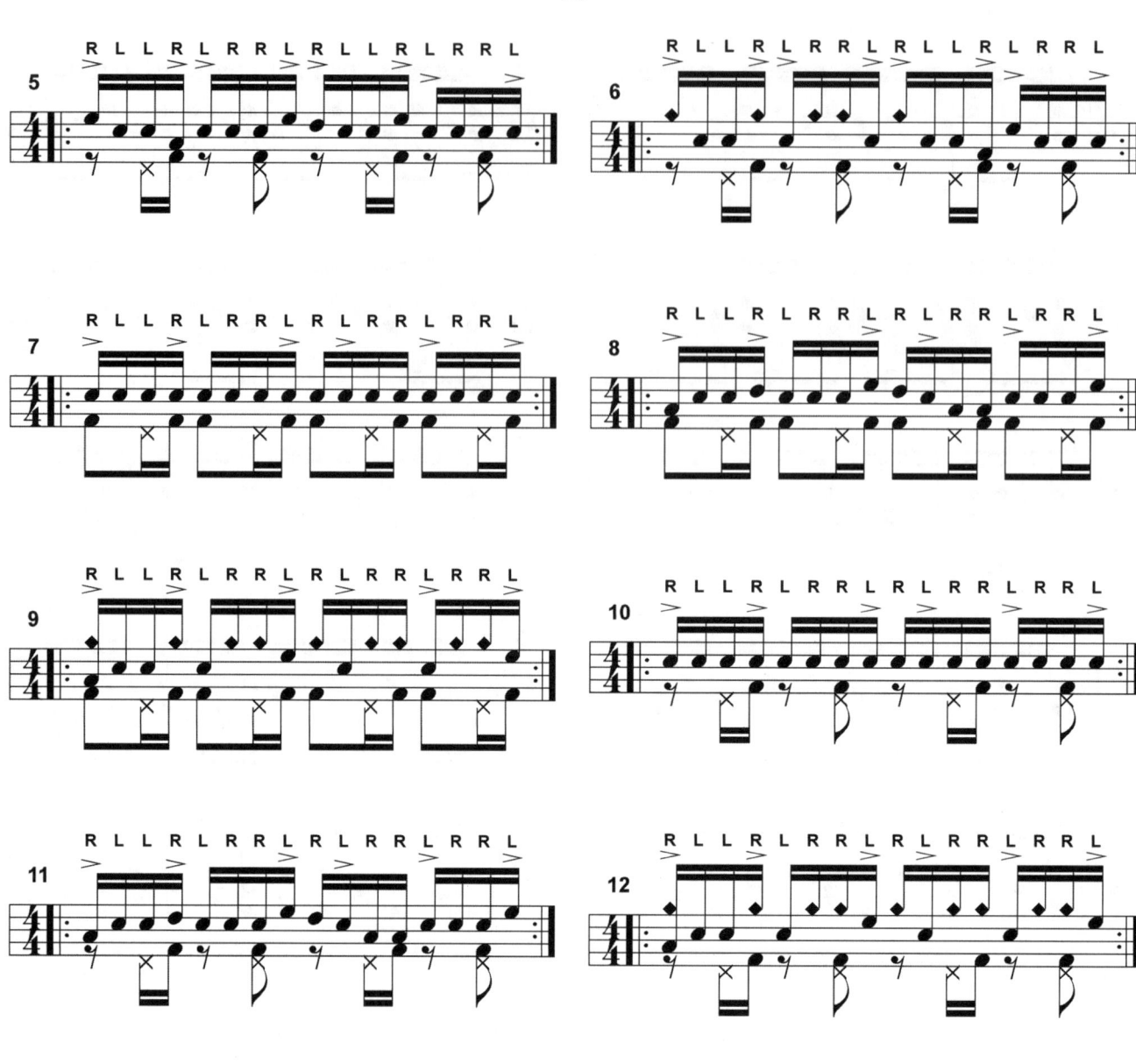

13. Single Paradiddle Permutation

Unter „Permutation" versteht man die Umstellung einer Schlagabfolge. So lässt sich das Sticking „R L L" zweimal umstellen, also permutieren: „L L R" und „L R L". Mehr zu diesem Konzept findest du im entsprechenden Kapitel „Permutation" in diesem Buch ab Seite 40.

Anwendung mit Sechzehntelnoten

Die hier gezeigten Beispiele 1 bis 7 zeigen einige Permutationsmöglichkeiten des über Sechzehntelnoten gespielten Single Paradiddles, die durch das Verschieben des kompletten Stickings entstehen. Bei den Beispielen 8 bis 11 wird dagegen lediglich der Akzent verschoben. Bei allen Übungen wird die Bassdrum durchlaufend auf den Viertelnoten-Zählzeiten 1, 2, 3 und 4 gespielt.

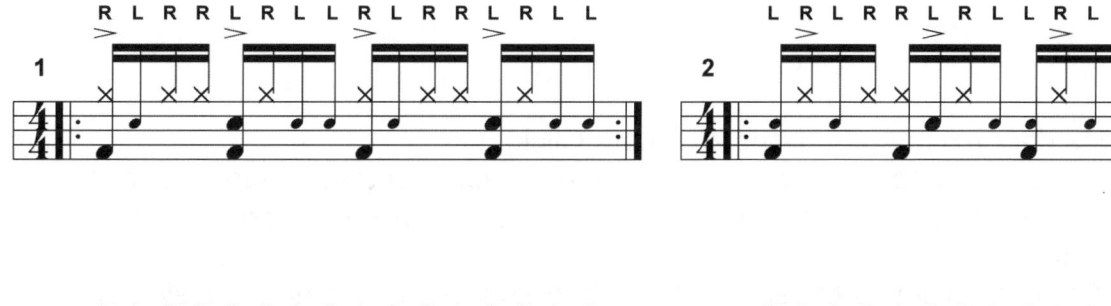

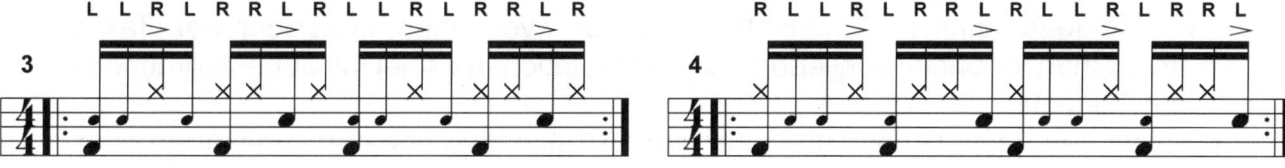

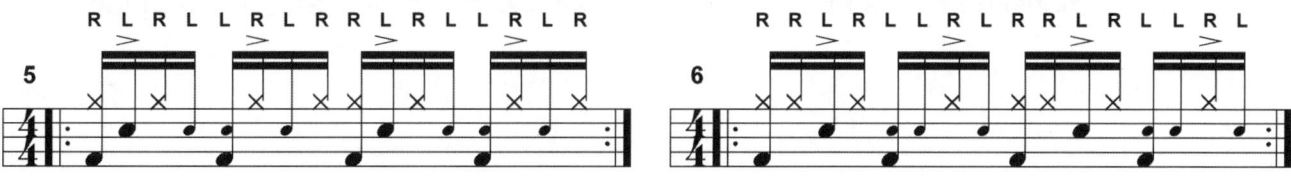

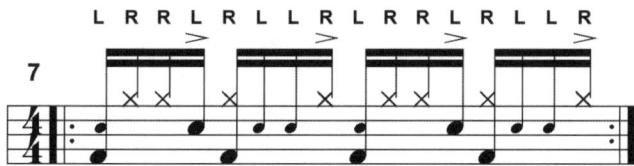

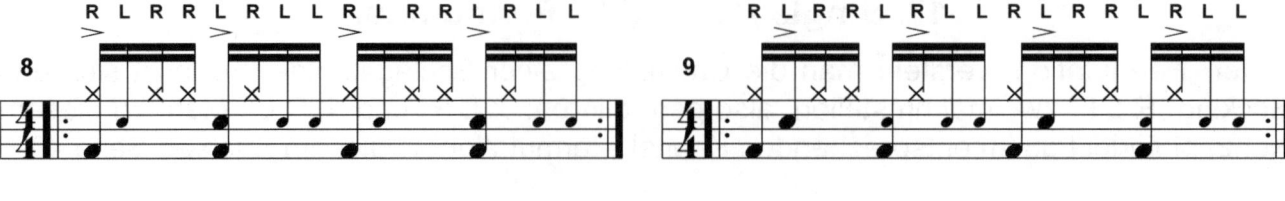

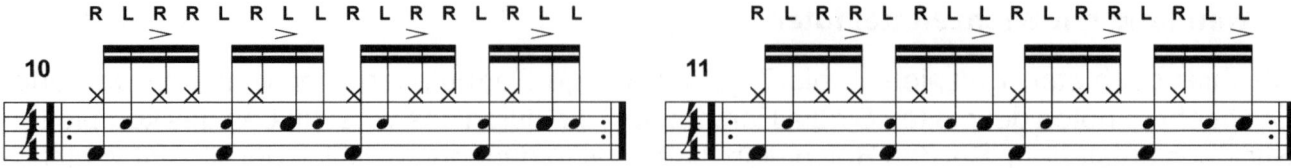

Übetipps:

- Übe jedes der gezeigten Patterns zu einem Click.
- Spiele, sobald du jedes Pattern für sich alleine drauf hast, alle Figuren jeweils vier Takte hintereinander und gehe dann ohne zu stoppen zur nächsten Permutationsfigur über.
- Um die Anwendung im normalen musikalischen Kontext zu trainieren, spiele den nachfolgend notierten Achtelnoten Basis-Grooves einen, zwei oder vier Takte hintereinander und anschließend ein Permutationsbeispiel mit der entsprechenden Taktzahl.
- Spiele den Basis-Groove drei oder sieben Takte lang und dann im vierten oder achten Takt ein Permutationsbeispiel.
- Auf diese Weise kombinierst du einen herkömmlichen Beat mit den permutierten Patterns, entwickelst dein rhythmisches Hörverständnis und lernst, z.B. einzelne Permutationsfiguren als Fill Ins rhythmisch sehr effektvoll in Beats einzubauen.

Anwendung mit Achteltriolen

Die hier gezeigten Beispiele 1 bis 4 zeigen einige Permutationsmöglichkeiten des über Achteltriolen gespielten Single Paradiddles, die wiederum durch das Verschieben des kompletten Stickings entstehen.
Beachte die oben gegebenen Übetipps.

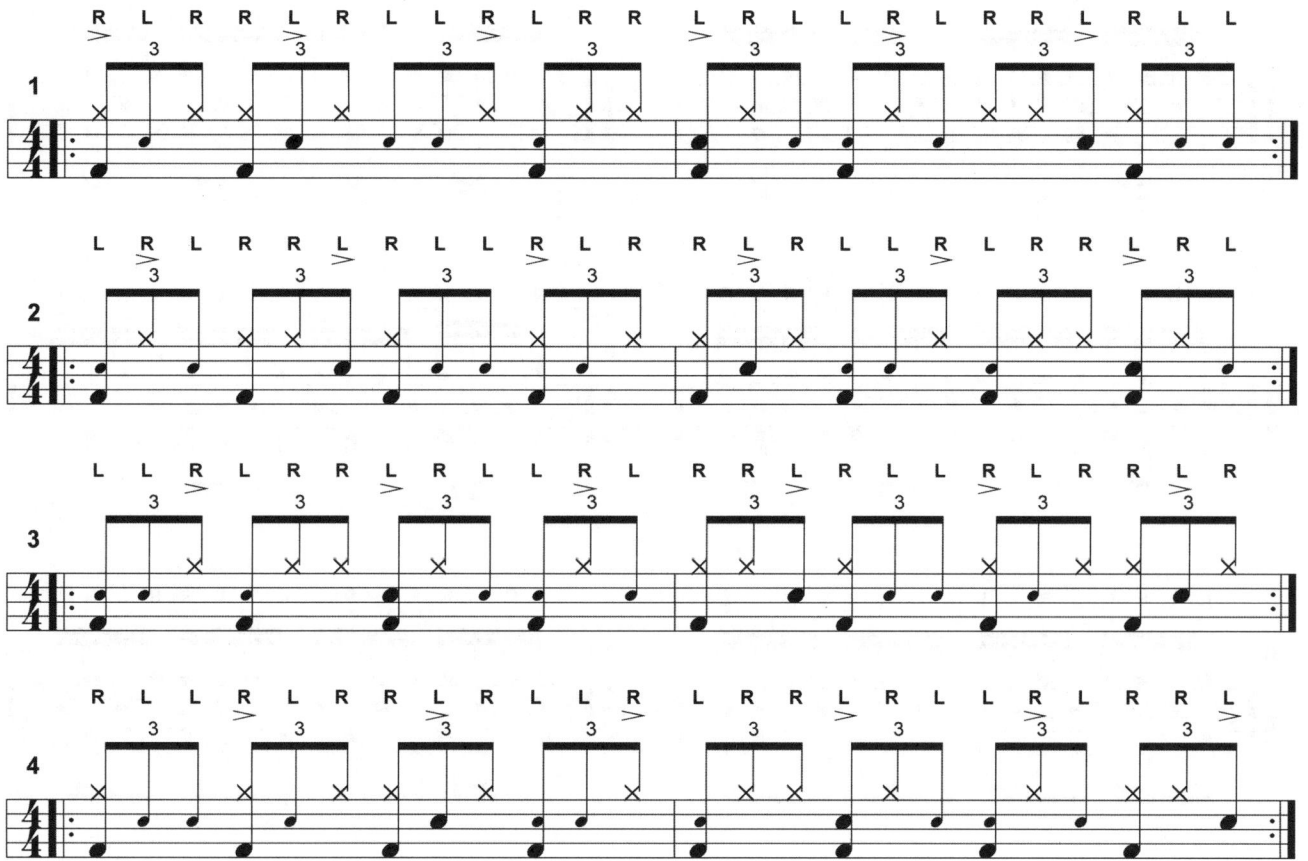

13. Single Paradiddle Permutation

Die Beispiele dieses Kapitels zeigen die Anwendung der Single Paradiddle Permutation über verschiedene ostinat gespielte Bassdrum/Hi Hat Fuß-Figuren.
Natürlich kannst du diese auch durch alle anderen Bassdrum/Hi Hat Fuß-Patterns ersetzen.

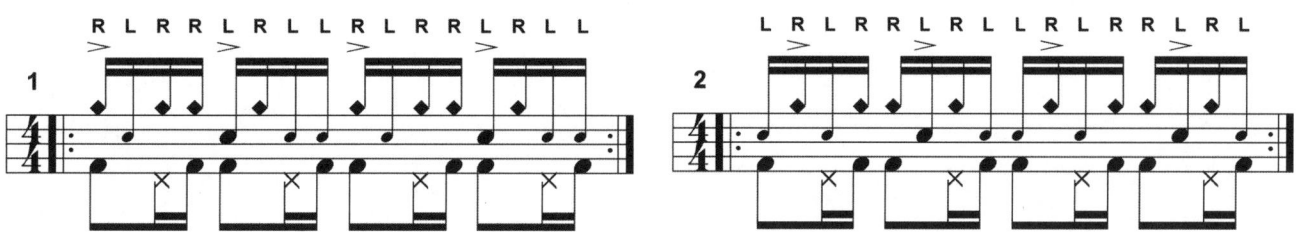

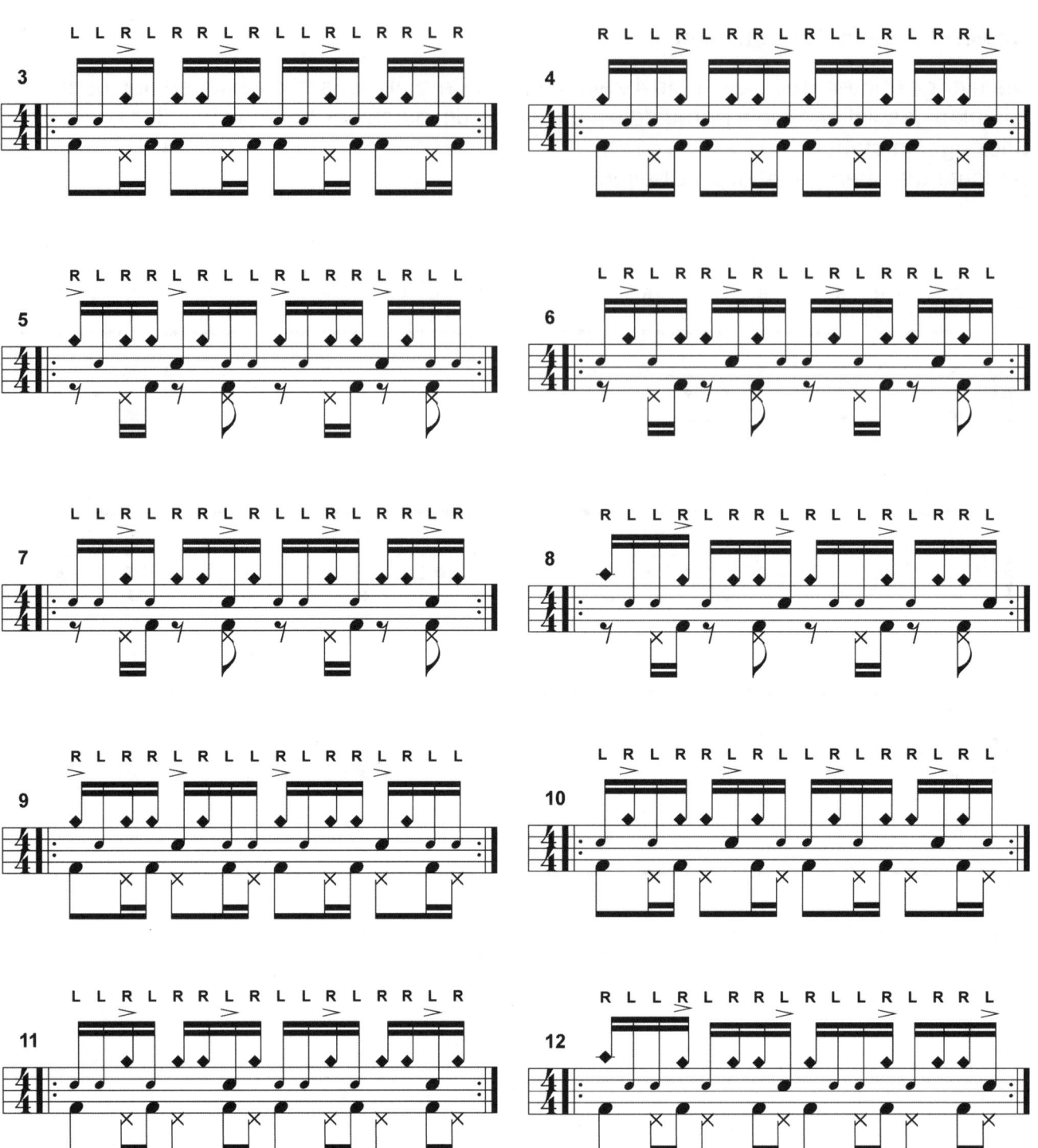

III. Interpretation von Leseübungen

Die Interpretation von Leseübungen auf die unterschiedlichste Art und Weise ermöglicht es, Grooves, Fill Ins, Rudiments, Akzentübungen, Paradiddle etc. sehr praxisorientiert zu üben, anzuwenden und dabei viele neue eigene Ideen zu entwickeln. Zudem lernst du sehr praxisorientiert in rhythmischen Melodien zu denken.

Ein Beispiel: Bei der praktischen Umsetzung von Paradiddles stellt sich Schülern häufig diese Frage:"Nun habe ich mir diese ganzen Paradiddle-Kombinationen aus dem Buch -Klassiker „Stick Control" von George Lawrende Stone draufgeschafft, ich kann dazu Akzente und Flams spielen...! Wie wende ich denn nun diese ganzen Stickings praxisorientiert an, ohne dabei jedesmal lange überlegen zu müssen, welche der einzelnen Paradiddle-Variationen ich denn nun miteinander kombinieren und welche Schläge ich dabei akzentuieren soll?".
Oder es stellt sich die Frage, wie man denn zu einem ostinaten Hi Hat/Snaredrum-Pattern interessante Bassdrum-Akzente setzen kann.
Die Methode der Interpretation von Leseübungen hat sich mittlerweile zu einem der angesagtesten Konzepte entwickelt, kreativ Grooves und Fill Ins abzuleiten und praxisorientiert anzuwenden.
In den nachfolgenden Kapiteln habe ich einige dieser Konzept-Ideen zusammengestellt.

1. Rhythmische Basis-Patterns

Ein im Prinzip altbekanntes Konzept zum Erspielen von Grooves und Fills und Grundlage der Interpretation von Leseübungen beruht auf der Anwendung von rhythmischen Basis-Patterns. Diese stellen sozusagen die Buchstaben dar, die dann beim Spielen von Grooves und Fills sinnbildlich gesprochen zu Worten und Sätzen und damit zu einer musikalischen Aussage zusammengefügt werden. Mit diesem Konzept eines rhythmischen Alphabets lässt sich im Prinzip alles, was man so als Drummer braucht, zusammenbauen bzw. umsetzen und üben: Grooves, Fills, Unabhängigkeit, Koordination, Improvisation, Rudiments, Timing etc.

In **Teil 1** des Kapitels **„Groove Konzepte"** habe ich diese Anwendungsmöglichkeiten zur Entwicklung von Grooves im **Kapitel 7 „Systeme und Leseübungen in Grooves"** ausführlich vorgestellt.

Im Prinzip gibt es lediglich 24 rhythmische Basis-Figuren, sechzehn binäre und acht ternäre Patterns. Sie stellen die Buchstaben dar. Diese sind nachfolgend zur Erinnerung noch einmal notiert.

Binär

Ternär

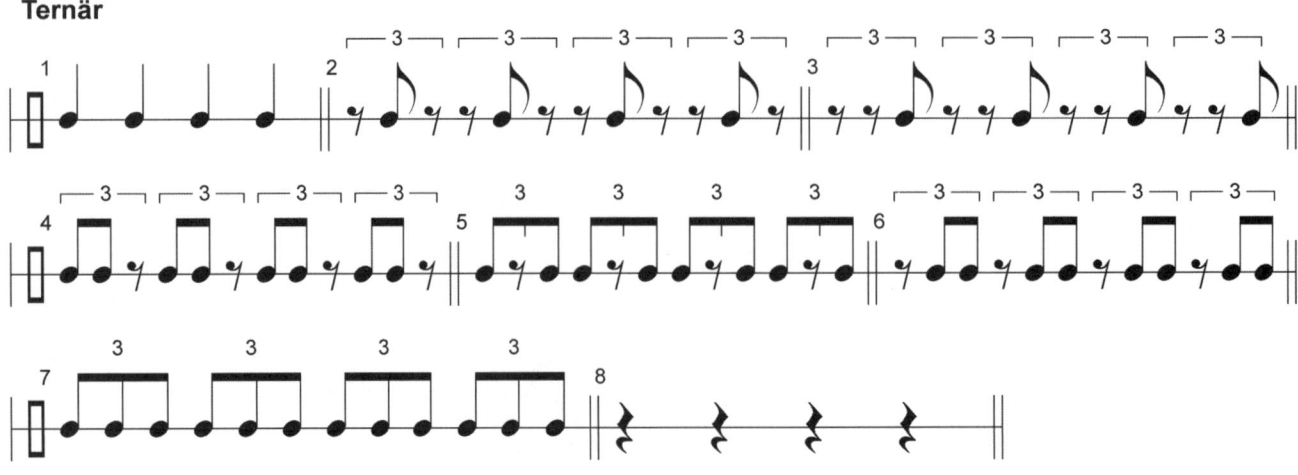

2. Interpretation der rhythmischen Basismuster - binär

Grundlage des nachfolgend erläuterten Interpretationskonzeptes ist die **binäre Rhythmik**.

Übetipps:

- Die nachfolgenden Übungen veranschaulichen diverse Interpretationsmöglichkeiten, wobei alle Figuren zuerst nur auf der Snaredrum gespielt werden.

- Sobald das funktioniert, verteile die jeweiligen Patterns frei am kompletten Drumset.

- Achte darauf, dass du das jeweilge Sticking nicht veränderst.

- Probiere unterschiedliche Orchestrierungsmöglichkeiten aus.

Notenbeispiel 1 zeigt eine Zusammenstellung diverser binärer rhythmischer Basis-Patterns, ich habe also einige der der oben notierten rhythmschen Buchstaben zu Worten bzw. zu einem kurzen Satz in einem 4/4 Takt zusammengestellt. Diese im 4/4 Takt gespielte Figur bildet das Ausgangs-Pattern für die in den nachfolgenden Beispielen 2 bis 6 gezeigten Interpretationsmöglichkeiten.

Auf der Zählzeit „1" werden die erste und dritte 1/16 Note gespielt, auf der Zählzeit „2" die zweite 1/16 Note, auf der „3" die erste, zweite und vierte 1/16 Note sowie auf der „4" die erste 1/16 Note.

Damit die rhythmische Übersicht auch optisch erhalten bleibt, sind alle Interpretationsmöglichkeiten direkt untereinander notiert, daran anschließend werden alle Beispiele kurz erläutert.

Notenbeispiel 2, „Dynamic + Sticking Workout":
Du spielst durchlaufende Sechzehntelnoten und akzentuierst entsprechend des in Notenbeispiel 1 gezeigten Patterns die jeweiligen Schläge.

Notenbeispiel 2a:
Alle Schläge werden mit der rechten Hand gespielt.

Notenbeispiel 2b:
Alle Schläge werden mit der linken Hand gespielt.

Notenbeispiel 2c:
Alle Schläge werden mit beiden Händen abwechselnd angeschlagen.

Notenbeispiel 2d:
Alle Akzente werden mit der rechten Hand gespielt, alle dazwischenliegenden unbetonten Schläge mit der linken Hand.

Übetipp:

- Die Übungen 2c und 2d solltest du natürlich auch mit der linken Hand beginnen.

Notenbeispiel 3, „Rudiments: Diddles 1":
Der Handsatz ist RLRL (bzw. umgekehrt LRLR), allerdings werden alle akzentuierten Schläge mit der Hand, die den Akzent spielt, zu Zweiunddreißigstelnoten verdoppelt.

Notenbeispiel 4, „Double Note Singles":
Hier werden die akzentuierten Schläge zu Zweiunddreißigstelnoten verdoppelt, allerdings sind nun sämtliche Schläge abwechselnd mit beiden Händen ausgeführt.

Notenbeispiel 5, „Rudiments: Diddles 2":
Der Handsatz ist wieder RLRL (bzw. umgekehrt LRLR), alle unbetonten Schläge werden nun mit der jeweilgen Hand zu Zweiunddreißigstelnoten verdoppelt.

Notenbeispiel 6, „Flams":
Der Handsatz ist RLRL (bzw. umgekehrt LRLR), vor jeden akzentuierten Schlag wird nun jedoch mit der jeweils anderen Hand ein Flam gesetzt.

Übetipp:

- Versuche alle bisher gezeigten Variationen nicht nur wie notiert auf der Snaredrum zu spielen, sondern verteilt die Patterns am komletten Drumset. Stellt eure eigenen Kombinationen verschiedener rhythmischer Basis-Figuren zusammen.

3. Interpretation der rhythmischen Basismuster - ternär

Grundlage des nachfolgend erläuterten Interpretationskonzeptes ist die **ternäre Rhythmik**. Als Ausgangsrhythmik dienen dabei die in beiden Takten von Notenbeispiel 1 notierten Viertel- und Achtelnoten sowie deren entsprechenden Pausen. Die Notenwerte werden hier nun ternär interpretiert.

Übetipps:

- Alle auf den „+"-Zählzeiten notierten Achtelnoten werden hier als die dritte Achteltriole der jeweiligen Viertelnote interpretiert.
- Ansonsten entspricht die Vorgehensweise beim Üben der, die bereits im vorherigen Kapitel ausführlich erläutert wurde.

Leu-Verlag

4. Interpretation von Achtel- und Sechzehntelnoten mit Paradiddle-Handsätzen

Übetipps:

- In den nachfolgenden Kapiteln 4 bis 11 stelle ich einige Möglichkeiten vor, wie sich Achtel- und Sechzehntelnoten-Leseübungen mit unterschiedlichen Stickings interpretieren lassen.

- In der jeweils zu Beginn platzierten Legende ist die genaue Umsetzung der einzelnen in der Leseübung verwendeten Notenwerte notiert.

- Die nach der Legende gezeigten Übungen bestehen aus jeweils zwei Systemen. Im oberen System ist die jeweilige Leseübung notiert, im unteren die praktische Umsetzung der in der Legende vorgegebenen Handsätze.

- Spiele die Übungen anfangs nur auf der Snaredrum.

- Sobald du sicher genug bist, verteile die Patterns am kompletten Drumset.

Doubles, Single Paradiddle, Paradiddle-Variationen

Anwendung 1:

Anwendung 2:

Dieses Beispiel zeigt die Uminterpretation der ersten vier Takte der in Anwendung 1 im oberen System notierten Achtelnoten-Leseübung zu einer Sechzehntelnoten-Leseübung.

Anwendung 3:

In dieser Anwendung wird die in Anwendung 2 uminterpretierte Leseübungen des unteren Systems entsprechend der Legende als Smaba-Groove interpretiert. Die rechte Hand spielt dabei hauptsächlich auf dem Ridecymbal, die linke Hand auf der Snaredrum. Im Gegensatz zur ursprünglichen Legende wurden einige Akzent-Variationen vorgenommen: Um einen durchlaufenden Beat zu bekommen, sollen alle Snaredrum-Backbeats auf den Zählzeiten 2 und 4 nach Möglichkeit akzentuiert und dementsprechend alle anderen Snaredrum-Schläge als Ghost Notes umgesetzt werden.
Unter dem Hand-Pattern wird mit der Bassdrum und der mit dem linken Fuß getretenen Hi Hat eine ostinate Smaba-Figur gespielt.

5. Interpretation von Achtel- und Sechzehntelnoten: Single Paradiddle, Double Paradiddle, Triple Paradiddle

Doubles, Single Paradiddle, Double Paradiddle, Triple Paradiddle

Legende

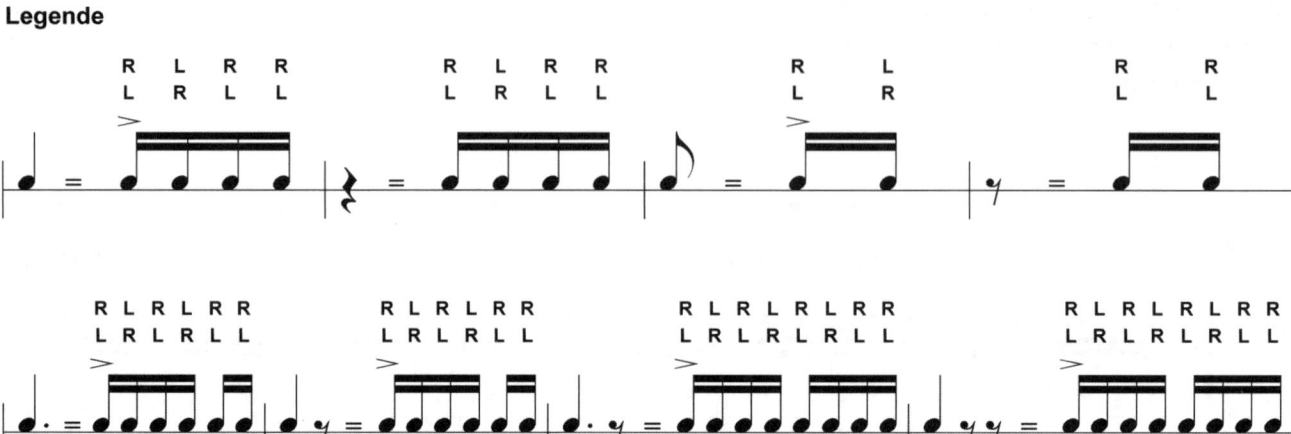

Anwendung 1:

Anwendung 2:

Die ersten beiden Takte aus Anwendung 1 werden in Anwendung 2 als Fill am kompletten Drumset interpretiert. Dabei werden einzelne Akzente statt auf der Snaredrum bzw. auf den Toms synchron mit der Bassdrum und der Hi Hat bzw. dem Ridecymbal gespielt.

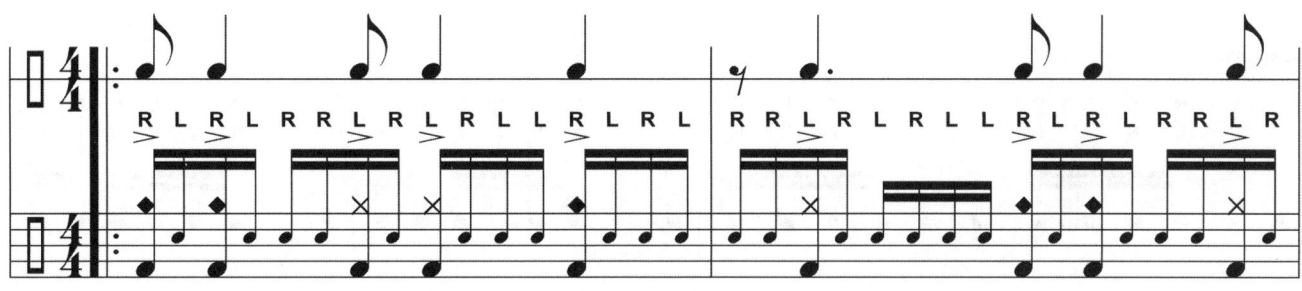

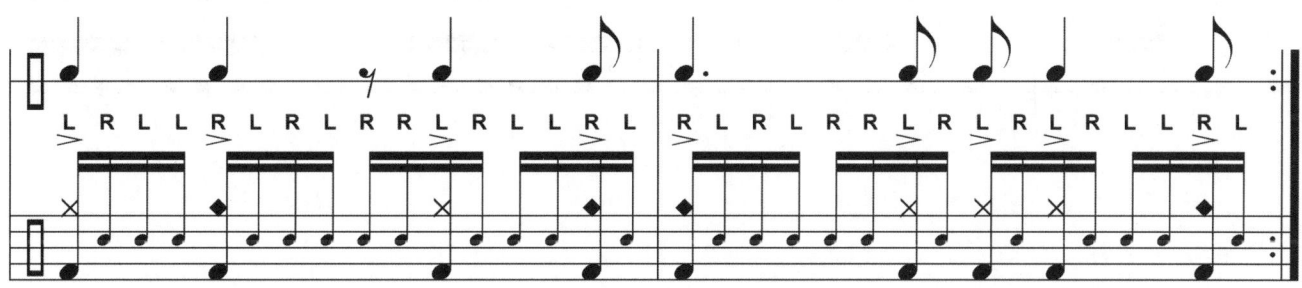

6. Interpretation von Achtel- und Sechzehntelnoten: Single Stroke, Double Stroke, Single Paradiddle, Paradiddle Diddle

Single Stroke, Double Stroke, Single Paradiddle, Paradiddle Diddle

Legende

Anwendung 1:

Anwendung 2:

Hier wird die im oberen System notierte Leseübung als Fill In am kompletten Drumset interpretiert. Dabei werden einzelne Akzente stat auf der Snaredrum bzw. den Toms synchron mit der Bassdrum und der Hi Hat bzw. dem Ridecymbal gespielt.

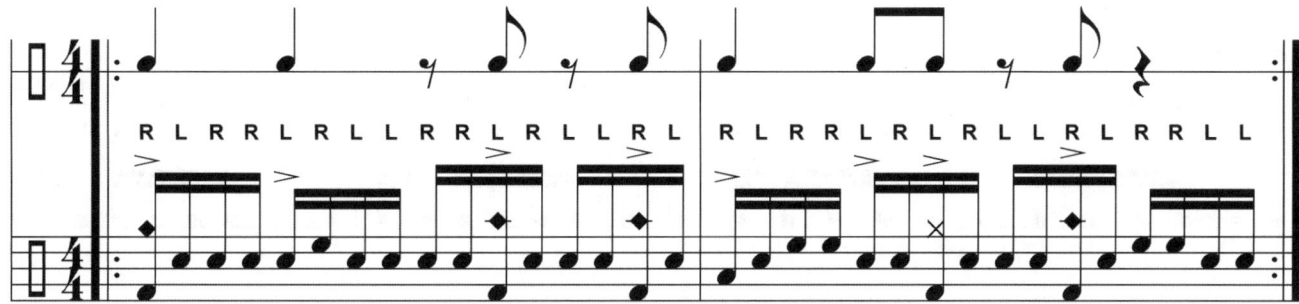

Anwendung 3:

Dieses Beispiel zeigt eine Anwendung über eine von der Bassdrum sowie der mit dem linken Fuß getretenen Hi Hat ostinat gespielte Samba-Figur. Die Schläge beider Hände werden dabei zwischem dem Ridecymbal, der Snaredrum und den Toms aufgeteilt.

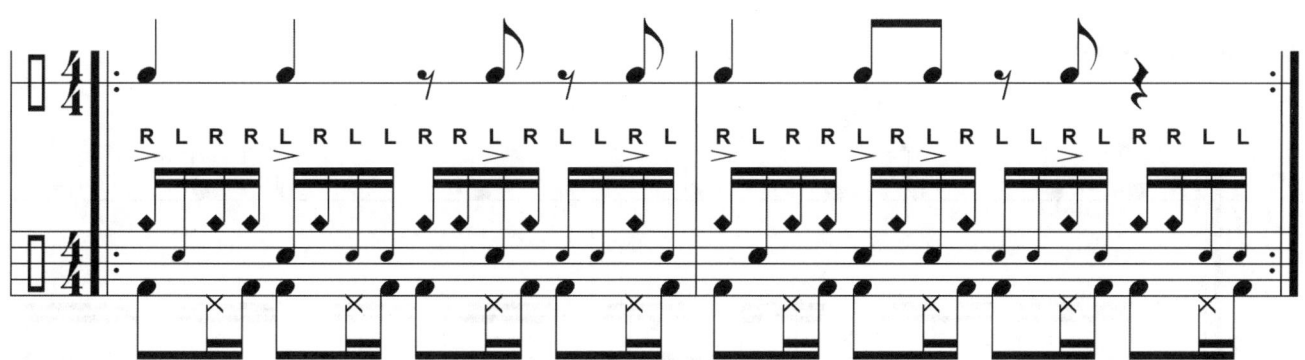

7. Interpretation von Achtel- und Sechzehntelnoten: Single Stroke, Single Paradiddle, Flams, Sechzehntelnoten

Single Stroke, Single Paradiddle, Flam, Sechzehntelnoten

Legende

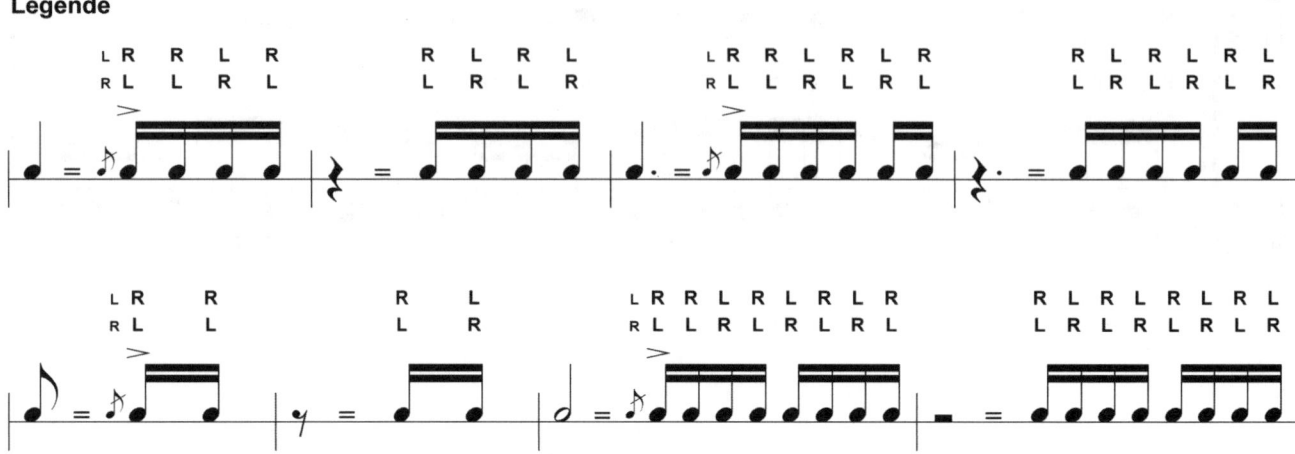

Bei der in dieser Legende gezeigten Interpretation von Viertel- und Achtelnoten werden durchlaufende Sechzehntelnoten angeschlagen. Vor jedem Akzent wird zusätzlich ein Flam platziert. Vom Sticking her werden die ersten beiden Sechzehntelnoten nach einem Akzent als Double Stroke ausgeführt, alle anderen Schläge als Single Strokes. Demnach wird die dritte Grundform des Single Paraddiddle verwendet: R R L R - L L R L.

Anwendung 1:

Anwendung 2:

Hier wird die im oberen System notierte Leseübung als Fill In am kompletten Drumset interpretiert. Die Flams müssen dabei natürlich nicht auf dem gleichen Instrument wie der jeweilige Hauptschlag platziert werden.

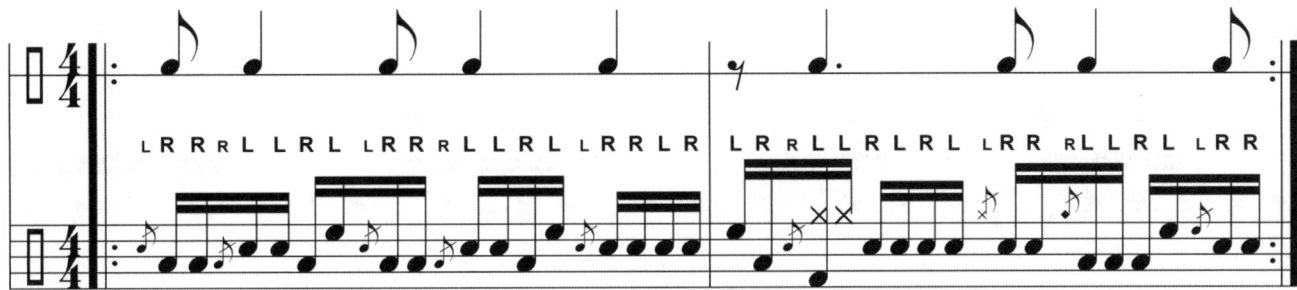

Anwendung 3:

Dieses Beispiel zeigt die Anwendung über eine von der Bassdrum sowie der mit dem linken Fuß getretenen Hi Hat ostinat gespielte Samba-Figur. Die Schläge beider Hände werden dabei zwischem dem Ridecymbal und der Snaredrum aufgeteilt. Die akzentuierten Schläge werden jedoch nicht mehr als Flams, sondern von beiden Händen mehr oder weniger gleichzeitig, also als sogenannte „Flat Flams" interpretiert.

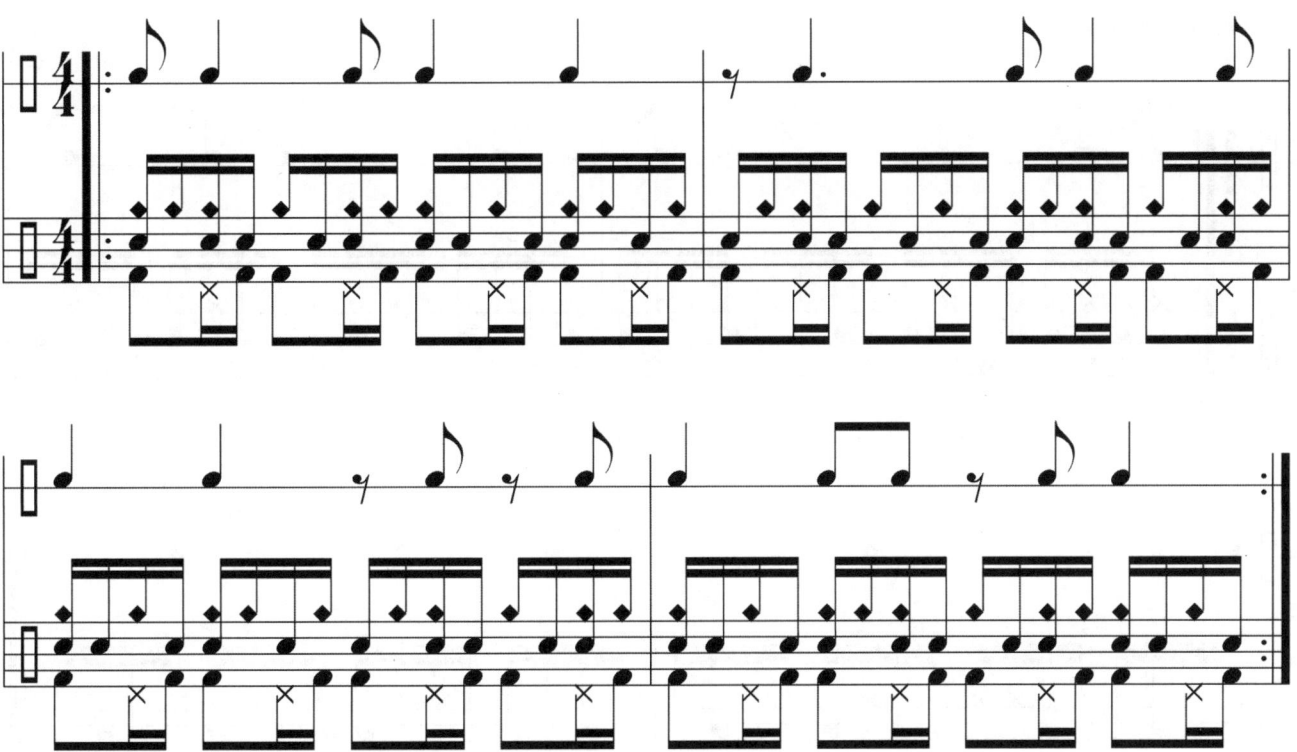

8. Interpretation von Achtel- und Sechzehntelnoten: Anwendung in Grooves

Hand/Fuß-Kombinationen

Legende

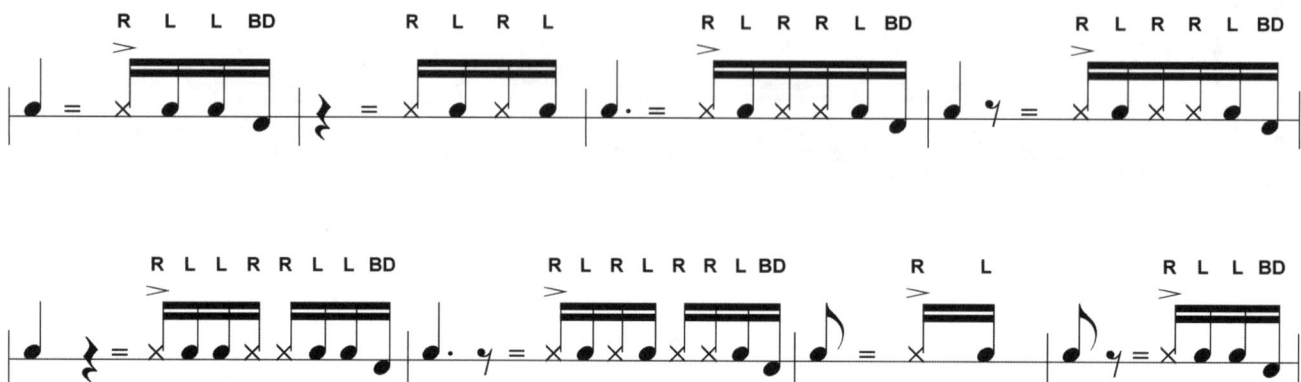

Diese Interpretation von Viertel- und Achtelnoten ermöglicht eine Entwicklung von Fill Ins und Grooves. Die durchlaufend gespielten Sechzehntelnoten werden nach den in der Legende gezeigten Muster von Hand/Fuß-Kombinationen zwischen beiden Händen und Bassdrum aufgeteilt. Dabei werden zuerst einmal alle Schläge der rechten Hand auf der Hi Hat oder dem Ridecymbal und alle Schläge der linken Hand auf der Snaredrum gespielt.

Anwendung 1:

Übetipps:

- Wenn die in Anwendung 1 gezeigt Umsetzung so gespielt wird, wie sie oben notiert ist, dann klingt das Ganze noch nicht wirklich, da die auf der Snaredrum gespielten Schläge im Verhältnis zu den Hi Hat Anschlägen zu laut sind.
- Spiele im zweiten Schritt daher die oben gezeigte Anwendung derart, dass alle auf der Snaredrum platzierten Schläge als Ghost Notes umgesetzt werden.
- Sobald du sicher genug bist, verteile die von beiden Händen gespielten Schläge frei am kompletten Drumset.

Anwendung 2:

Übetipps:

- Erst die komplette Einbeziehung der Dynamik ins Spiel, d.h. der Wechsel von lauten und leisen Schlägen führt dazu, dass sich das Ganze wirklich gut anhört.
- In der hier gezeigten Anwendung wird dieselbe Leseübung aus Anwendung 1 dynamisch interpretiert. D.h., einige Snaredrum-Schläge werden akzentuiert, andere wiederum als Ghost Notes gespielt. Auch die Hi Hat wird zum Teil unterschiedlich akzentuiert, zudem werden einzelne mit der rechten Hand auf der Hi Hat gespielte Schläge mit der Bassdrum gedoppelt.
- Zudem kannst du auch verschiedene, sonst auf der Hi Hat gespielte Schläge auch auch auf der Snaredrum oder den Toms etc. anschlagen.
- Probiere das freie Verteilen der Patterns am kompletten Drumset aus.

9. Interpretation von Achtel- und Sechzehntelnoten: Single Paradiddle + Paradiddle Diddle

Single Paradiddle, Double Paradiddle

Legende

Anwendung:

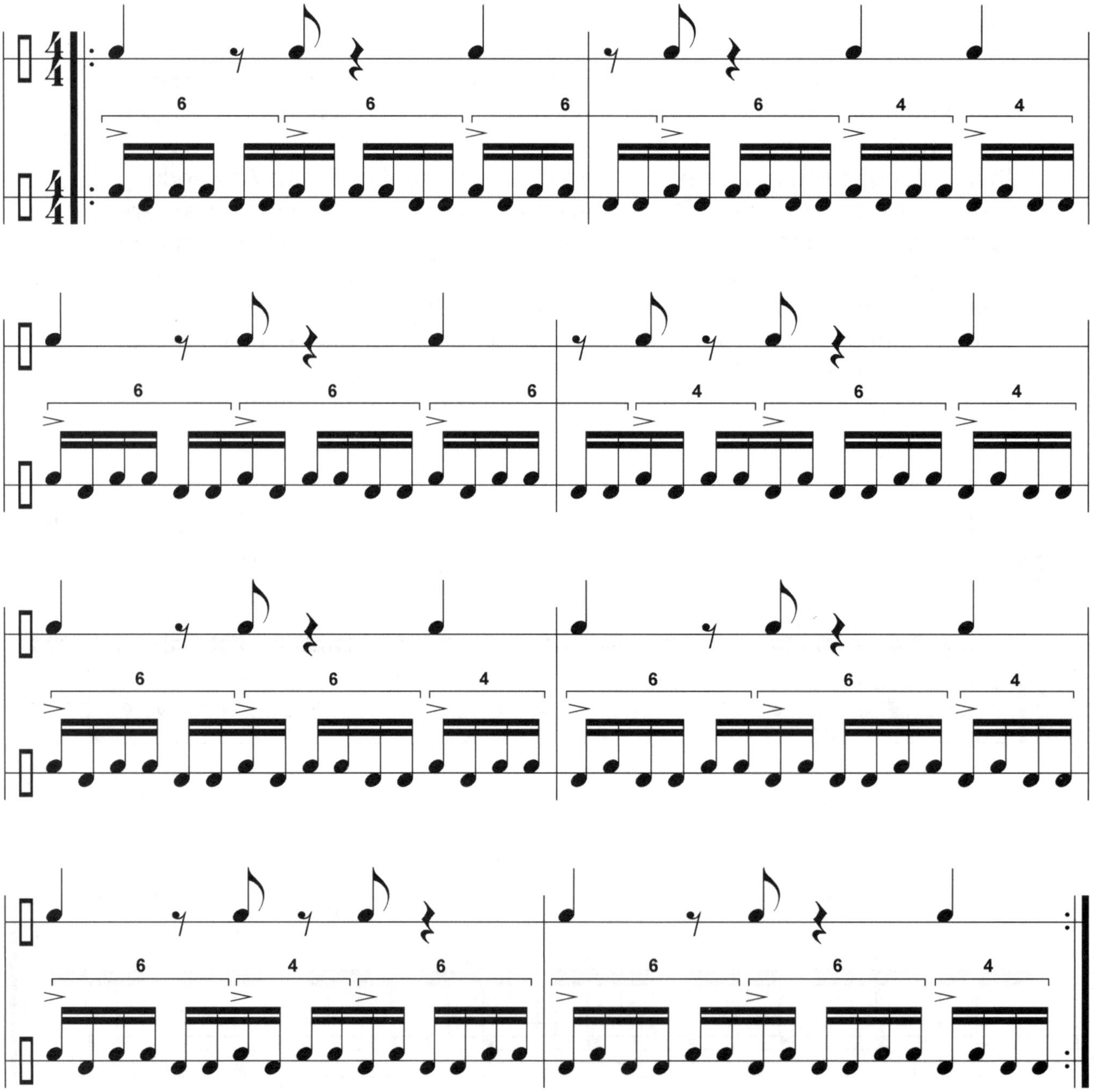

Bei dieser Anwendung kommen von den Stickings her der Single Paradiddle sowie der Paradiddle Diddle zur Anwendung. Dadurch entstehen 4er- und 6er-Gruppen von Sechzehntelnoten, die den Basispuls der Viertelnoten polyrhythmisch überlagern und somit für viel Spannung sorgen.

Übetipp:

- Probiere das freie Verteilen der Patterns am kompletten Drumset aus.

10. Interpretation von Achtel- und Sechzehntelnoten: Anwendung als Fill Ins - Hand/Fuß-Kombinationen in 4er- und 6er- Gruppen

Hand/Fuß-Kombinationen in 4er- und 6er-Gruppen

Legende

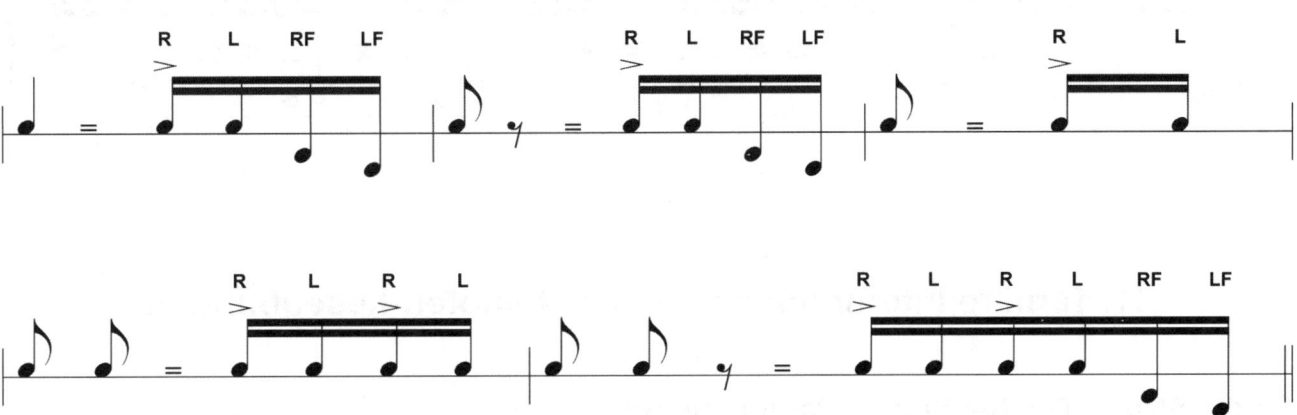

Die hier gezeigte Interpretationsmöglichkeit basiert wiederum auf der Grundidee einer Festlegung, wie bestimmte Notenwerte einer Leseübung interpretiert werden sollen. In diesem Beispiel geht es um die praktische Anwendung von Hand/Fuß-Kombinationen, die als 4er- sowie 6er-Gruppen mit dem Sticking R-L-RF-LF bzw. R-L-R-L-RF-LF gespielt werden sollen. Der rechte Fuß wird dabei üblicherweise auf der Bassdrum und der linke Fuß auf der zweiten Bassdrum bzw. dem Doublebassdrum-Pedal gespielt. Bei einem mehrpedaligen Drumset-Aufbau sind natürlich viele Variationen der Verteilung beider Füße denkbar.
Diese beiden Figuren bilden die Basis für viele effektvolle Fill-Patterns und sind recht schnell erlernbar.

Übetipps:

- Wie bei allen anderen Interpretations-Ideen von Leseübungen lernst du auch hier sehr praxisorientiert in rhythmischen Melodien zu denken.

- Probiere das freie Verteilen der Patterns am kompletten Drumset aus.

Anwendung:

11. Ternäre Interpretation von Achtelnoten-Leseübungen

Single Stroke, Double Stroke, Paradiddle Handsätze

Legende

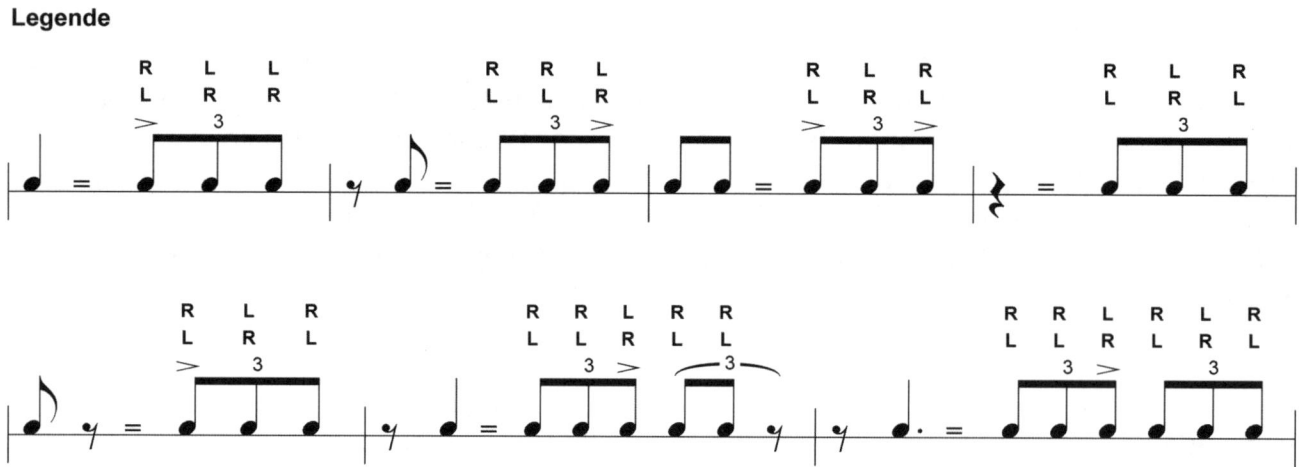

Eine aus Viertel- und Achtelnoten sowie deren entsprechenden Pausenwerten bestehende Achtelnotenleseübung läßt sich nicht nur binär, sondern auch ternär interpretieren. Und zwar derart, dass alle auf den Viertelnotenzählzeiten (1, 2, 3, 4) notierten Noten weiterhin auch auf dieser Zählzeit angeschlagen und akzentuiet werden. Alle auf den „+"-Zählzeiten notierten Noten werden jedoch nicht als normale „Achtelnoten-Und" gespielt bzw. akzentuiert, sondern als die jeweils dritte Achteltriole der jeweiligen Viertelnote.

Leu-Verlag

Diese Art der ternären Interpretation von Viertel- und Achtelnoten-Leseübungen wird in Kapitel 3 des Teil III dieses Buches auf Seite 76 ausführlich vorgetellt, entsprechend der nachfolgend notierten rhythmischen Legende:

Ausgangspunkt dieser Interpretation ist, dass in der Übung durchlaufende Achtelnoten gespielt werden und die in der Leseübung notierten Notenwerte entsprechend der in der Legende gezeigten Interpretation akzentuiert bzw. vom Sticking her umgesetzt werden.

Anwendung:

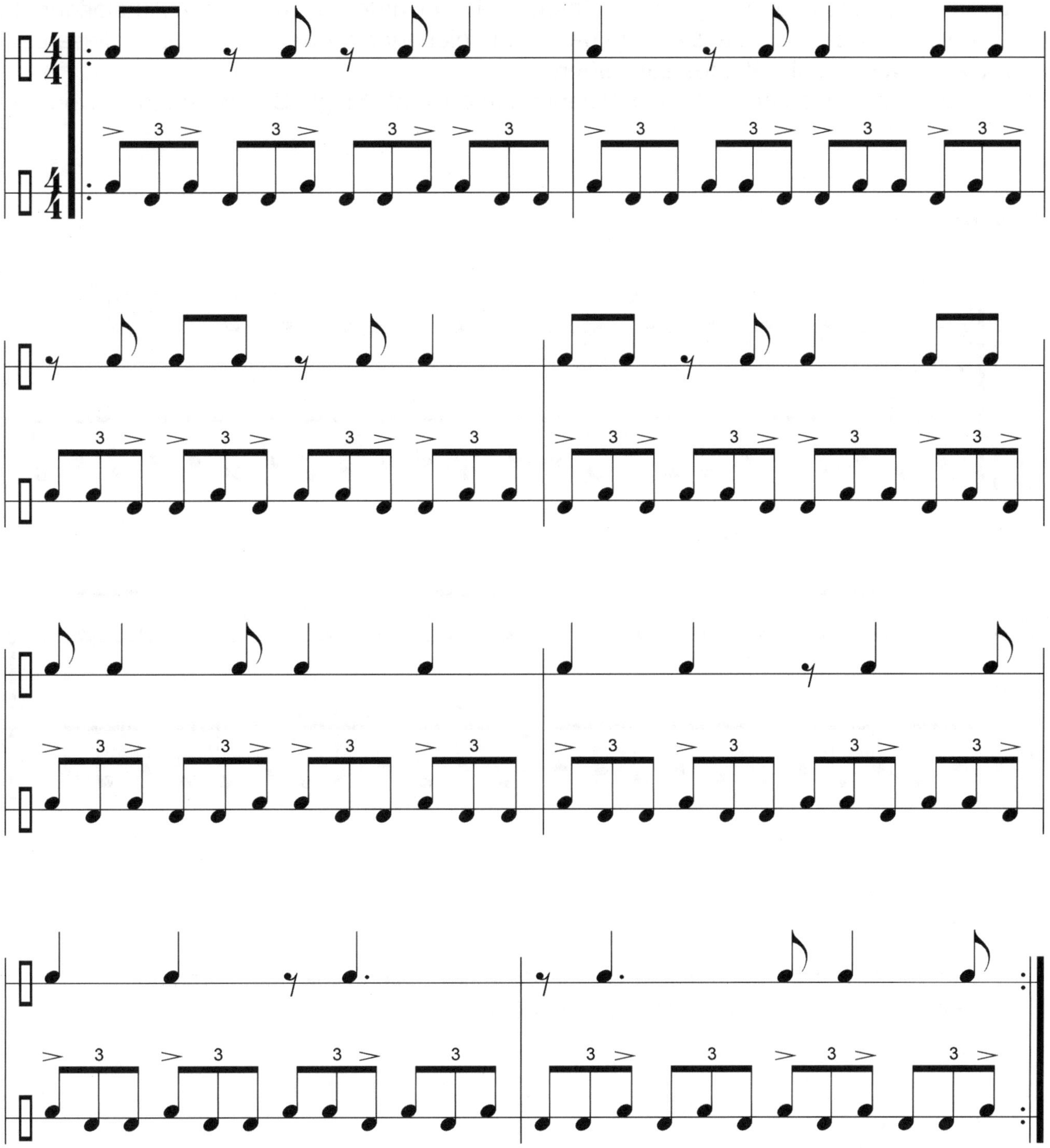

Variation

Eine Variation in der Interpretation der oben gezeigten Anwendung zeigt die nachfolgend notierte Legende:

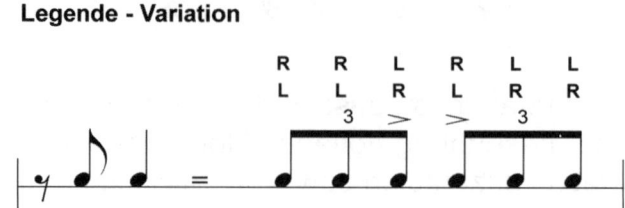

In der in der ersten Legende gezeigten Interpretation wurden beim direkten Aufeienderfolgen einer Achtelnoten „+"-Zählzeit und der darauffolgenden Viertelnotenzählzeit diese beiden Akzente als Double Strokes ausgeführt.
In der Variation können diese beiden Akzente nun auch als Single Strokes gespielt werden.

Anwendung:

Übetipp:

- Durch die Kombination beider Stickings ergeben sich viele neue Orchstrierungsmöglichkeiten am kompletten Drumset.

Leu-Verlag

12. Swing: Interpretation von Achtelnoten-Leseübungen

In den folgenden Kapiteln stelle ich dir ternäre Interpretationsmöglichkeiten von Viertel- und Achtelnoten-Leseübungen beim Spielen von Jazz/Swing-Grooves vor. Die jeweils in der Leseübung notierten Noten werden wieder triolisch interpretiert, d.h., die auf den „+"-Zählzeiten notierten Viertel- oder Achtelnoten bzw. deren Pausen werden als dritte Achtelnote der jeweiligen Viertelnote gespielt.

Variation 1:

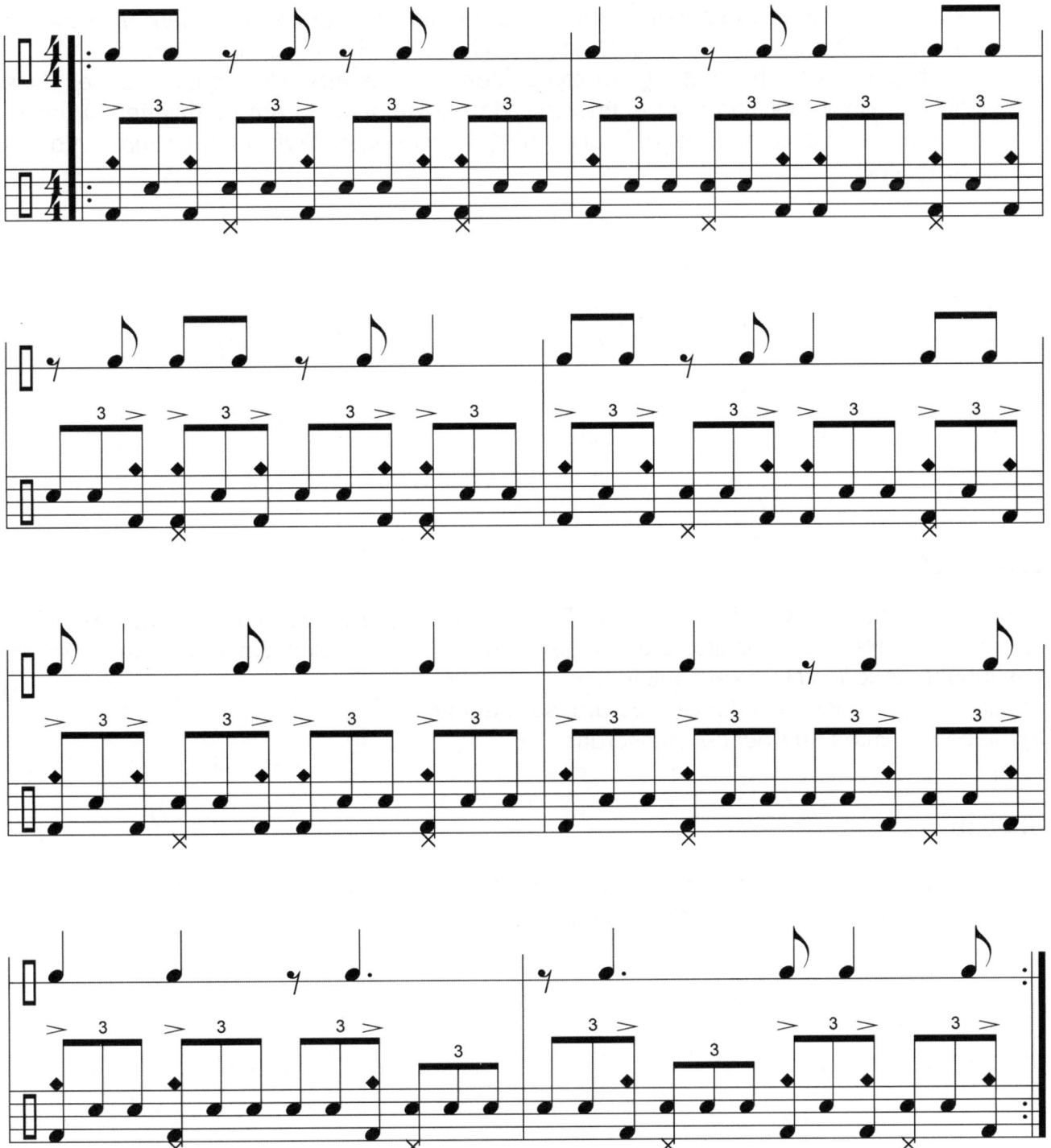

Die praktische Umsetzung der im oberen System notierten Leseübung erfolgt in dieser Variation wie folgt:

Du spielst durchlaufende Achteltriolen, alle in der Leseübung notierten Viertel- und Achtelnoten werden synchron mit der rechten Hand auf dem Ridecymbal sowie dem rechten Fuß auf der Bassdrum unisono angeschlagen. Die linke Hand spielt auf der Snaredrum mit relativ geringer Laustärke alle restlichen Achteltriolen. Dazu wird die mit dem linken Fuß getretene nHi Hat auf den Zählzeiten 2 und 4 oder auch allen Viertelnoten gespielt.

Übetipp:

- Eine weitere Variationsmöglichkeit entsteht dadurch, dass nicht mehr alle Akzente ausschließlich von der Bassdrum und dem Ridecymbal gespielt werden, sondern einzelne Akzente auch auf der Snaredrum bzw. den Toms platziert werden.
  Probiere eine Orchestrierung am kompletten Drumset aus. Wichtig ist es dabei, dass du das Basis-Sticking gut beherrschst, da die Umsetzung am kompletten Drumset durch die hinzukommenden Sounds und Bewegungsabläufe eine höhere Anforderung stellt.

Variation 2:

Auf dem Ridecymbal wird das Jazz-Ride Pattern gespielt sowie auf der mit dem linken Fuß getretenen Hi Hat die Zählzeiten 2 und 4 als ostinate Figur gespielt. Dazu werden die in der Leseübung notierten Noten akzentuiert:
a) mit der linken Hand auf der Snaredrum, so wie notiert.
b) mit dem rechten Fuß auf der Bassdrum.

Übetipp:

- Achte darauf, dass die auf der Snaredrum gespielten nicht zu laut sind, da diese keine Backbeat-Funktion haben.

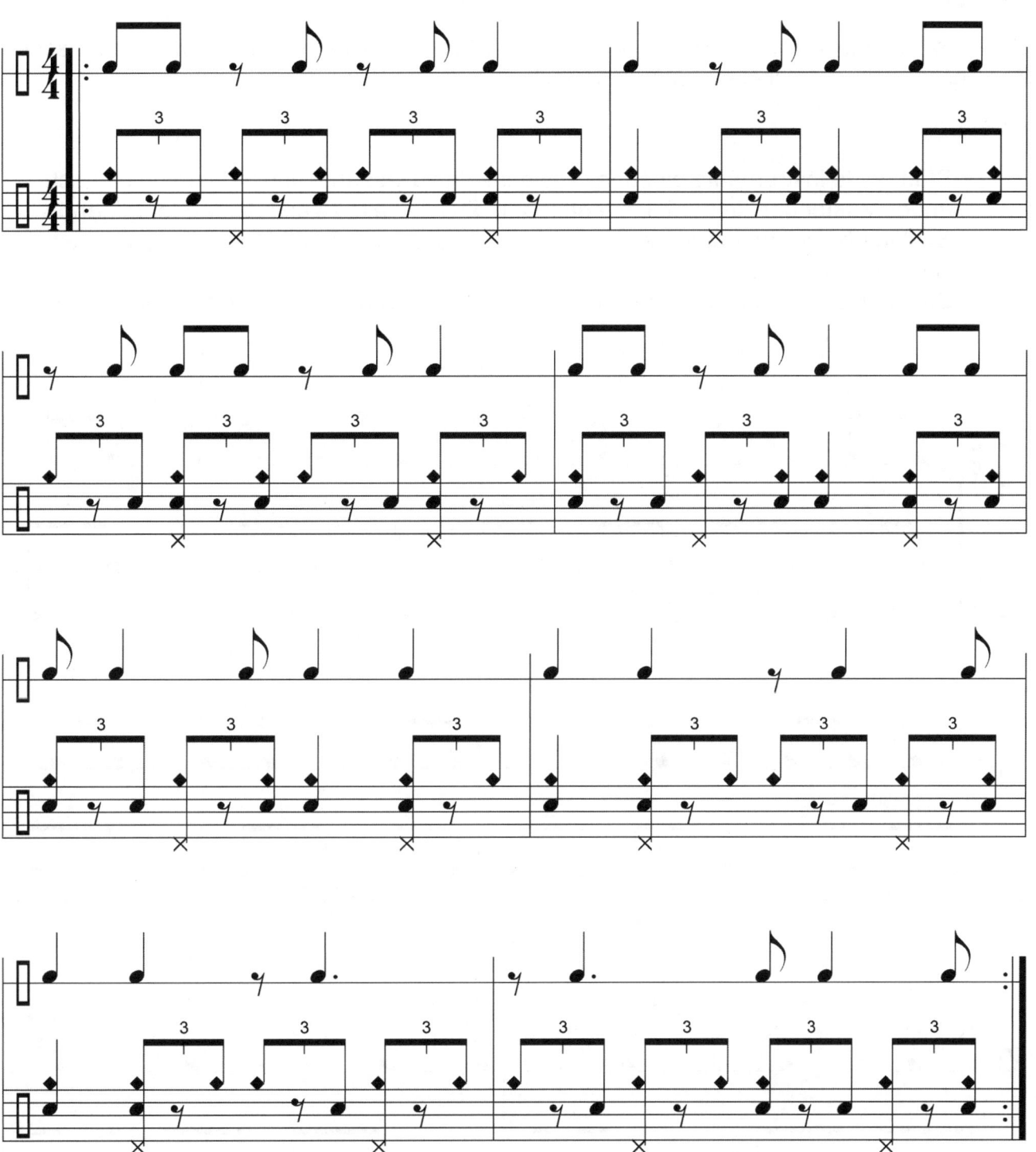

Variation 3:

Die in der Leseübung notierten Akzente werden in dieser Interpretation abwechselnd zwischen der Snaredrum und der Bassdrum aufgeteilt.

Übetipps:

- Statt beide Instrumente einander abwechseln zu lassen, kannst du natürlich auch ander Muster der Reihenfolge festelegen. Z.B. jeweils zwei aufeinander folgende Schläge beider Instrumente oder auf drei Snaredrum-Anschläge folgt jeweils ein Bassdrum-Akzent.
- Zudem lassen sich die Snaredrum-Akzente auch am Drumset verteilt einsetzen.

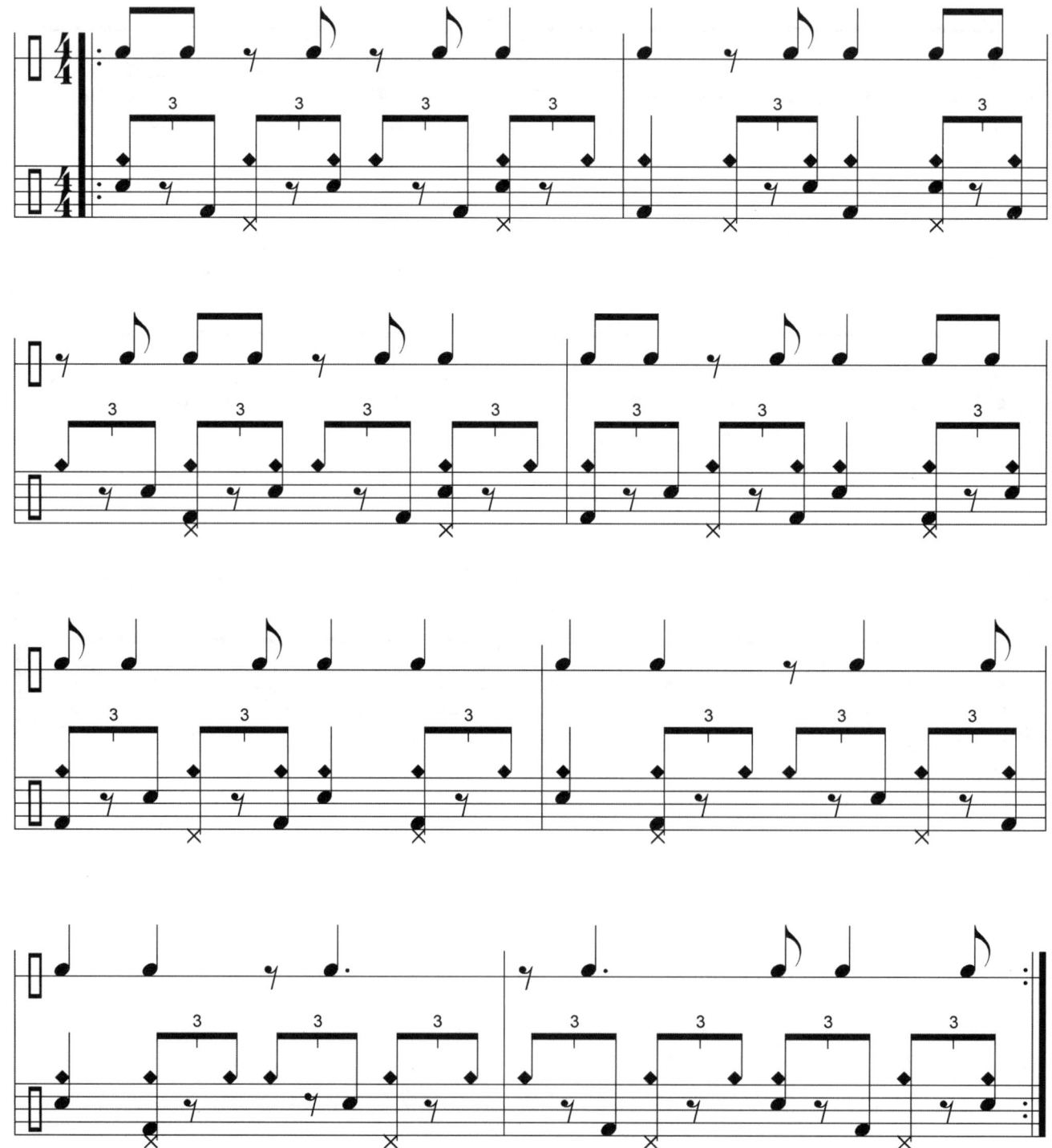

Variation 4:

Auf dem Ridecymbal wird ostinat das Jazz Ride Pattern gespielt sowie auf den Zählzeiten 2 und 4 die mit dem linken Fuß getretene Hi Hat. Wie in Variation 1 werden dazu alle in der Leseübung notierten Akzente mit der Bassdrum angeschlagen, alle nicht akzentuierten Schläge werden auf der Snaredrum mit der linken Hand gespielt und das wiederum nicht zu laut.

Übetipp:

- Du kannst das Sticking, mit dem du Bassdrum und Snaredrum spielst, natürlich auch variieren. So z.B. andersherum beginnen: SD-BD-SD etc. Oder auch ein Paradiddle-Sticking verwenden.

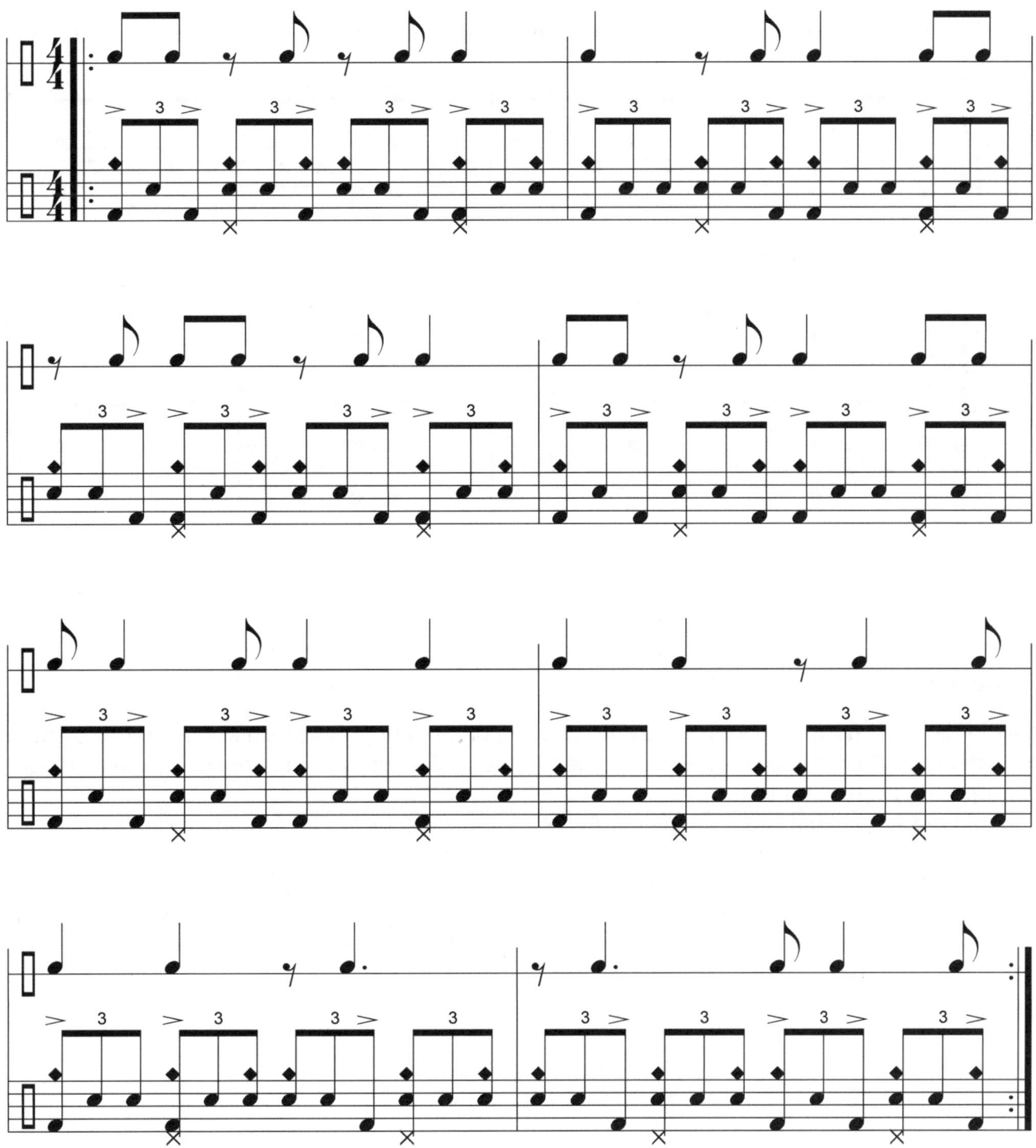

Variation 5:

Die in der Leseübung notierten Akzente werden basismäßig synchron auf dem Ridecymbal und der Bassdrum gespielt, alle unbetonten Achteltriolen werden mit der linken Hand auf der Snaredrum angeschlagen.

Sobald die Anzahl unbetont gespielter Achteltriolen zwischen zwei Akzenten den Wert einer Viertelnote überschreitet - also mehr als drei Achteltriolen - und der erste Akzent auf einer Viertelnotenzählzeit - 1, 2, 3, 4 - notiert ist, wird die jeweils dritte unbetonte Achteltriole statt mit der linken Hand auf der Snaredrum mit der rechten Hand auf dem Ridecymbal gespielt. Im Notenbild sind die entsprechenden Stellen mit einem Pfeil gekennzeichnet.

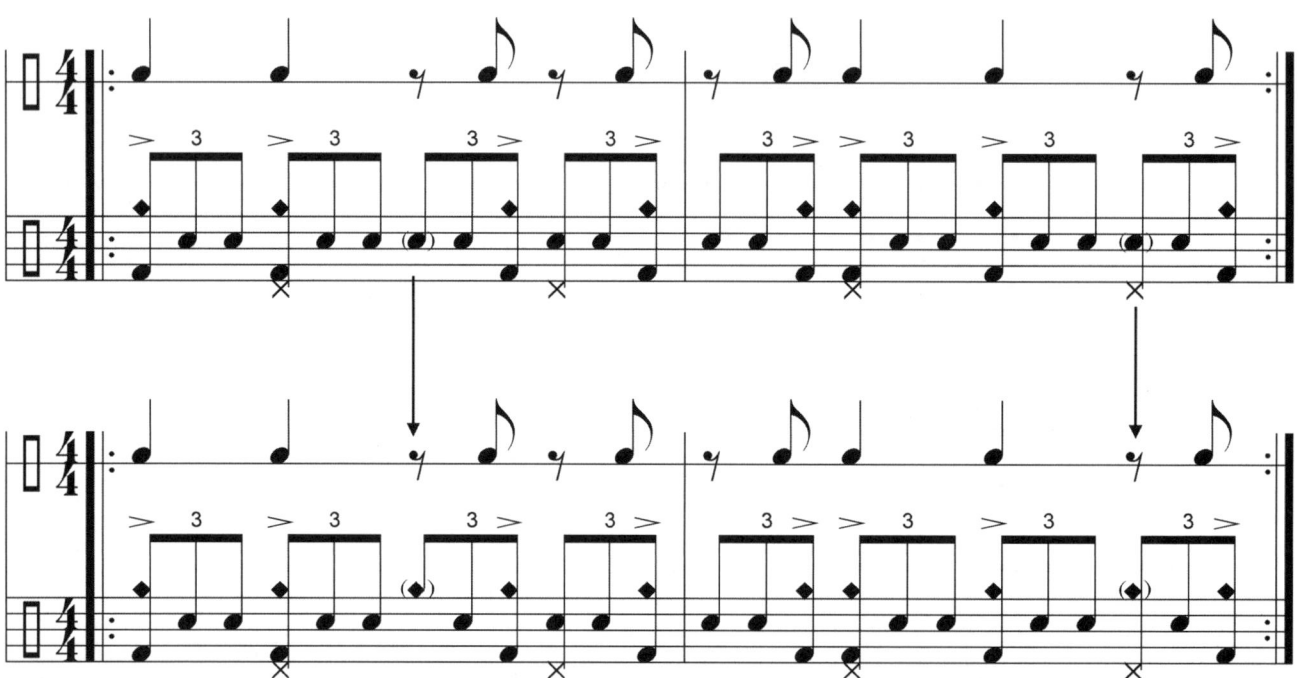

Variation 6:

Die in der Leseübung notierten Akzente werden basismäßig synchron auf dem Ridecymbal und der Bassdrum gespielt, alle unbetonten Achteltriolen werden mit der linken Hand auf der Snaredrum angeschlagen.

Sobald die Anzahl unbetont gespielter Achteltriolen zwischen zwei Akzenten den Wert einer Viertelnote überschreitet - also mehr als drei Achteltriolen - und der erste Akzent auf einer „+"-Achtelnotenzählzeit - 1+, 2+, 3+, 4+ - notiert ist, wird die jeweils dritte und vierte unbetonte Achteltriole (Takt 1) bzw. die dritte unbetonte Achteltriole (Takt 2) statt mit der linken Hand auf der Snaredrum mit der rechten Hand auf dem Ridecymbal gespielt. Im Notenbild sind die entsprechenden Stellen mit einem Pfeil gekennzeichnet.

Variation 7:

Auf dem Ridecymbal wird ostinat das Jazz Ride Pattern gespielt sowie auf den Zählzeiten 2 und 4 die mit dem linken Fuß getretene Hi Hat. Dazu werden die in der Leseübung notierten Akzente mit der Bassdrum gespielt. Alle nicht akzentuierten Achteltriolen werden mit der linken Hand auf der Snaredrum gespielt, allerdings nie mehr als zwei unbetonte Achteltriolen hintereinander. Zudem entfällt der Snaredrum-Anschlag auf den Zählzeiten, auf den bereits ein Ridecymbal-Anschlag platziert ist.

Leu-Verlag

IV. Big Band Akzente und Vorbereitungen

Die folgenden Übungen zeigen, wie vom Schlagzeuger mitzuspielende Akzentuierungen in Musikstücken, gespielt z.B. durch Bläsersätze etc., vorbereitet werden können. Die notierten Beispiele beziehen sich alle auf die ternäre Interpretation (Achteltriolen), also so, wie sie in der Swing und Jazz Musik beim Big Band-Spiel oder in der Jazz Combo angewendet werden können.

Die gezeigten Patterns lassen sich jedoch auch auf die binäre Spielweise im Rock, Funk, Latin und Fusion übertragen. Dort werden dann hauptsächlich binäre Vorbereitungen (Sechzehntelnoten) angewendet, in schnelleren Tempi auch Achtel- und Sechzehnteltriolen.

In der Praxis werden in Arrangements triolisch zu spielende Akzente häufig der Einfachheithalber in Achtelnoten notiert, so lässt sich alles einfach schneller aufschreiben.

Die nachfolgenden Legenden zeigen dir die ternäre Interpretation von zwei Achtelnoten bzw. einer punktierten Achtelnote mit nachfolgender Sechzehntelnote. Die Achtelnote auf der „+"-Zählzeit bzw. die Sechzehntelnote auf der Zählzeit „a" werden als jeweils dritte Achteltriole der jeweiligen Viertelnote gespielt.

Basisvorbereitung:

Die Übungen 1 bis 8 zeigen dir die Anwendung einer kurzen Basisvorbereitung auf verschiedenen Zählzeiten.

Übetipps:

- Statt die Akzente, wie notiert, immer mit gleichzeitig gespieltem Crashcymbal und Bassdrum zu spielen, können Akzente natürlich auch mit unterschiedlichen Instrumenten-Kombinationen markiert werden: Snaredrum und Crashcymbal (verschiedene Größen), Snaredrum und Hi Hat, Bassdrum und Hi Hat etc.
- Entscheidend ist immer die musikalischen Situation. Wie stark soll akzentuiert werden? Soll der Akzente eher kurz und knackig sein oder doch eher länger und satter? So klingen z.B. Akzentuierungen, die mit Crashcymbal und Bassdrum umgesetzt werden, powervoller und länger nach als z.B. Akzente, die mit Snaredrum und Crashcymbal unterstützt werden. Zudem werden die Akzentmitnahmen in der Jazz Combo in der Regel weniger kräftig als in der Big Band ausgeführt.
  Die Notenwerte mit ihrer entsprechenden Tonlänge, mit der die einzelnen Akzente notiert sind, dienen stets als Ausgangsbasis.

Leu-Verlag

Vorbereitungsvariationen:

Die Übungen 1 bis 9 zeigen dir unterschidlich lange Akzentvorbereitungen, die alle auf der in den Übungen 1 bis gezeigten Basisvorbereitungen basieren.

Übetipp:

- Alle gezeigten längeren Vorbereitungen sind nur für die Akzentuierung auf der Zählzeit „4+" (dritte Achteltriole der Zählzeit 4) notiert. Sie lassen sich aber, wie in den Übungen 1 bis 8 gezeigt, auf alle anderen zu akzentuierenden Zählzeiten anwenden.

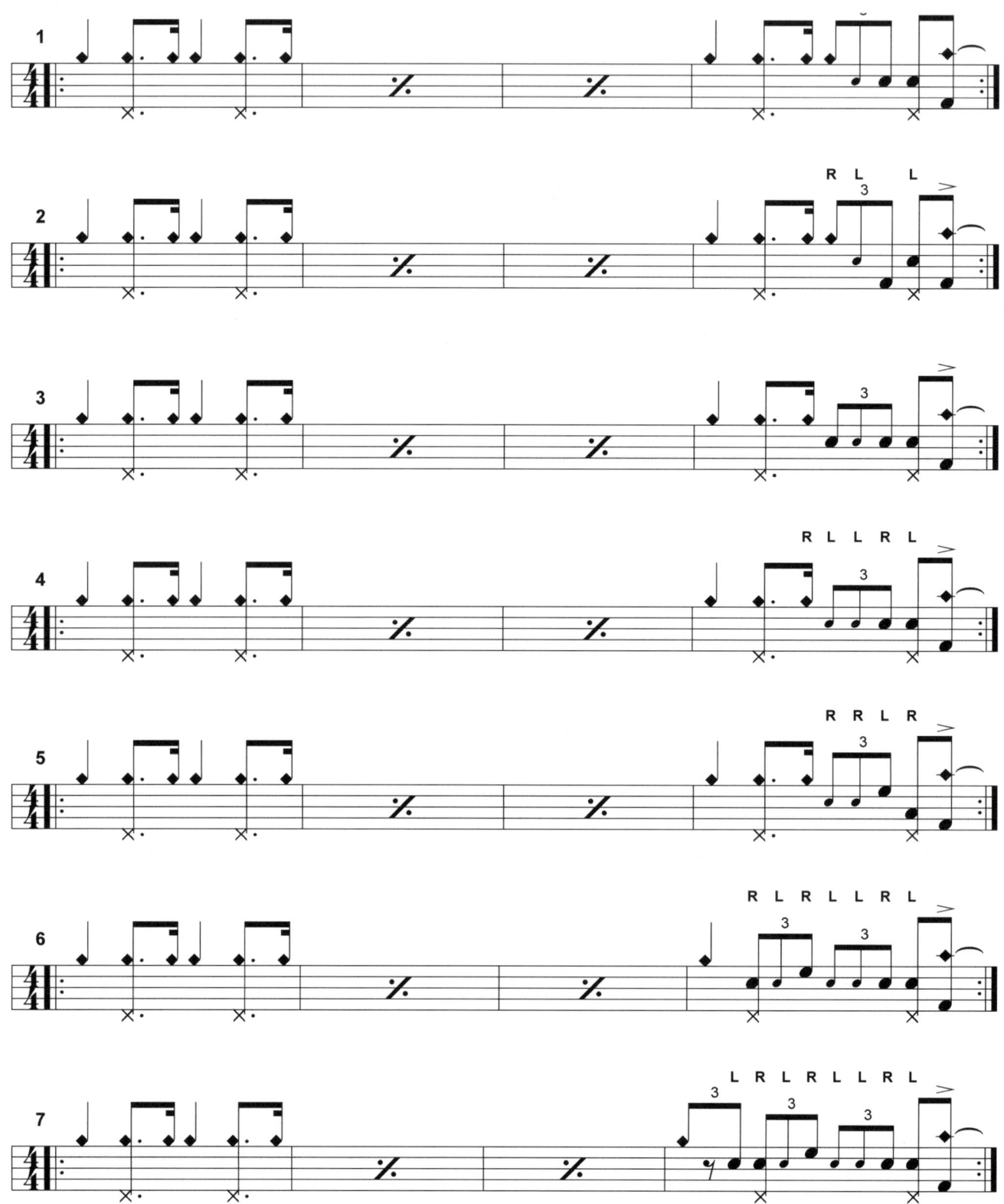

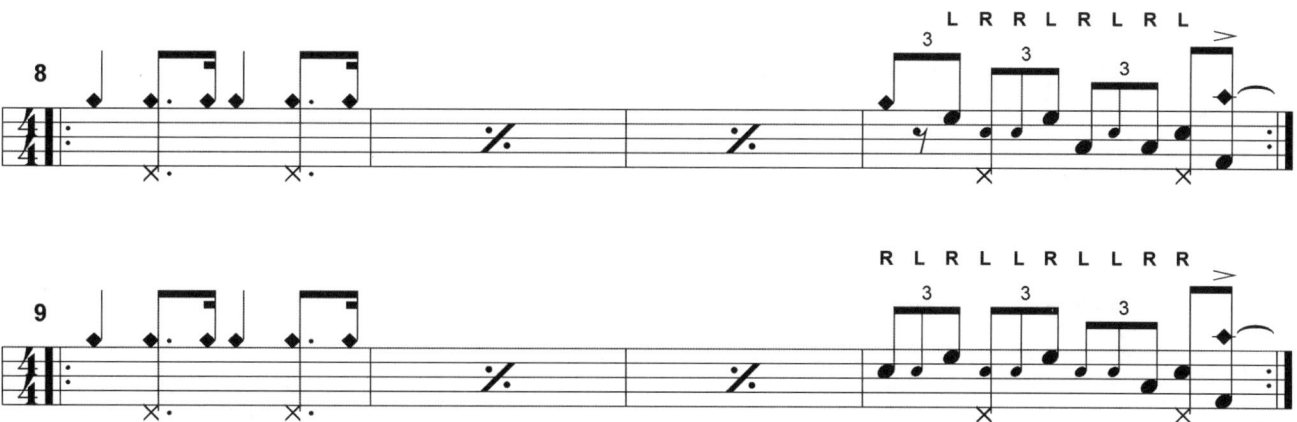

Akzentnotationsbeispiele aus der Praxis:

Die nachfolgend notierten Notenbeispiele 1 bis 48 zeigen etliche Akzentnotierungen, so wie sie in der musikalischen Praxis in Lead Sheets, Arrangements und Schlagzeugstimmen verwendet werden.

Übetipp:

- Probiere zu allen Beispielen die verschiedenen bisher gezeigten Vorbereitungsmöglichkeiten aus und erarbeite dir deine eigenen Vorbereitungsideen.

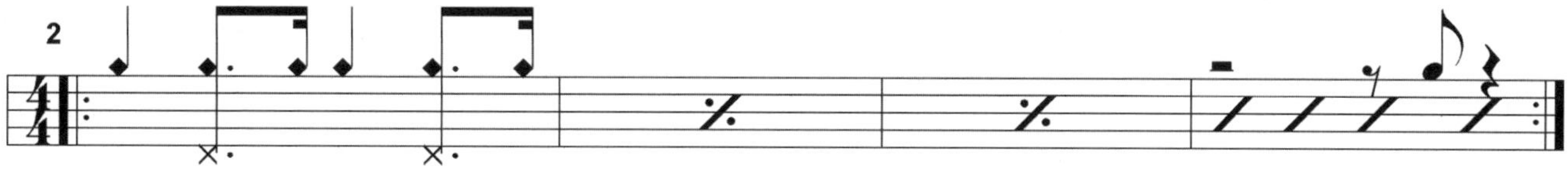

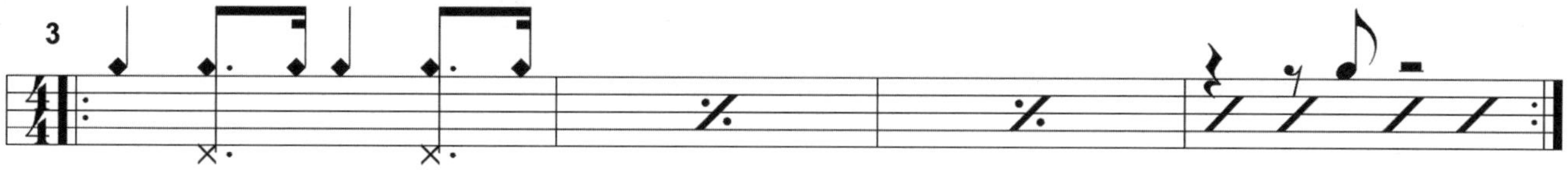

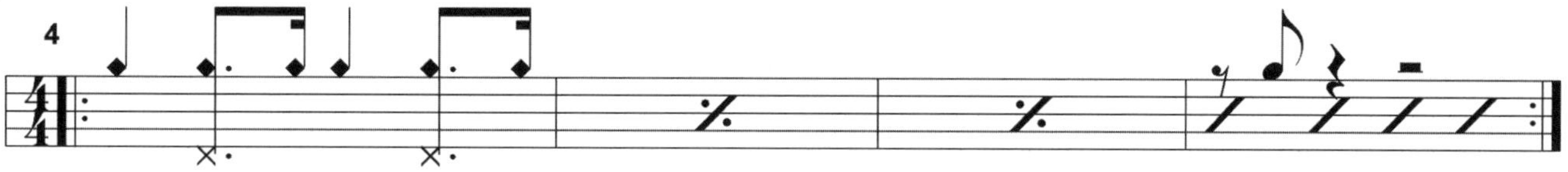

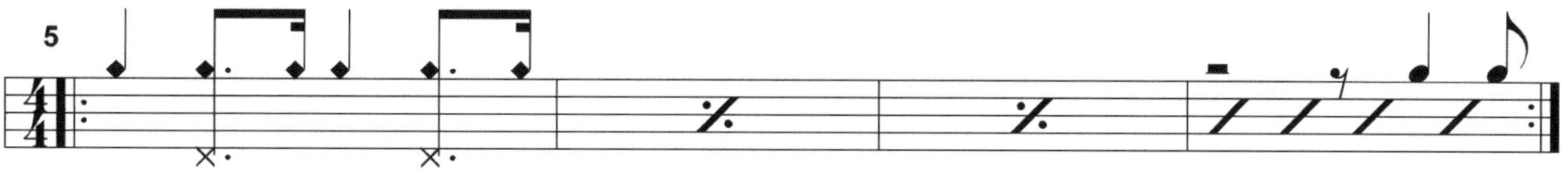

V. Rhythmische Patterns

Rhythmische Sicherheit und ein gutes Timing sind für Schlagzeuger mit die wichtigsten Fähigkeiten, auf deren Weiterentwicklung und Verbesserung du allergrößten Wert legen solltest. Die folgenden Übungen werden dir dabei helfen.

Übetipps:

- Spiele jede Übung mit dem Sticking RLRL auf der Snaredrum oder dem Übungspad.
- Spiele in verschiedenen Dynamikstufen: p - mf - f
- Spiele zum Click und steigere erst allmählich das Tempo.
- Verwende mit der Zeit andere Handsätze wie Doublestrokes, Paradiddles bzw. die für die ungeraden Figuren typischen Stickings (s.a. Kapitel „Stick-ing" in diesem Buch).
- Verteile die einzelnen Figuren am kompletten Drumset.
- Baue mit der Zeit Bassdrum-Anschläge mit ein (s.a. Kapitel „Linaer Drumming" in diesem Buch).
- Arbeite mit unterschiedlichen Akzentuierungen.
- Spiele zu den einzelnen Übungen unterschiedliche Bassdrum/Hi Hat Fuß Ostinati.
- Wende diese Vorgehensweise auch bei der nachfolgenden „Pyramide" bzw. der "Zusammenfassung" dieses Kapitels an.

1. Kombination unterschiedlicher rhythmischer Patterns

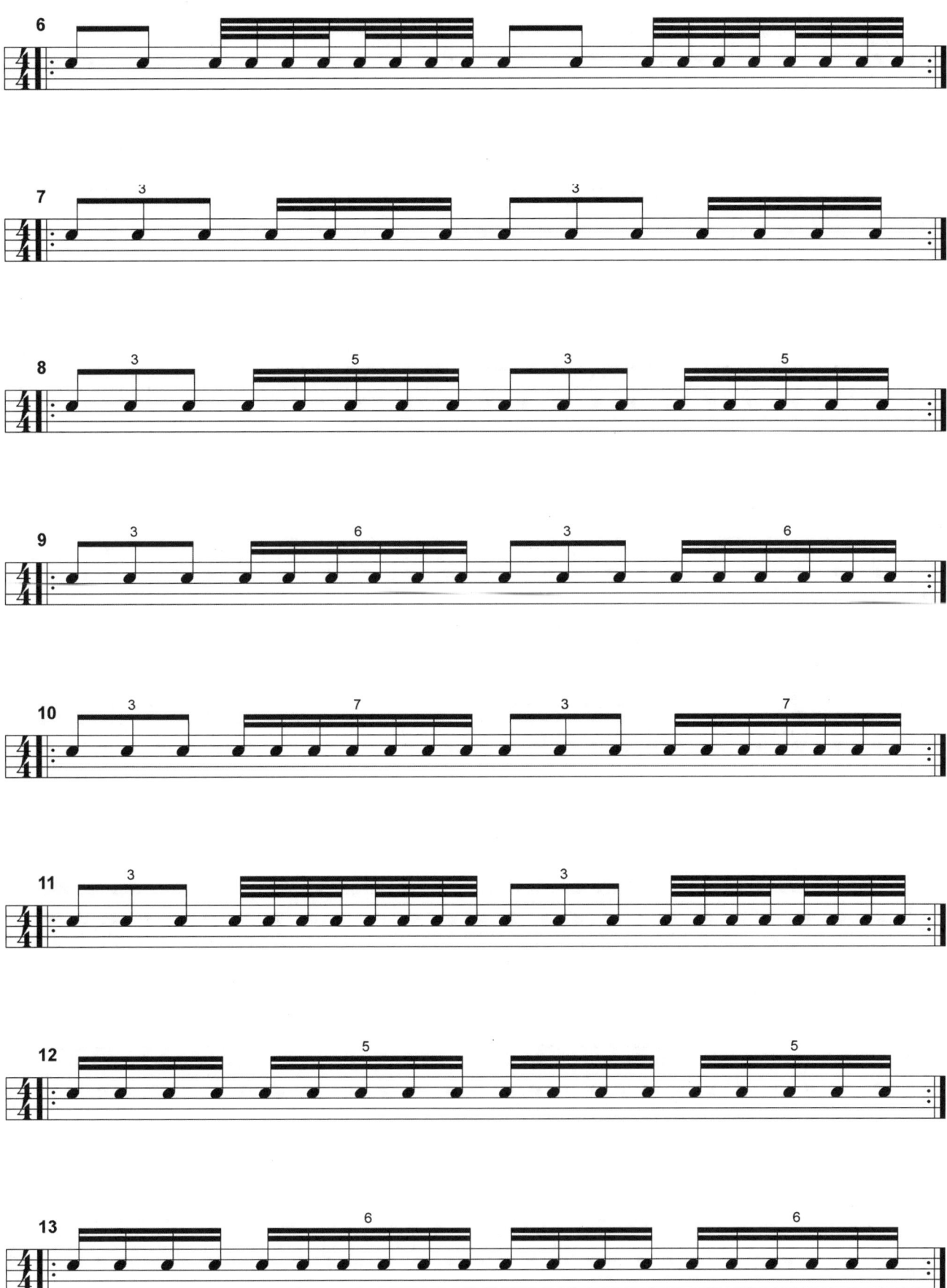

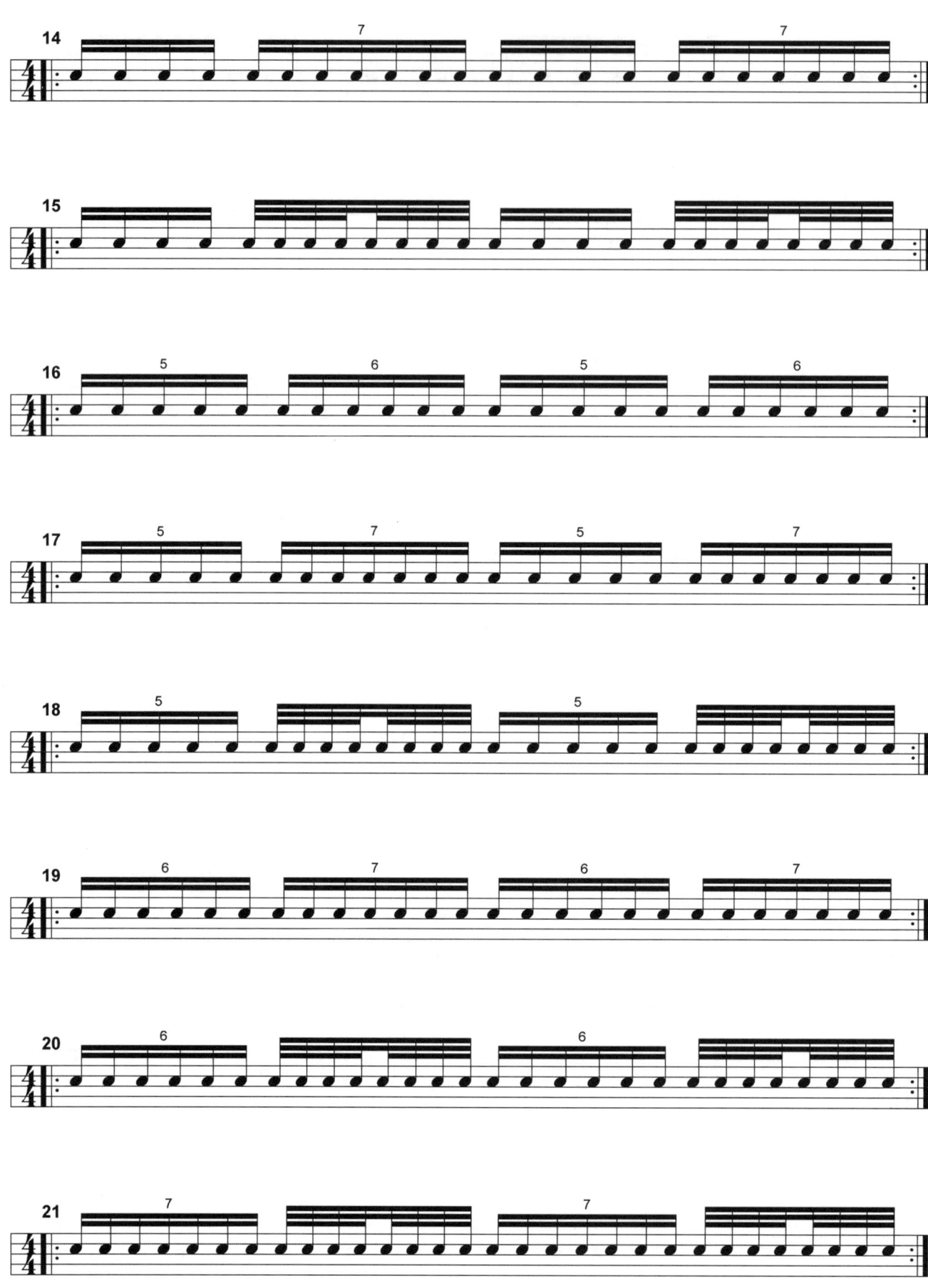

2. Pyramide

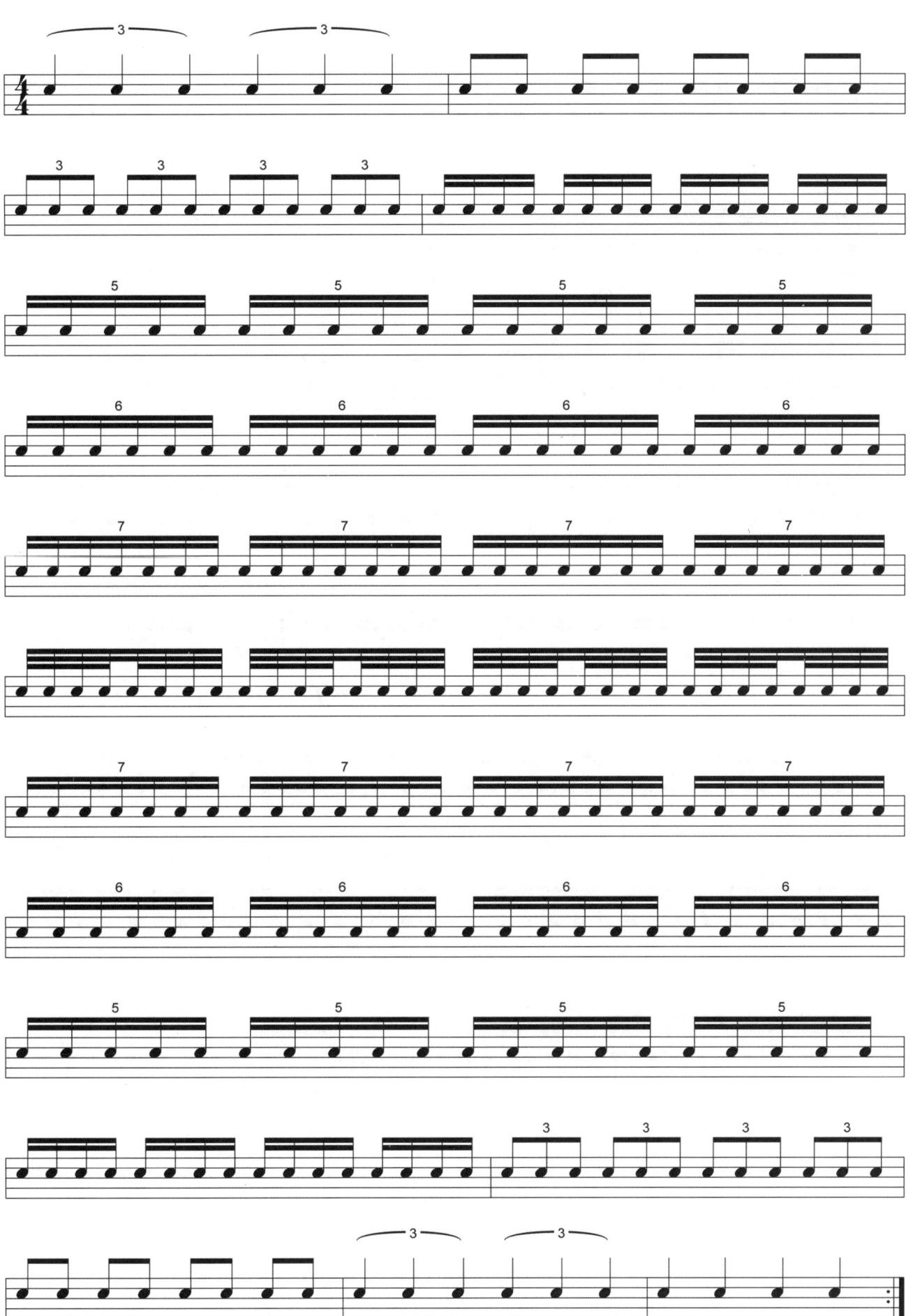

3. Zusammenfassung

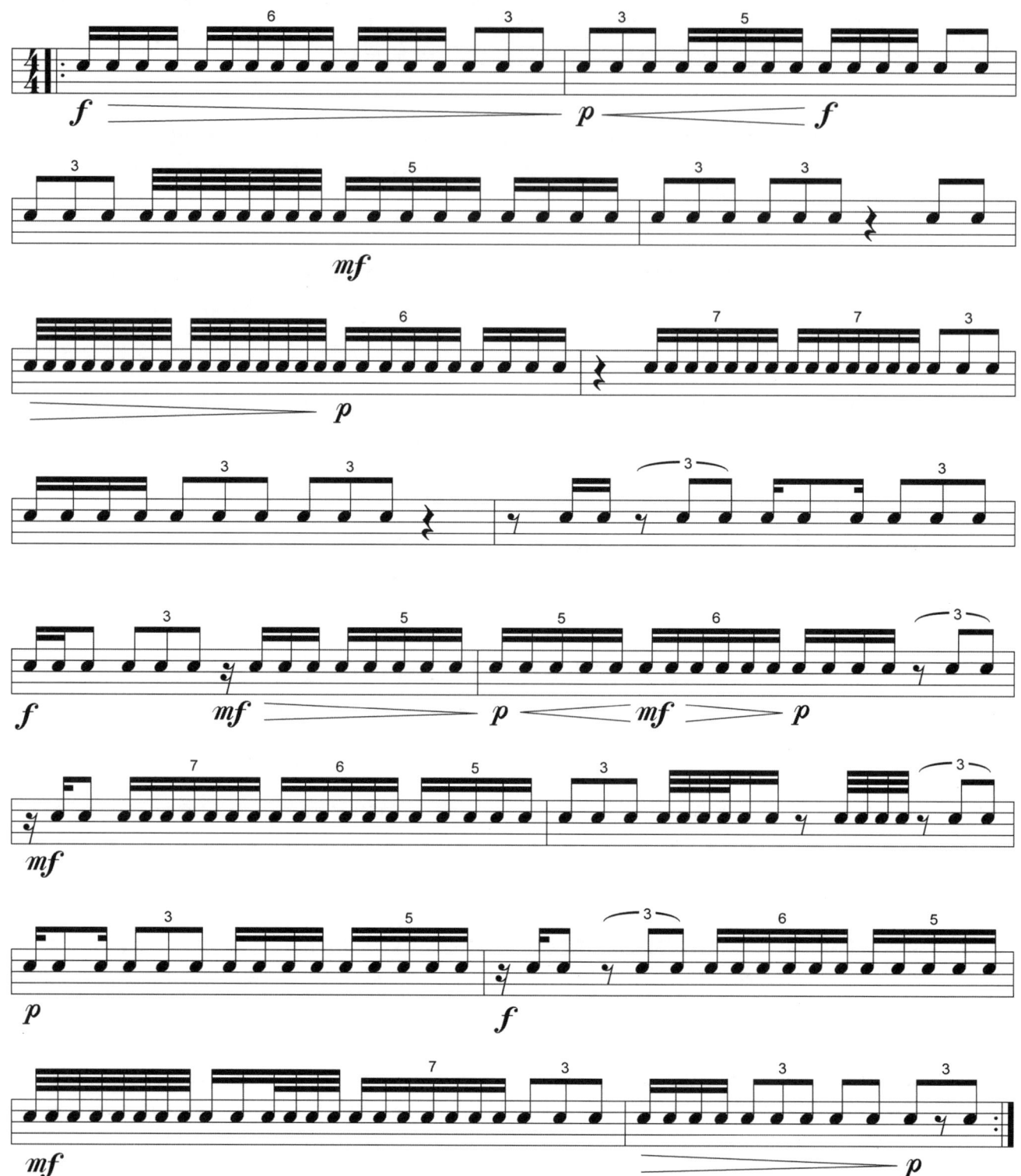

4. Metrische Modulation

In der Musik bedeutet „Modulation" das inmitten eines Musikstückes erfolgende Wechseln von einer Tonart zu anderen. Die „Metrik" umfasst in der Musik u.a. Takt, Verteilung der rhythmischen Schwerpunkte und Akzentuierung. Der Begriff „Metrische Modulation" meint demnach einen Prozess, mit dessen Hilfe man das Verhältnis zwischen Rhythmus und Zählweisen verändern kann, in dem man z.B. die Ausgangsbasis des Grundpulses wechselt.
Im Prinzip geht es im musikalischen Zusammenhang um das **Erzeugen rhythmischer Illusionen**.

Beispiel 1:

Hier sind drei gleiche Takte notiert. Die Legende, die über dem Notenbeispiel zwischen dem ersten und zweiten Takt steht bedeutet, dass das Tempo der Achteltriolen aus Takt 1 das neue Tempo der Sechzehntelnoten in Takt wird. Das gleiche gilt für den Übergang von Takt 2 zu Takt 3.
Das Tempo der Viertelnotenpuls wird demnach von Takt zu Takt langsamer: Der Viertelnotenpuls in Takt 2 wird langsamer als der von Takt 1 gespielt, der von Takt 3 wiederum langsamer als der aus Takt 2.

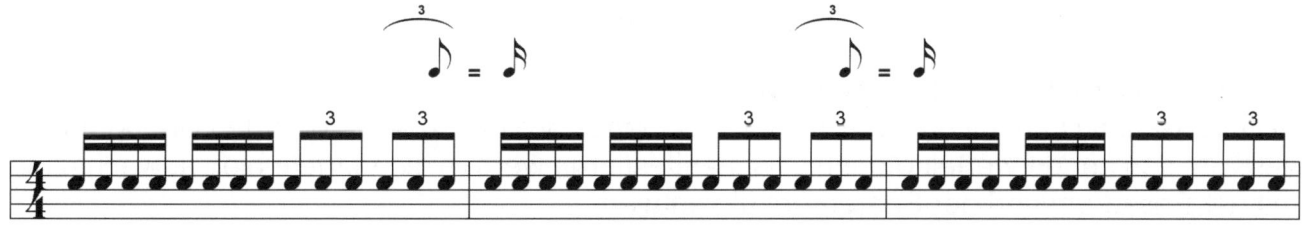

Beispiel 2:

Übung 2 zeigt die umgekehrte Richtung, wiederum sind drei gleiche Takte notiert. Die Legende, die über den Noten zwischen dem ersten und dem zweiten Takt steht, bedeutet, dass das Tempo der Achteltriolen aus Takt 1 das neue Tempo für die Achtelnoten in Takt 2 wird. Das gleiche gilt für den Übergang von Takt 2 zu Takt 3.
Das Tempo der Viertelnotenpuls wird demnach von Takt zu Takt schneller: Der Viertelnotenpuls in Takt 2 wird schneller als der von Takt 1 gespielt, der von Takt 3 wiederum schneller als der aus Takt 2.

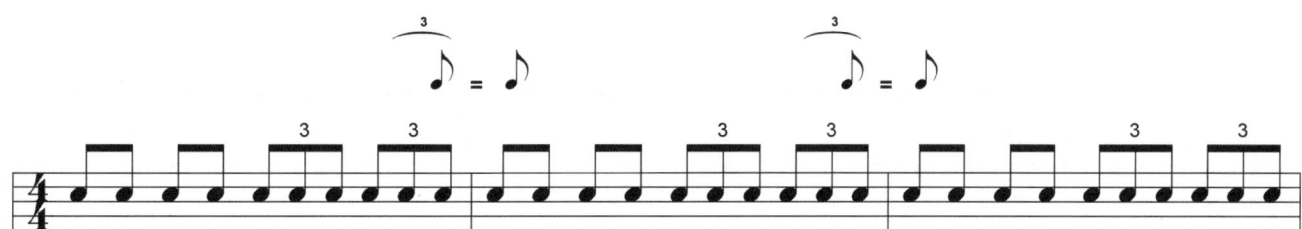

Beispiel 3:

In Übung 3 sollen die Achtelnoten im zweiten Takt das Tempo der Achteltriolen aus Takt 1 bekommen.

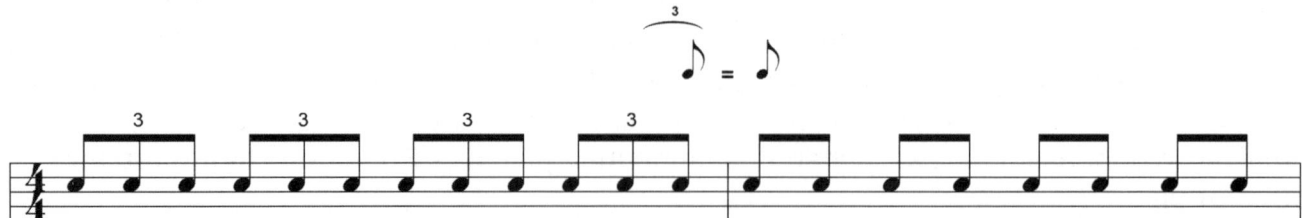

In Takt 1 spielst du durchlaufende Achteltriolen mit der Akzentuierung des Viertelnotenpulses, in Takt 2 spielst du weiterhin diese Achteltriolen, akzentuierst nun aber jede zweite Achteltriole, d.h. die Vierteltriolen. Diese werden jetzt ab der neue Viertelnotenpuls betrachtet.

Praktische Umsetzung

Übung 1: Achteltriolen 2er-Gruppen

Als Groove am Drumset umgesetzt sieht das Ganze wie in der nachfolgenden Übung notiert aus. Um den neuen Viertelnotenpuls zu manifestieren werden die Vierteltriolen abwechselnd mit der Bassdrum und der Snaredrum akzentuiert.

Wenn du die oben gezeigte Übung so wie notiert spielst, entsteht in Takt 2 eine **kurzeitige Modulation** mit neuem Pulsgefühl.

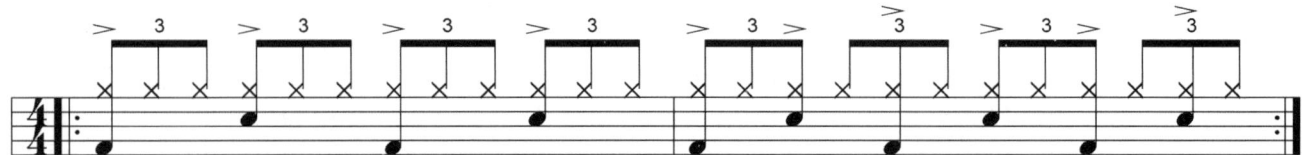

Übung 2:

Wenn du dagegen ausschließlich Takt 2 aus der oben gezeigten Übung ständig wiederholst, wird das neue Tempo der Viertelpulses manifestiert und es entsteht eine „richtige" **längerfristige** metrische Modulation.

Notation:

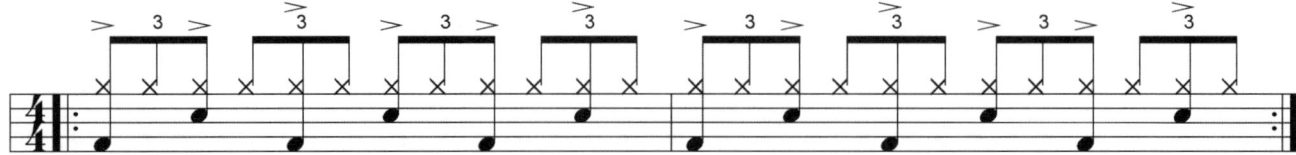

Ohne Bezug zu einem Click hört sich das Ganze vom Feeling her so an:

Hören:

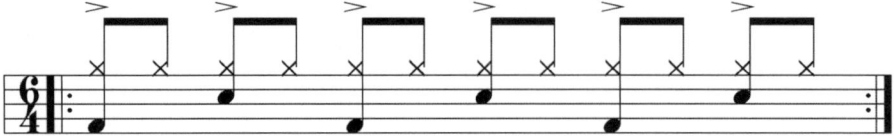

Leu-Verlag

Übung 3: Achteltriolen 4er-Gruppen

Bei der oben gezeigten praktischen Anwendung würden die Achteltriolen entgegen dem Pulsgefühl nicht alle drei, sondern alle zwei Achteltriolen akzentuiert. Das Tempo der Viertelnoten wird demnach schneller.

Wenn du umgekehrt die Achteltriolen in 4er-Gruppen akzentuierst, verlangsamt sich das Tempo der Vierteltriolen.

Notation:

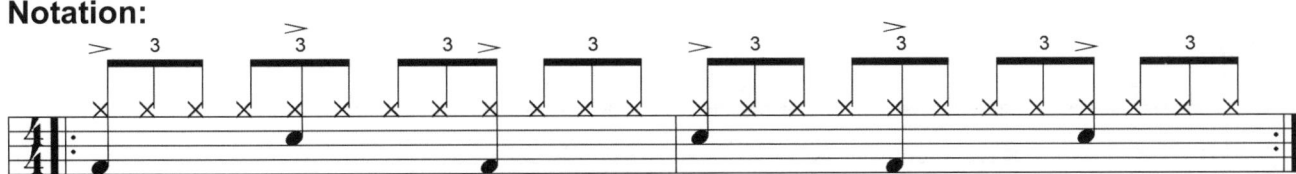

Ohne Bezug zu einem Click hört sich das Ganze vom Feeling her so an:

Hören:

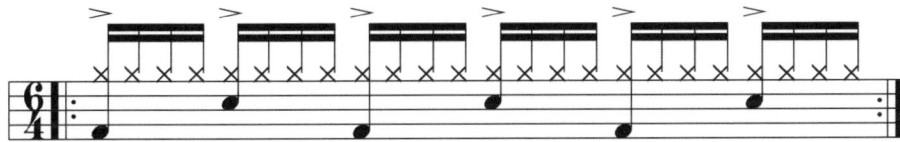

Nachfolgend habe ich einige weitere Übungen mit verschiedenen Modulationsideen zusammengestellt. Das erste Notenbeispiel zeigt jeweils die in der zum Ausgangspuls richtige Notation, das zweite Notenbeispiel das, was man entsprechend der von der Bassdrum und der Snaredrum gesetzten rhythmischen Schwerpunkte hört.

Übetipps:

- Spiele alle Übungen zu einem Click:
  Ausgangsrhythmik Achteltriolen Tempo 80; Ausgangsrhythmik Sechzehntelnoten Tempo 60.
- Übertrage auch die Anwendung der kurzfristigen Modulation, so wie in Übung 1 gezeigt, auf alle nachfolgenden Übungen.
- Die einzelnen Beispiele sind jeweils in der Basisform notiert. Durch das Hinzufügen z.B. weiterer Snaredrum Ghost Notes bzw. das Hinzufügen oder auch Weglassen notierter Bassdrum-Akzente entsteht eine Vielzahl neuer Ideen zur metrischen Modulation von Grooves. Und damit das Erzeugen rhythmischer Illusionen.
- Entwickle deine eigenen Ideen. Kopiere dazu am Besten den jeweiligen Original-Groove und verändere das Notenbild durch Hinzufügen oder Weglassen einzlner Snaredrum- bzw. Bassdrumschläge. Notiere die Veränderung auch in der zweiten Notation, die anzeigt, was du letztendlich beim Spielen des Beats hörst.
- Schau dir bei den einzelnen Übungsbeispielen an, welche Notenwerte in der Modulation in welche Gruppen untergliedert werden.

Übung 4:

Notation:

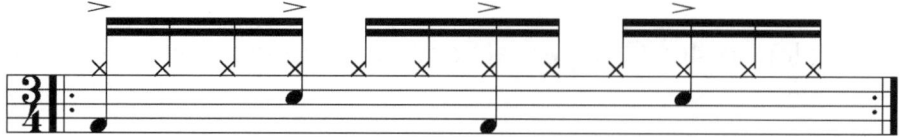

Hören:

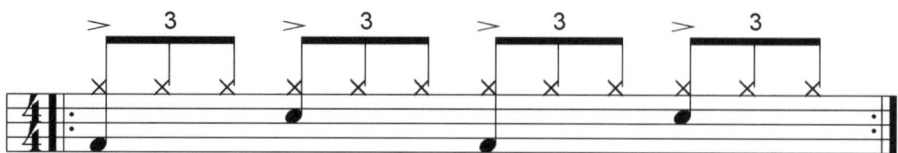

Übung 5:

Notation:

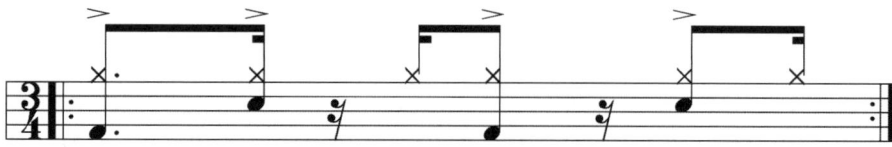

Hören:

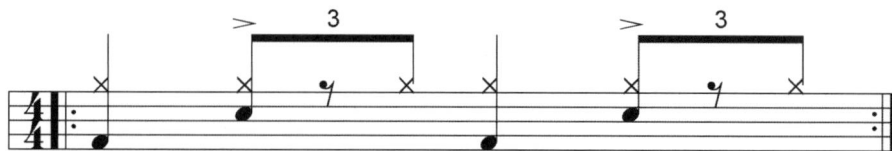

Übung 6:

Notation:

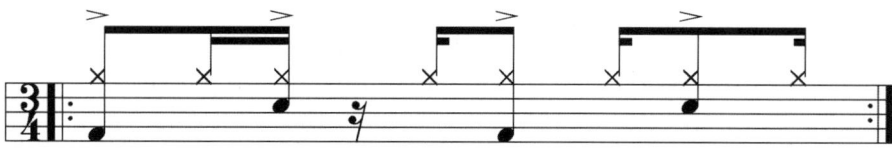

Hören:

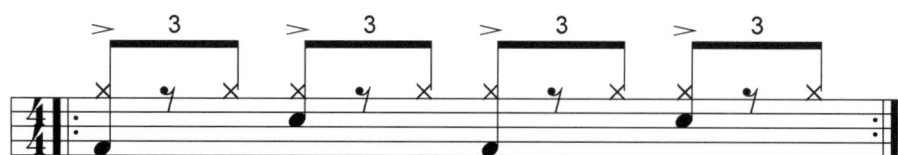

Übung 7:

Notation:

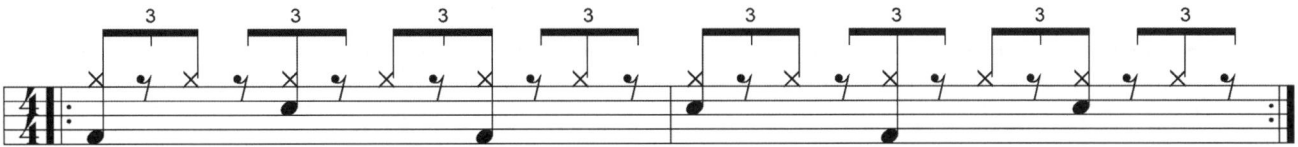

Hören:

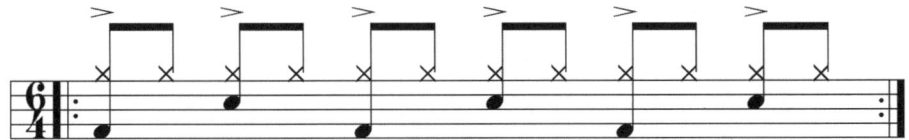

Übung 8:

Notation:

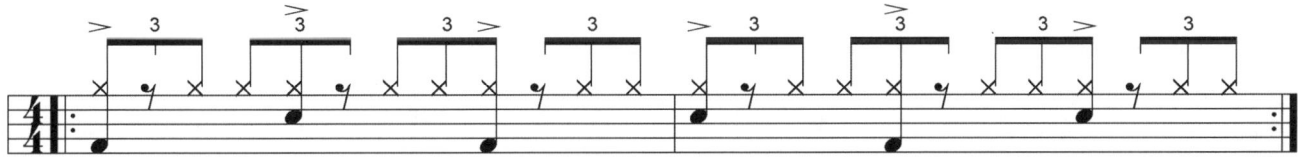

Hören:

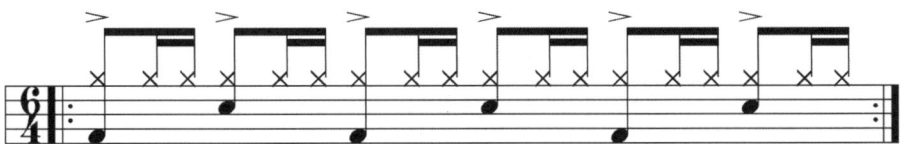

Übung 9:

Notation:

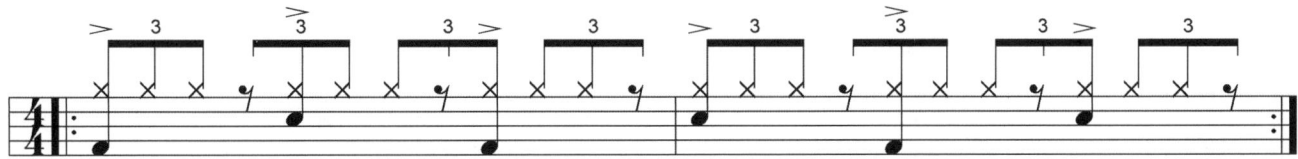

Hören:

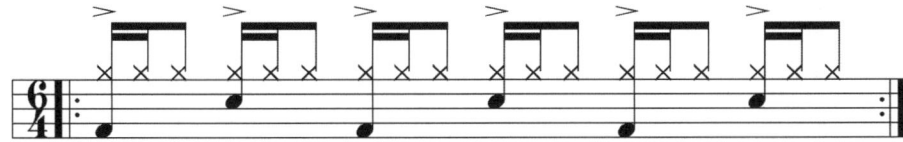

Übung 10:

Notation:

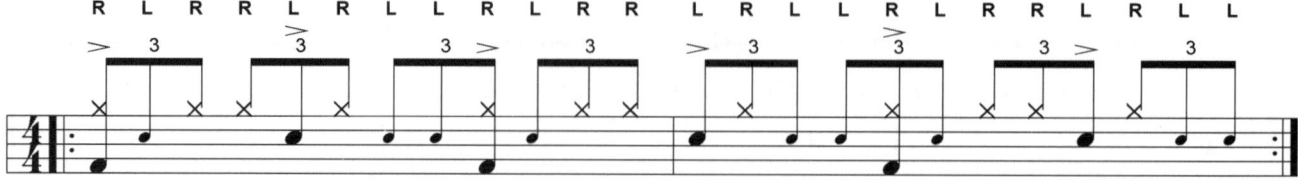

Hören:

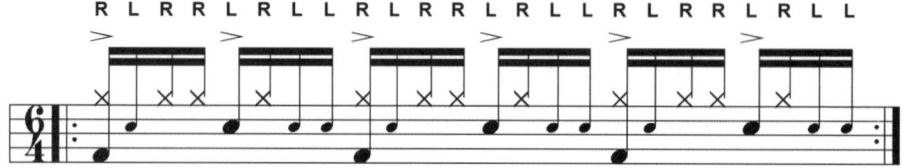

Übung 11:

Notation:

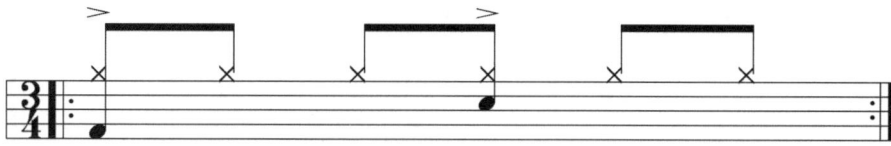

Hören:

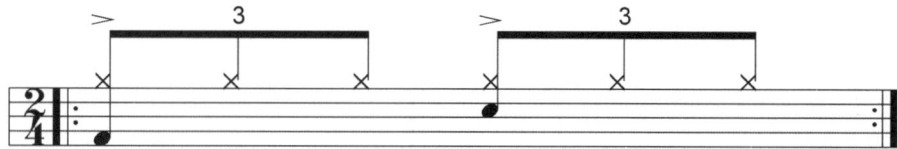

Übung 12:

Notation:

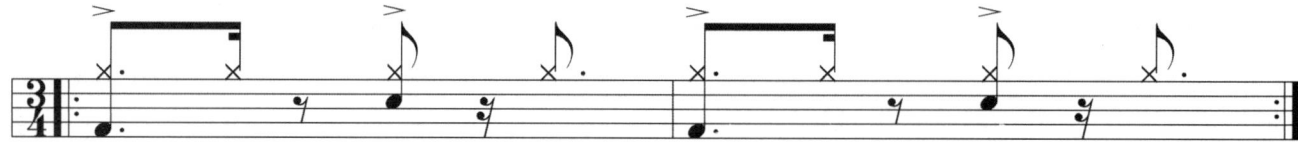

Hören:

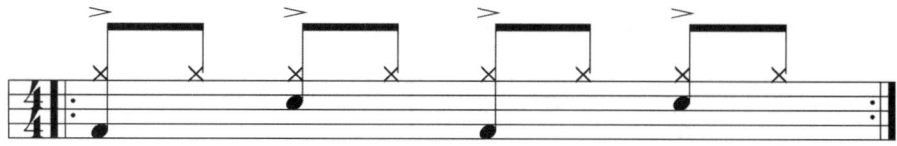

Übung 13:

Notation:

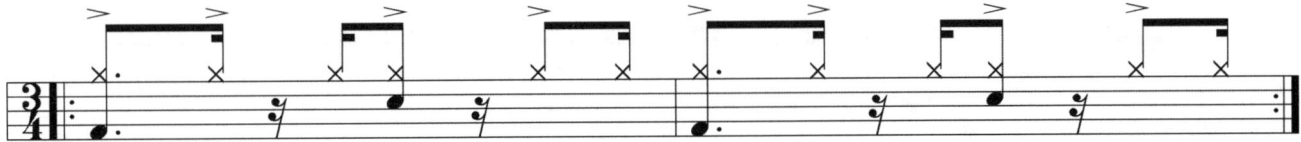

Hören:

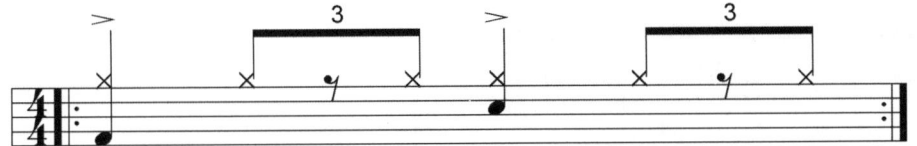

Übung 14:

Notation:

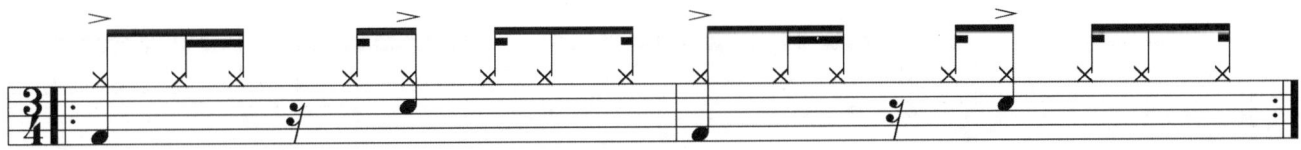

Hören:

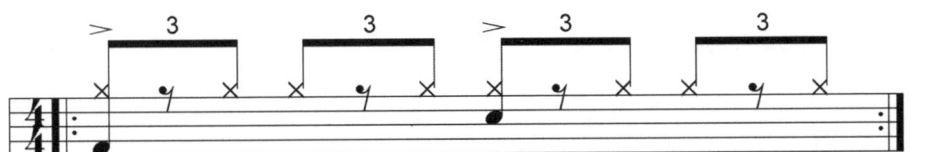

Übung 15:

Notation:

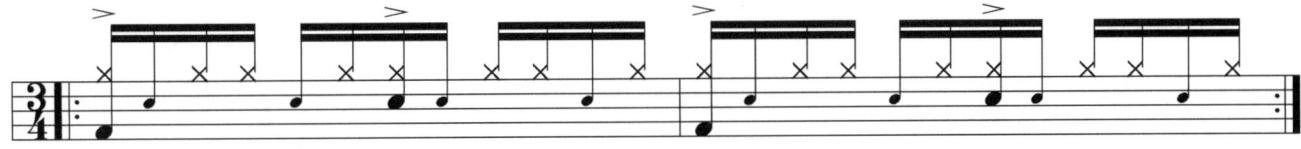

Hören:

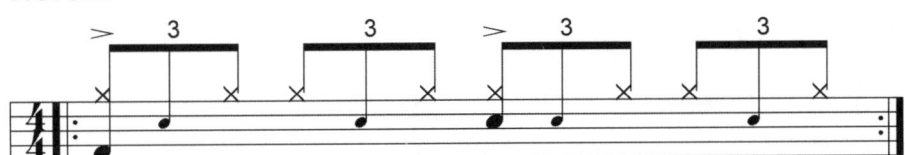

Leu-Verlag

Übung 16:

Notation:

Hören:

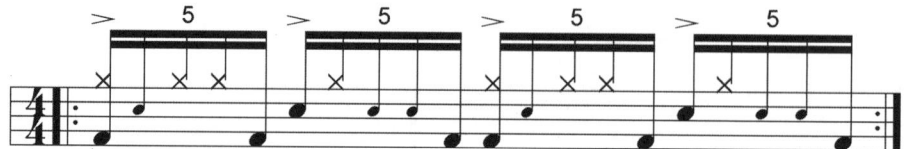

Übung 17:

Notation:

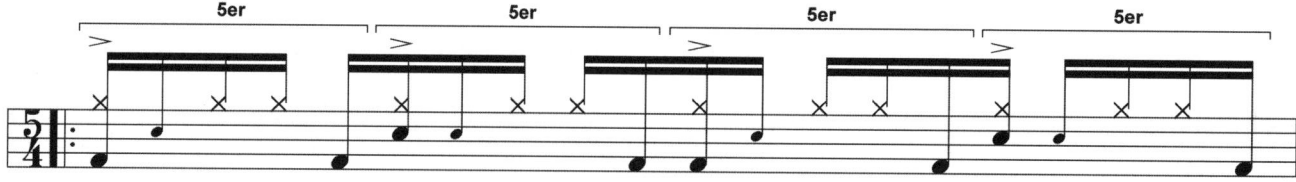

Hören:

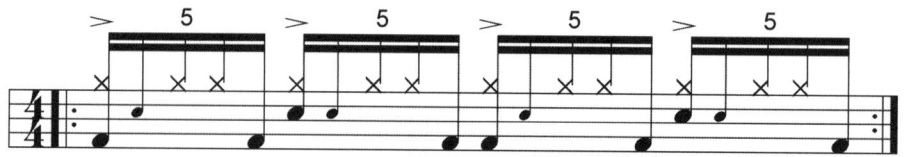

Übung 18:

Notation:

Hören:

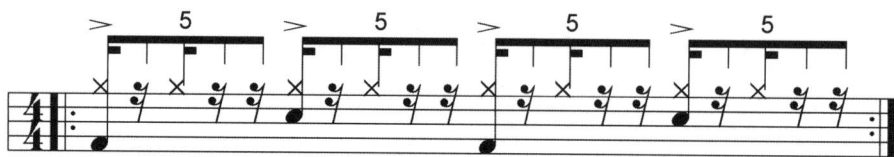

Übung 19:

Notation:

Hören:

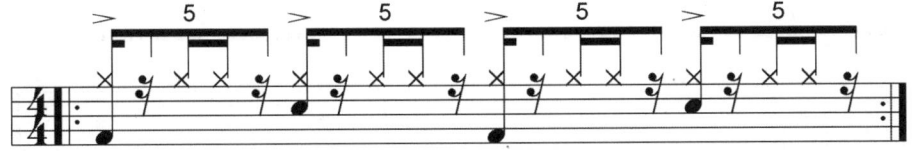

Übung 20:

Notation:

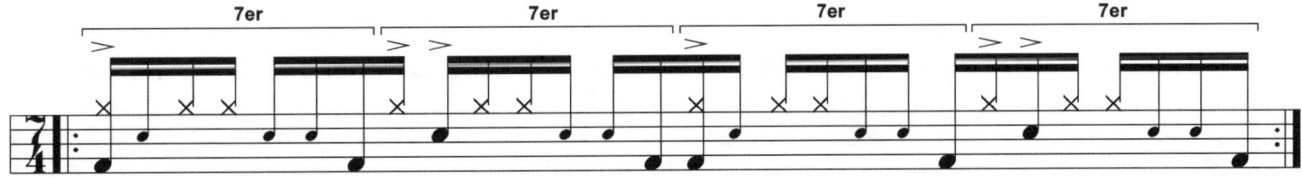

Hören:

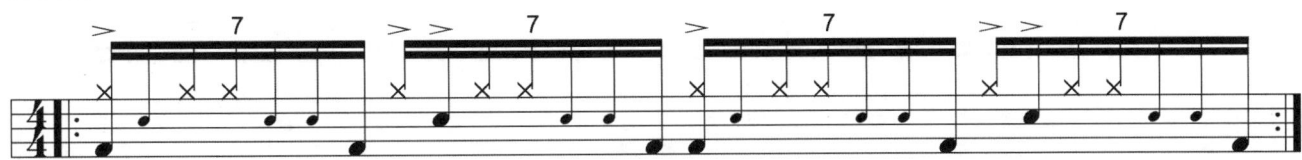

Übung 21:

Notation:

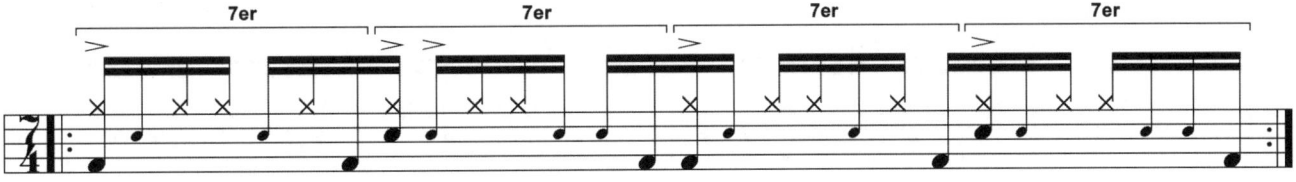

Hören:

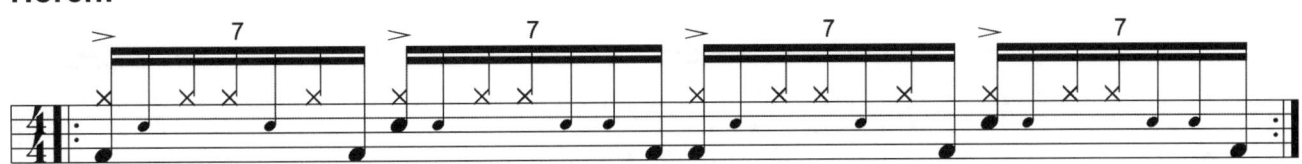

Leu-Verlag

Übung 22:

Notation:

Hören:

Übung 23:

Notation:

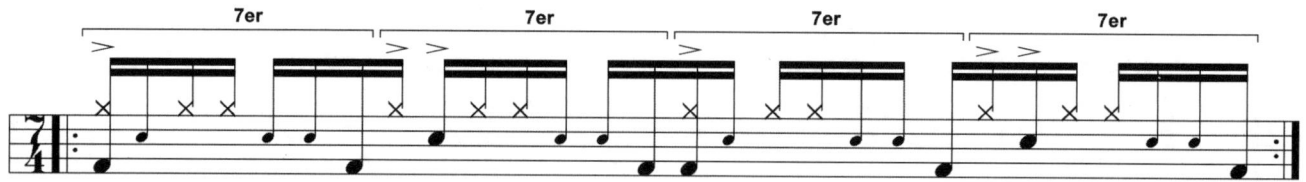

Hören:

Übung 24:

Notation:

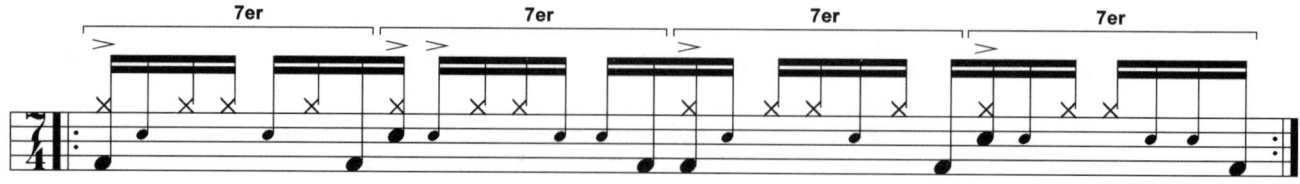

Hören:

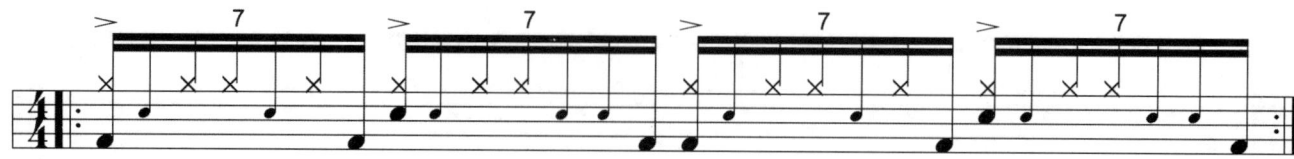

VI. Stickings

Unter Stickings versteht man vereinfacht gesagt die Wahl des Handsatzes, mit der eine bestimmte rhythmische Figur gespielt wird. Hauptsächlich bestehen diese Handsätze aus einer Kombination von Single und Double Strokes, einmal von ostinat mit einer Hand gespielten Hi Hat oder dem Ridecymbal Patterns abgesehen.

Unterschiedliche Stickings ermöglichen eine große Vielfalt an rhythmischen Phrasierungen und Ausdrucksmöglichkeiten. Rhythmisch gleiche Figuren klingen mit verschiedenen Stickings gespielt vom Feeling und vom Groove her sehr unterschiedlich. Daher ist die Wahl des „richtigen" Stickings für den Groove eines Fill Ins oder Rhythmus von entscheidender Bedeutung. Die in den folgenden Patterns gezeigten Schlagkombinationen zwischen beiden Händen lassen sich mit zwei Basis-Stickings umsetzen: 2er- und 3er-Gruppen. Diese können auf alle möglichen Notenwerte angewendet werden: Achtel-, Sechzehntel- und Zweiunddreißigstel Noten, Achtel- und Sechzehnteltriolen etc.

Unter den nachfolgend notierten Punkten A, B, C, D und E habe ich die verschiedenen Möglichkeiten notiert, die einzelnen Gruppen von Schlägen - 2er, 3er, 4er, 5er, 6er, 7er und 8er - mit den unterschiedlichen Stickings zu spielen.

1. Sticking Gruppen

A   (1 Single Stroke + Double Strokes)

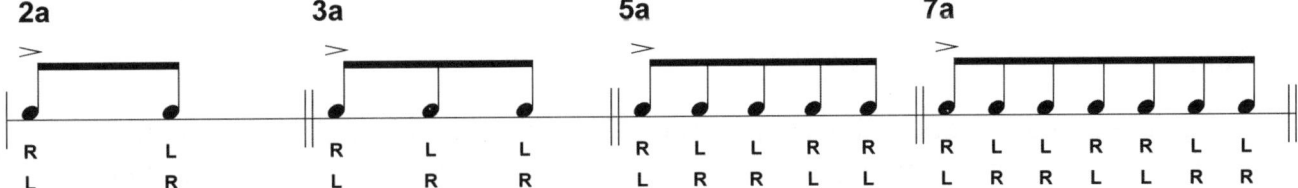

B   (2 Singles Strokes + Double Strokes)

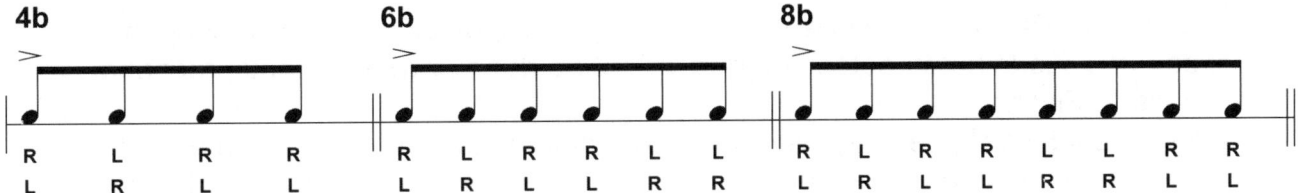

C   (3 Singles Strokes + Double Strokes)

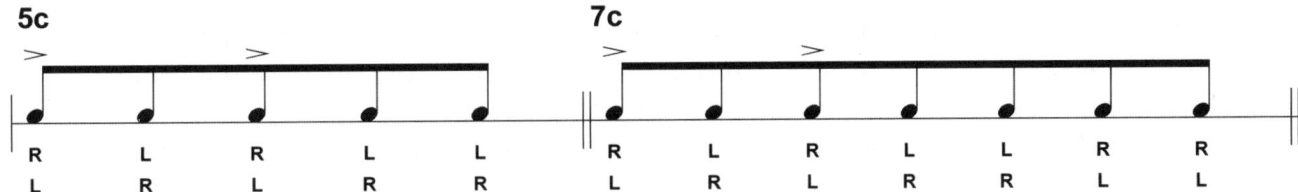

D (4 Singles Strokes + Double Stroke)

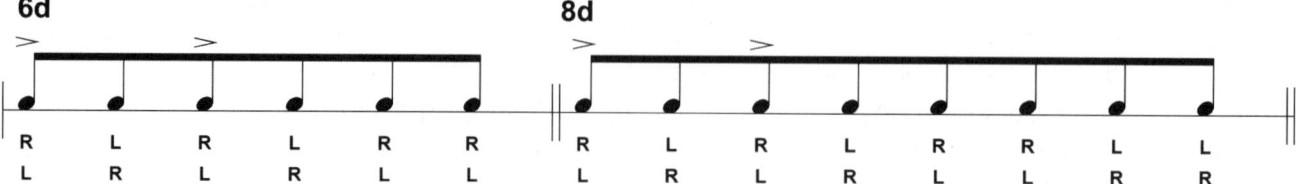

E (5 Singles Strokes + Double Stroke)

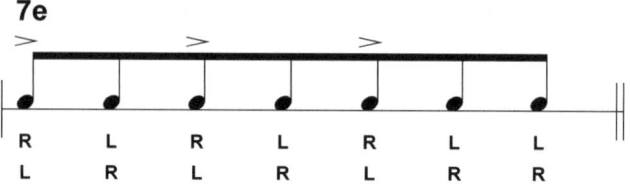

Übetipps:

- Spiele zuerst die oben notierten Sticking-Gruppen jeweils für sich alleine ohne Rhythmisierung so lange, bis du die einzelnen Schlagabfolgen recht sicher, d.h. fast automatisch spielen kannst.

- Beginne erst danach, die nachfolgend in den verschiedenen Übungen notierten und über Sechzehntelnoten bzw. Acheltriolen rhythmisierten Patterns zu üben.

- Spiele alle Übungen zu einem Click:
  Ausgangsrhythmik Achteltriolen Tempo 80; Ausgangsrhythmik Sechzehntelnoten Tempo 60.

- Spiele die Patterns so, wie jeweils in Übung 1 gezeigt: ein Takt ein Sticking, bei dem die Viertelnoten betont werden, in Takt 2 dann jeweils die entsprechend notierte Figur.

- Es empfiehlt sich, beim Spielen den Viertelnotenpuls laut mitzuzählen und auf diesen Viertelnotenzählzeiten die mit dem linken Fuß getretene Hi Hat anzuschlagen. Auf diese Weise lernst du den Viertelnotenpuls beizubehalten, obwohl die einzelnen Patterns von ihrer Akzentuierung und Schlagabfolge her gegen den Beat laufen und sich dem Ohr daher andere rhythmische Schwerpunkte aufdrängen.
  Nur wenn du in der Lage bist, den Ausgangs-Viertelnotenpuls ständig beizubehalten, kannst du diese polyrhythmischen Figuren in Praxis als Fills oder Grooves auch einsetzen.

- Sobald du die einzelnen Patterns am Übungspad oder der Snaredrum zu einem Metronom sauber spielen kannst, gehe dazu über, die einzelnen Figuren am kompletten Drumset als Fills oder Grooves zu verteilen.

- Sei kreativ und probiere deine eigenen Ideen und auch Sticking-Kombinationen aus.

Leu-Verlag

2. Sechzehntelnoten Stickings

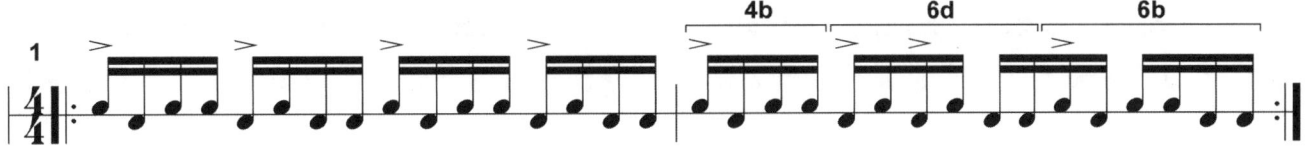

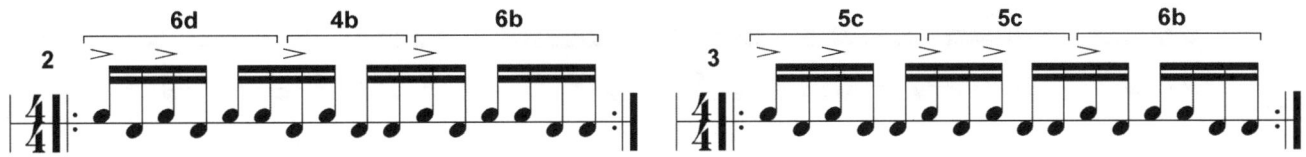

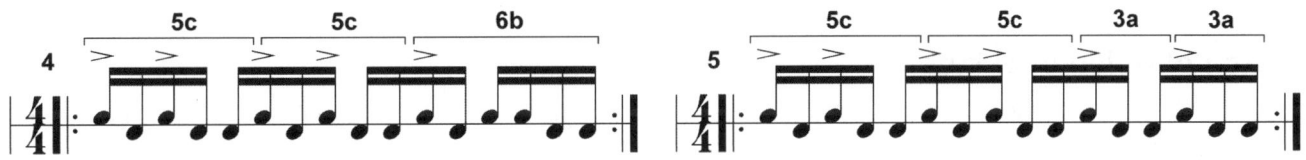

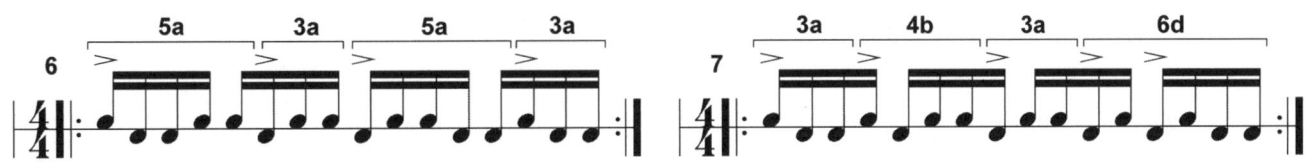

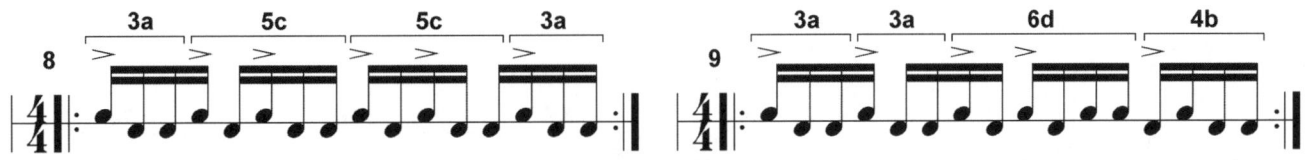

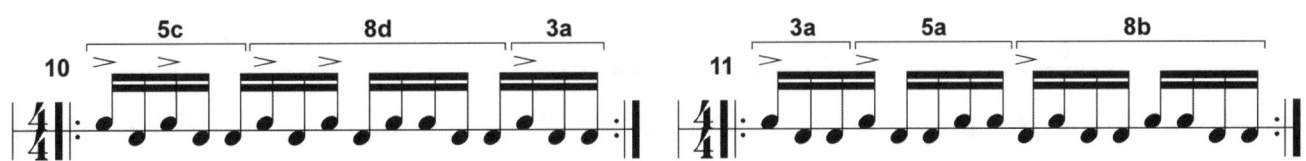

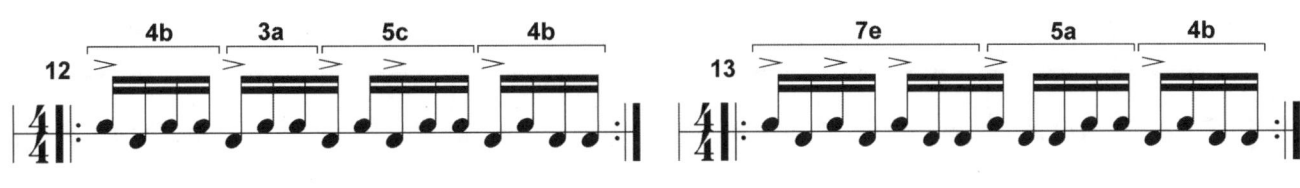

Leu-Verlag

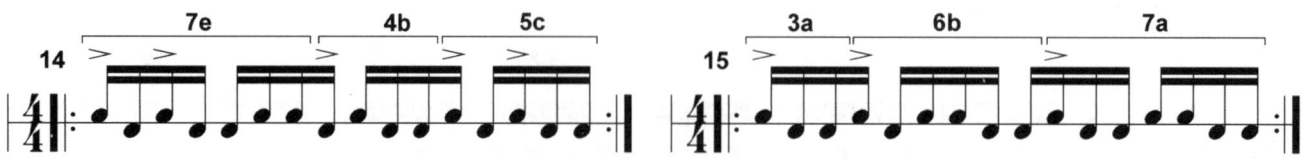

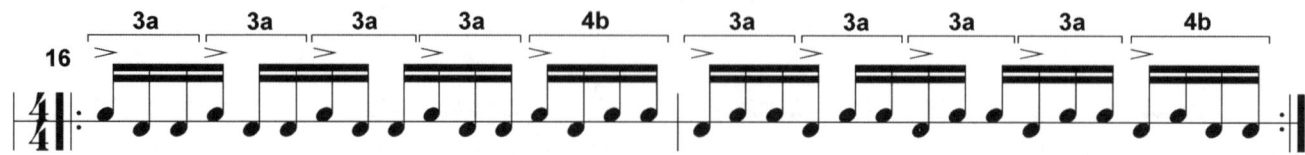

3. Achteltriolen Stickings

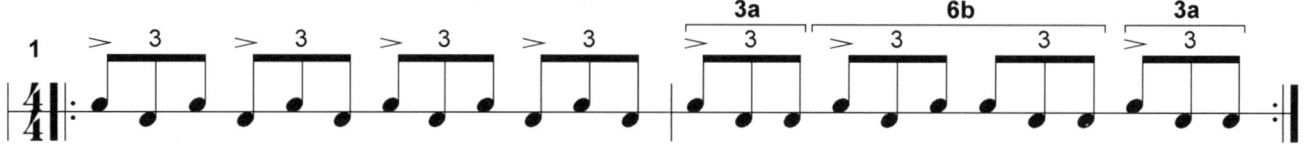

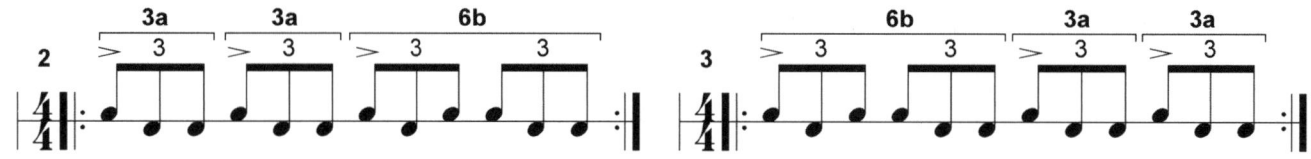

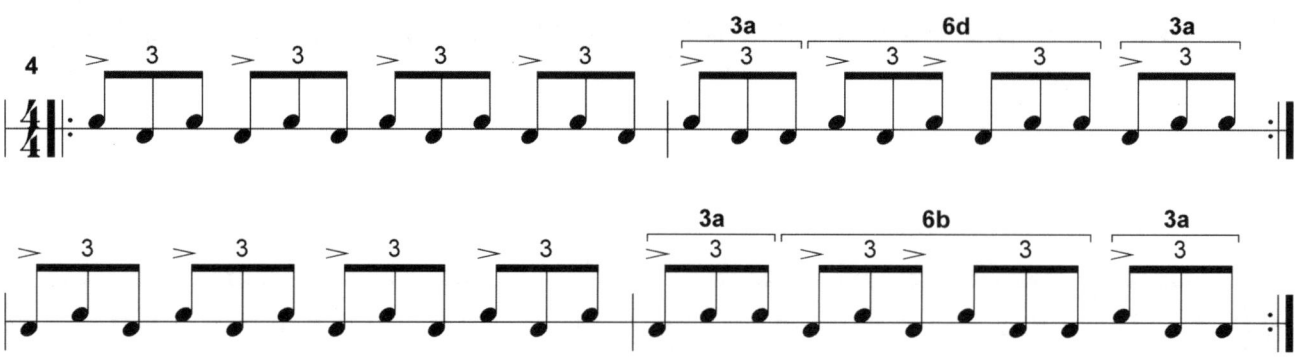

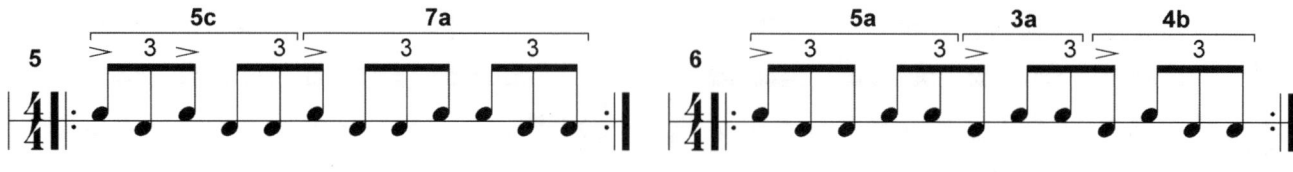

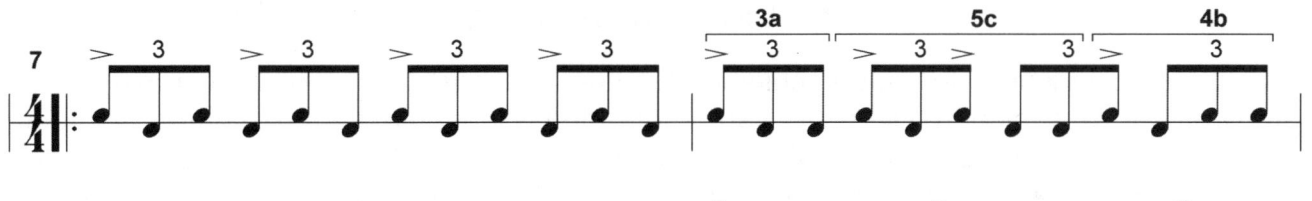

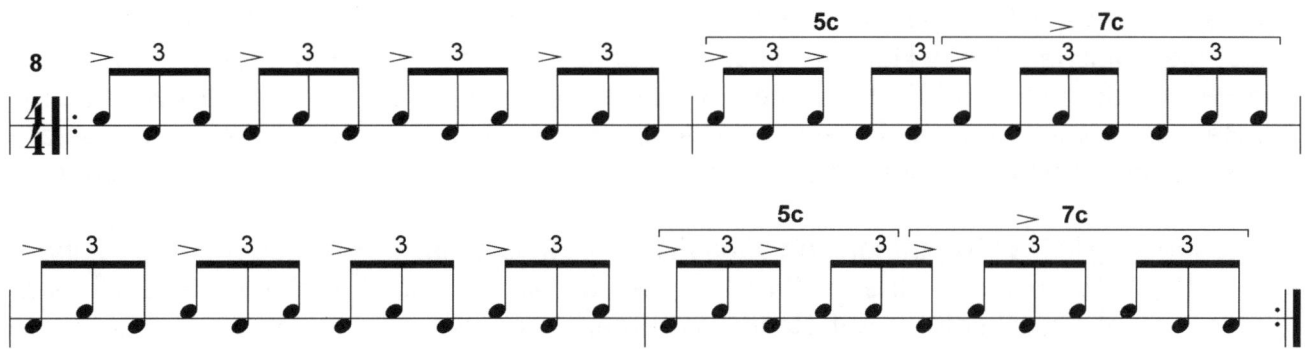

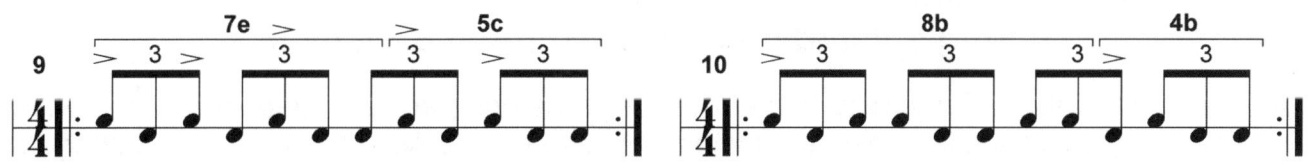

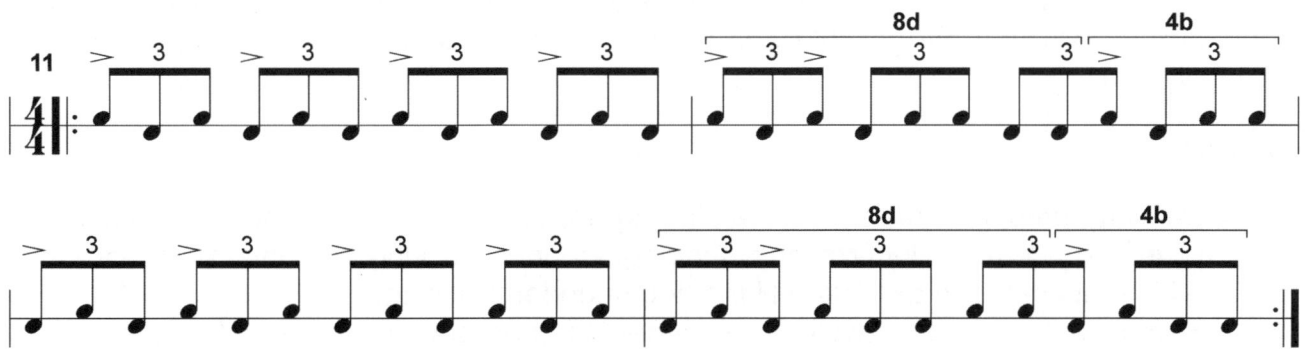

VII. Linear Drumming

Es gibt verschiedene Arten, unterschiedliche „Time Feelings" beim Spielen von Rhythmen am Drumset zu erreichen. Die meist verbreitete Methode ist die, eine „ostinate", also eine sich ständig wiederholende rhythmische wie z.B. Viertel-, Achtel- oder Sechzehntelnoten auf der Hi Hat oder dem Ridecymbal zu spielen. In der Rock- und Popmusik wird dazu in der Regel ein Snaredrum-Backbeat auf den Zählzeiten „2 und „4" platziert, zu dieser Hi Hat/ Snaredrum-Figur spielt dann die Bassdrum diverse Akzente.

Oder aber man spielt mit beiden Händen bzw. Händen und Füßen ostinate Paradiddle-Stick-kings, die zwischen der Hi Hat bzw. Ridecymbal sowie der Snaredrum oder der Bassdrum und der mit dem linken Fuß getretenen Hi Hat aufgeteilt werden. Auch hierzu werden mit der Bassdrum verschiedene Akzente oder auch mit den Händen diverse Akzente gesetzt. Beide Anwendungs-Konzepte habe ich in den ersten drei Kapiteln dieses Buches ausführlich vorgestellt.

Eine dritte Möglichkeit Rhythmen und auch Fill Ins zu spielen ist die des sogenannten „Linear Drummings". Hierbei wird eine bestimmte Linie von Noten, z.B. durchlaufende Sechzehn-telnoten, nicht ausschließlich auf einem Instrument wie etwa der Hi Hat gespielt, sondern zwischen verschiedenen Instrumenten des kompletten Drumsets aufgeteilt. Die einzelnen Instrumente werden dabei in der Basis-Ausführung zu keinem Zeitpunkt gleichzeitig, sondern alle nacheinander, also „linear" - ähnlich einer Linie - angespielt. Nachfolgende findest du drei Anwendungsvariationen.

1. Single Paradiddle - 4er Gruppen Bausteine

Die Basis des Single Paradiddle besteht inklusive seiner vier verschiedenen Variationen (s.a. Kapitel 2 „Praktische Anwendungsmöglichkeiten der Paradiddles") aus vier Schlägen: RLRR bzw. LRLL. Diese Schlagabfolge kann natürlich nicht nur mit beiden Händen umgesetzt werden, auch die Füße können dabei mit einbezogen werden.

Nachfolgend habe ich zu den verschiedenen Varationen des Single Paradiddle unter den Punkten A bis D diverse Kombinationsmöglichkeiten notiert, bei denen das Paradiddle Sti-cking jeweils zwischen der geschlossen Hi Hat sowie der Snaredrum bzw. der Bassdrum aufgeteilt wird.

Übetipps:

- Die Untergruppen a bis d jeder der Hauptgruppen A, B, C und D basieren dabei jeweils auf dem mit der rechten Hand beginnenden Sticking, die Untergruppen e bis h auf dem mit der linken Hand beginnenden Sticking.
- Kombiniere zuerst die jeweils zu einer der Hauptgruppen A, B, C und D gehö-renden Figuren miteinander.
- Fasse dabei jeweils vier Sechzehntelnoten-Patterns zu einem Groove zusam-men und wiederhole diese. Dadurch spielst du im 4/4 Takt.
- **Wichtig:** Bei einem herkömmlichen im 4/4 Takt gespielten Beat werden auf den Zählzeiten „1" und „3" hauptsächlich Bassdrum-Akzente platziert, auf den Zähl-zeiten „2" und „4" wird in der Rock- und Popmusik in der Regel ein Snaredrum-Backbeat gesetzt wird. Durch diese Aufteilung und abwechselnde Betonung pro Viertelnotenpuls - Bassdrum, Snaredrum, Bassdrum, Snaredrum - ensteht das typische Groove-Feeling.
- Beginne daher deinen Groove für ein basismäßiges Groove-Feel stets mit einem Pattern, in dem mindestens ein Bassdrum-Akzent vorkommt, also einem der Patterns, die in den Untergruppen c, d, g und h notiert sind.
- Platziere anschließend ein zweites Pattern, bei dem mindestens ein Snaredrum-Akzent vorkommt, also einem der Patterns, die in den Untergruppen a, b, e

Leu-Verlag

und f notiert sind.

- Verfahre bei der dritten und vierten Figur ebenso, also z.B.: Ac/Ab/Ad/Aa.
- Erarbeite dir auf diese Weise zuerst alle Hauptgruppen und kombiniere später auch einzelne Patterns aus den verschiedenen Hauptgruppen miteinander.
- Notiere dir einige Kombinationen, experimentiere und versuche mit dem Einbau von Akzenten deine Grooves dynamisch zu gestalten.
- Akzentuiere z.B. die Backbeats auf den Zählzeiten „2" und „4" und spiele alle anderen auf der Snardrum gespielten Schläge als Ghost Notes.

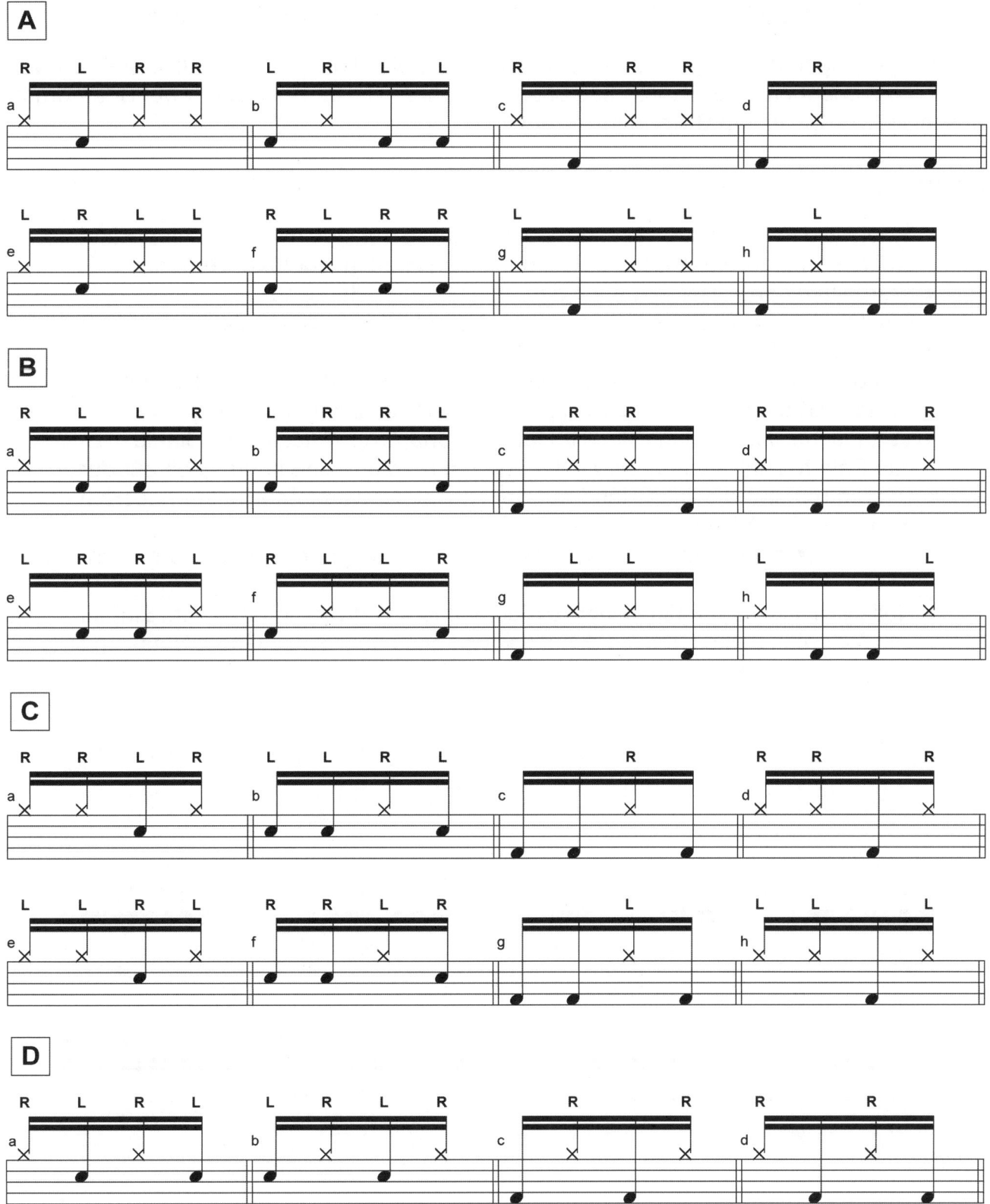

2. Three Voice Patterns - Hi Hat, Snaredrum, Bassdrum

Nachfolgend habe ich einige Patterns zusammengestellt, die interessante linerare Grooves und Fill Ins erlauben. Alle Figuren bestehen aus einem Hi Hat-Anschlag, zwei Snaredrum-Anschlägen sowie einem Bassdrum-Akzent.

Übetipps:

- Spiele alle Patterns zuerst so, dass die Hi Hat-Anschläge mit der rechten Hand und alle Snaredrum-Anschläge mit der linken Hand ausgeführt werden.
- Erarbeite dir anschließend auch den umgekehrten Handsatz.
- Ersetze die mit der Bassdrum notierten Akzente durch die mit dem linken Fuß getretene Hi Hat.
- Improvisiere mit den einzelnen Patterns, d.h. verteile die ursprünglich auf der Hi Hat und Snaredrum notierten Anschläge am kompletten Drumset.
- Vertausche das Sticking der Hi Hat und Snardrum-Anschläge. Spiele z.B. das Pattern „Aa" auch in der Umkehrung, d.h., die rechte hand spielt auf der
- Snaredrum und die linke Hand auf der Hi Hat. So wie in der unten notierten Hauptgruppe „A Umkehrung" gezeigt.
- Kombiniere die einzelnen Figuren der drei Hauptgruppen A, B und C mit einander.
- Notiere dir einige Kombinationen, experimentiere und versuche mit dem Einbau von Akzenten deine Grooves dynamisch zu gestalten. Setze Ghost Notes und Snaredrum-Backbeats ein.

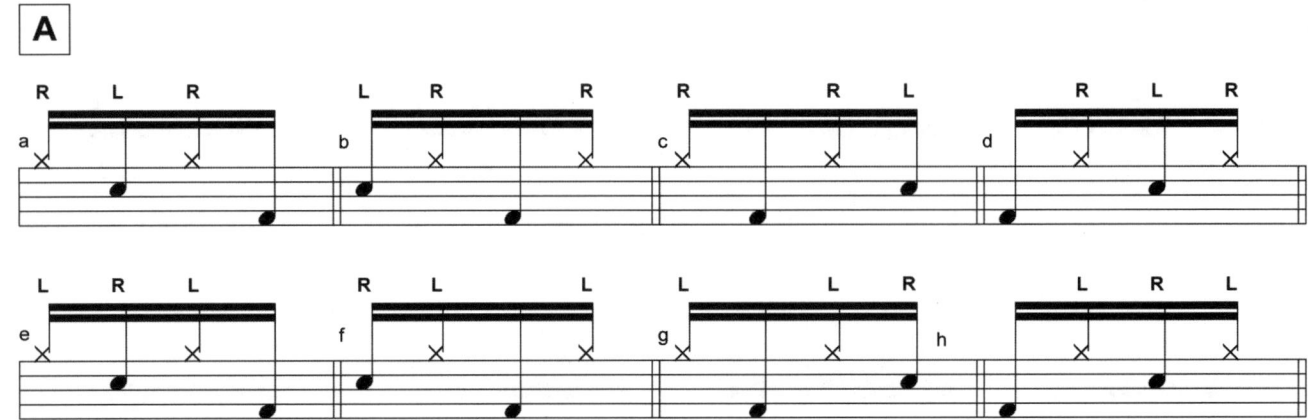

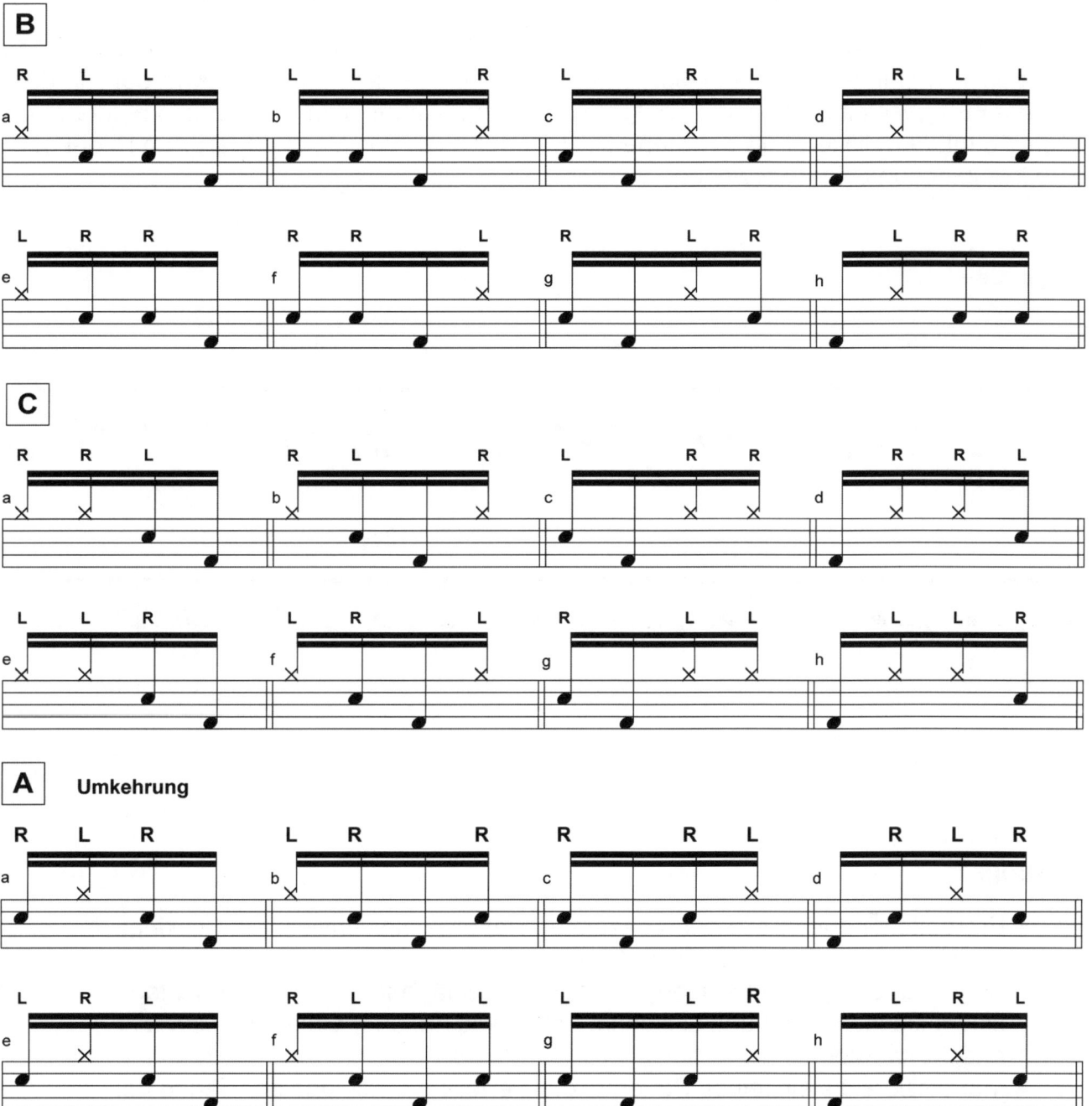

3. Lineare Top-Bottom Gruppen: 3er, 4er, 5er, 6er, 7er, 8er

Die in der nachfolgenden Legende notierten Patterns bestehen aus geraden und ungeraden Gruppen von Hand-/Fußkombinationen, die zwischen beiden Händen sowie der mit dem rechten Fuß gespielten Bassdrum aufgeteilt werden. Natürlich kann statt dem rechten Fuß auch die mit dem linken Fuß getretene Hi Hat oder auch das Doublebassdrum Pedal oder eine Kombination beider verwendet werden.

Legende

3er   4er   5er   6er

7er   8er

Übetipps:

- Erarbeite dir zuerst alle oben gezeigten Patterns hinsichtlich des Stickings der Hände und Füße ohne eine Rhythmisierung.
- Achte auf den gleichmäßigen Fluß aller Anschläge im Ablauf. Alle Schläge sind gleichberechtigt und sollten im Ablauf wie an einer Linie nacheinander gespielt werden.
- Improvisiere die einzelnen Patterns, d.h. verteile die Schläge der Hände frei am kompletten Drumset.
- Verwende dabei auch statt der mit dem rechten Fuß gespielten Bassdrum die mit dem linken Fuß getretene Hi Hat oder auch das Doublebassdrum Pedal.
- Verwende unterschiedliche Dynamik, d.h., akzentuiere z.B. einzelne mit den Händen gespielte Schläge, während du z.B. andere als Ghost Notes ausführst.
- In den nachfolgenden Beispielen werden die einzelnen Gruppen über Sechzehntelnoten bzw. Achteltriolen rhythmisiert.
- Gehe beim Üben hierbei genauso vor, wie oben erwähnt.

3a. Kombinationsbeispiele Sechzehntelnoten

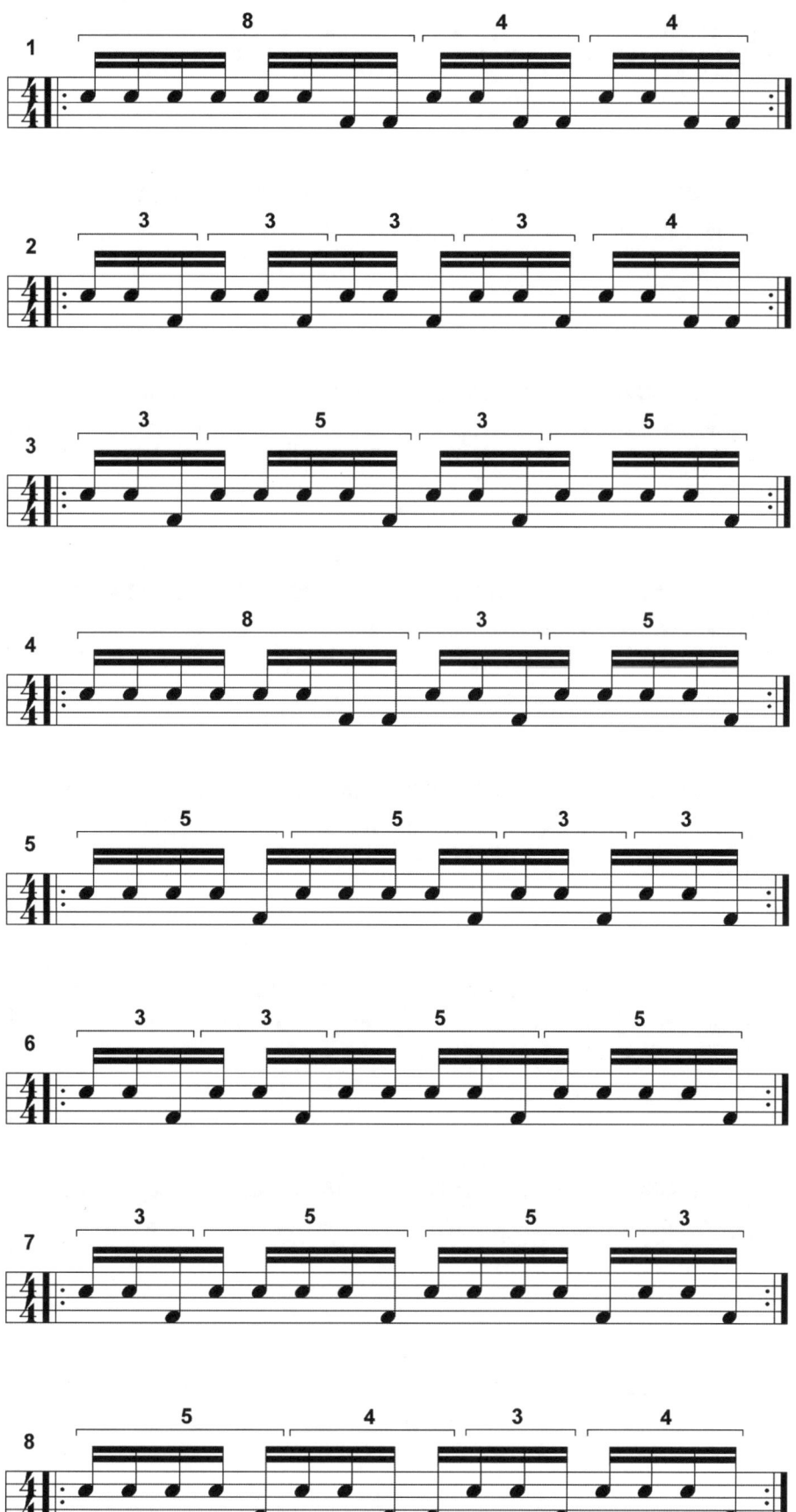

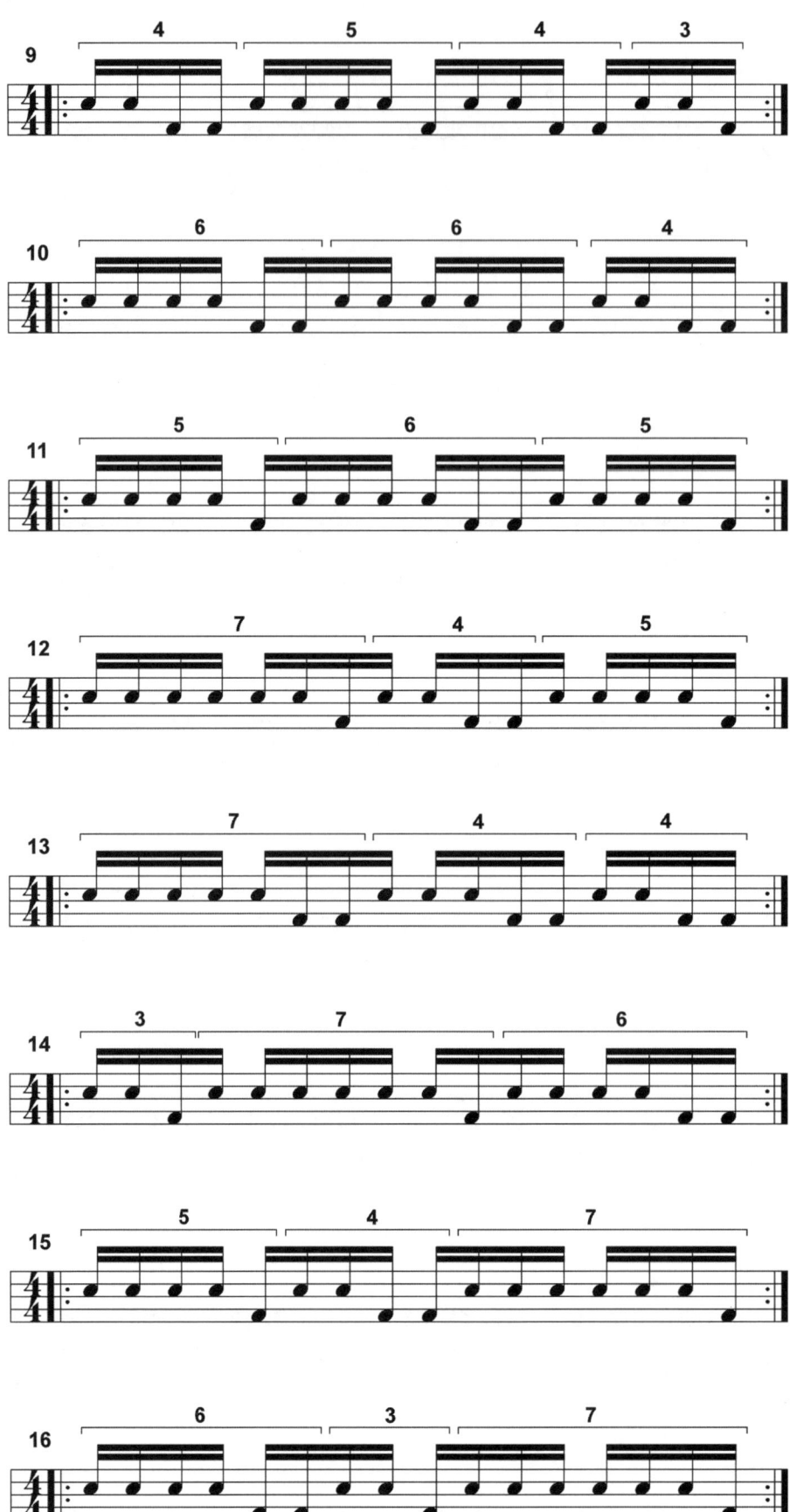

3b. Kombinationsbeispiele Achteltriolen

3c. Praktische Anwendung in Fill Ins und Grooves

In den nachfolgend gezeigten Anwendungsbeispielen der diversen Top/Bottom-Patterns in Fills und Grooves ist zu Beginn in Beispiel 1 die Ausgangsfigur notiert. In den weiteren Notenbeispielen wird diese durch diverse Stilmittel modifiziert: Akzente, Ghost Notes, Verdoppeln von z.B. Sechzehntelnoten zu Zweiunddreißigstelnoten, Hi Hat-Öffnungen, Hinzufügen weitere Bassdrum-Akzente bei den Groove-Anwendungen etc.

Anwendung in Fill Ins

Anwendung in Grooves

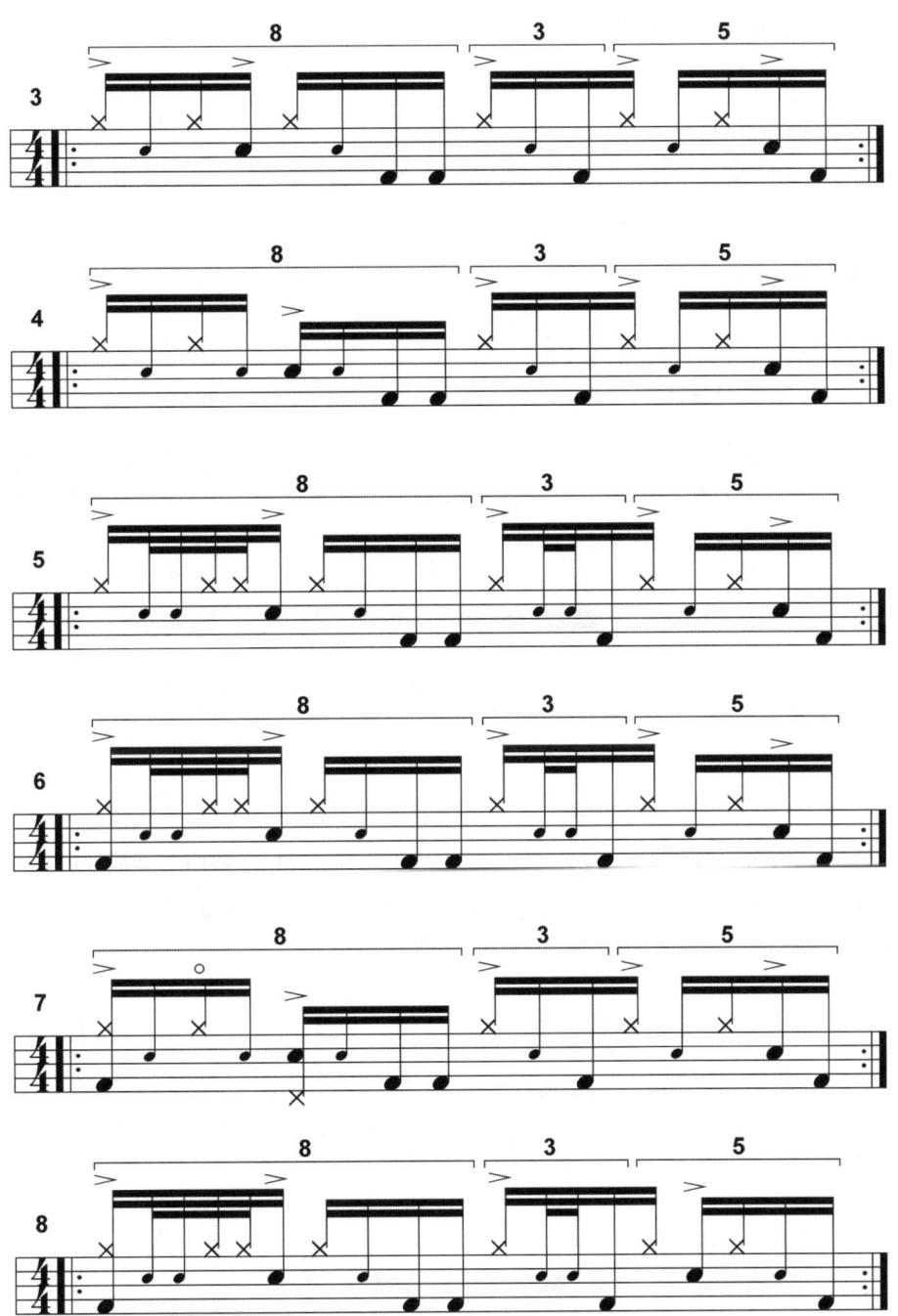

3d. Zusammenfassung Linear Top/Bottom

VIII. Ungerade Taktarten/Odd Meters

Im Prinzip lassen sich alle ungeraden Takte mit Hilfe von 2er und 3er Gruppen zusammenstellen. Ein 5/4 Takt besteht z.B. aus einem 2/4 und einem 3/4 Takt oder umgekehrt, ein 5/8 Takt aus einer Kombination von 2/8 und 3/8. Ein 7/4 Takt besteht entsprechend aus einem 4/4 Takt oder zwei 2/4 Takten und einem 3/4 Takt, ein 7/8 Takt aus zwei 2er Gruppen und einer 3er Gruppe von Achtelnoten etc.

Die jeweilige rhythmische Untereilung eines Taktes in die verschiedenen Gruppen richtet sich im musikalischen Zusammenhang nach den rhythmischen Schwerpunkten der Beats.

Übetipps:

- Lerne in den verschiedenen Gruppen sicher zu zählen, so z.B. in 3er-, 5er- und 7er Gruppen. Im Prinzip wirst du dann in der Lage sein, all die Patterns, die du gelernt hast in einem 4/4 Takt zu spielen, auch in ungeraden Takten spielen zu können.
- Zähle beim Spielen den Viertelnotenpuls anfangs laut mit.
- Arbeite mit einem Metronom.
- Programmiere als Unterstützung das Metronom derart, dass der Beginn jeder Gruppe soundmäßig hervorgehoben wird.
- Lerne die einzelnen Gruppen auch zu einem herkömmlichen Viertelnotenpuls zu spielen. In den Kapiteln V, VI und VII dieses Buches wird die praktische Anwendung ungerader Gruppen von Noten ausführlich beschrieben.

Konzept-Ideen

Um ungerade Beats zu kreiieren, gibt es verschiedene Herangehensweisen und Ideen. Einige davon stelle ich dir nachfolgend mithilfe verschiedener Beats vor.

Beispiel 1:

Bei dieser Anwendung gehst du von einem herkömmlichen 4/4 Takt aus und läßt die letzte Achtelnote auf der Zählzeit „4+" des Beats weg. Auf diese Weise entsteht ein 7/8 Takt.

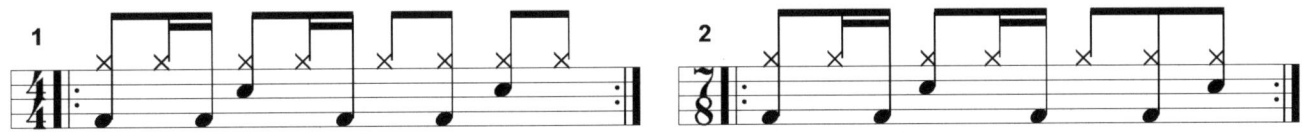

Beispiel 2:

Bei dieser Anwendung gehst du ebenfalls von einem herkömmlichen 4/4 Takt aus und fügst eine Achtelnote hinzu. Auf diese Weise entsteht ein 9/8 Takt.

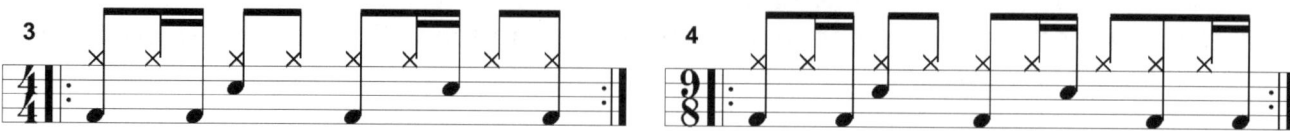

Beispiel 3:

Hier werden zu einem 4/4 Takt vier Sechzehntelnoten hinzugefügt. Auf diese Weise entsteht ein 5/4 Takt.

Das in verschiedene Gruppen unterteilte Zählen eines ungeraden Taktes richtet sich stets nach den rhythmischen Schwerpunkten im musikalischen Zusammenhang.
Nachfolgend habe ich einige Grooves aus der musikalischen Praxis notiert, die von Top-Drummern dieses Metiers gespielt wurden.

Beispiel 4:

„Keep It Greasy", Frank Zappa, Drums: Vinnie Colaiuta
Hier werden an einen 4/4 Takt insgesamt drei Sechzehntelnoten angehängt, es entsteht ein 19/16 Takt.

Zum Meistern dieser rhythmischen Schwierigkeit empfiehlt es sich anfangs sicherlich, zuerst einmal alle drei angehängten Sechzehntelnoten zu spielen.

Beispiel 5:

„Seven Days", Sting, Drums: Vinnie Colaiuta
Die in der Intro des Songs gespielte Basis-Rhythmik dieses 5/8 Grooves, der rhythmisch in eine 3er- sowie eine 2er-Gruppe untergliedert ist, wird durch den Bassdrum- bzw. Snaredrum Cross Stick-Akzent auf der ersten bzw. vierten Achtelnote bestimmt. Spannend ist die äußerst filigrane und hintergründig wirkende Hi Hat Arbeit von Drummer Vinnie Colaiuta. Die auf der Hi Hat gespielten Sechzehntelnoten werden im Viertelnoten-Abstand betont, das ganze Pattern erstreckt sich somit über zwei 5/8 Takte bzw. einen 5/4 Takt. Durch das durchlaufende Akzentuieren des Viertelnotenpulses wird der ungerade Groove sozusagen geglättet, der Rhythmus klingt aufgeräumter, fließender und weniger „ungerade".

Beispiel 6:

„The Sound Of Muzak", Porcupine Tree, Drums: Gavin Harrison
Die Basis-Version dieses schon klassischen 7/8 Grooves von Gavin Harrison wird im ersten A-Teil des Songs gespielt, die Aufteilung erfolgt hinsichtlich der rhythmischen Schwerpunkte bezgl. der Achtelnoten in eine 4er- (oder zwei 2er-Gruppen) sowie eine 3er-Gruppe.
Der Beat erhält seinen fließenden Charakter dadurch, dass die Bassdrum- und Snaredrum-Akzente in einem Takt zweimal hintereinander in einem gleich bleibenden Abstand von drei/ zwei/zwei Sechzehntelnoten zueinander gespielt werden. Der erste Snaredrum-Backbeat wird auf der sechsten Sechzehntelnote statt der sonst üblichen fünften Sechzehntelnote (also in einem 4/4 Takt gedacht auf der Zählzeit „2e" statt der „2") platziert, der zweite Snaredrum-Backbeat dagegen herkömmlich auf der siebten 1/8 Note, also in einem 4/4 Takt gedacht auf der „4". Die diversen Snaredrum Ghost Notes unterstützen das Fließen des Rhythmus.
Der Clou dieses an sich schon coolen Grooves ist, dass die über dieses Bassdrum/Snare-drum-Pattern durchlaufend in 1/8 Noten angeschlagene Hi Hat auf den Viertelnotenzählzeiten akzentuiert wird. Dadurch entsteht ein zweitaktiger 7/8 Beat, der komplette Groove erstreckt sich demnach über 7/4.

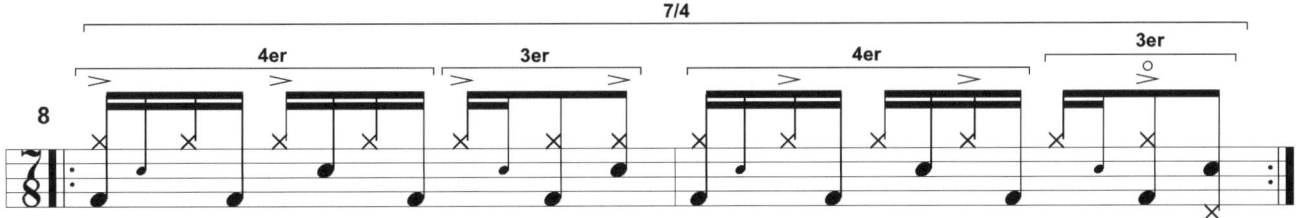

Beispiel 7:

„Love Is Stronger Than Justice", Sting, Drums: Vinnie Colaiuta
Basis dieses Grooves ist das im 7/8 Takt interpretierte Bassdrum/Snaredrum-Pattern, das hinsichtlich seiner rhythmischen Schwerpunkte in einen 2/4 sowie einen 3/8 Takt untergliedert ist. Dazu werden auf der Cup des Ridecymbals die Viertelnoten akzentuiert, d.h., nach insgesamt zwei 7/8 Takten bzw. einem 7/4 Takt kommen die 1/4 Noten wieder auf der Zählzeit „1" aus und das Ganze beginnt von vorne. Auf diese Weise wird der 7/8 Groove sozusagen vom Höreindruck geglättet.

Beispiel 8:

Drums: Thomas Pridgen
Eine weitere Möglichkeit, ungerade Takte zu spielen, ist die, von verschiedenen Sticking-Gruppen auszugehen. In den Kapiteln V, VI und VII dieses Buches habe ich diese Thema ausführlich behandelt.
Das nachfolgende Pattern basiert z.B. auf den Zählzeiten „1", „2" und „3" auf einem linearen Hand/Fuß-Sticking: R-L-L-RF (rechte Hand, linke Hand, linke Hand, rechter Fuß). Durch diverse Stilmittel wie zusätzliche Instrumente oder eine veränderte Dynamik wird der Beat variiert. In diesem Beispiel wird zusätzlich auf den Zählzeiten „1" und „4" ein weiterer Bassdrum-Akzent hinzugefügt. Außerdem werden bei dem oben erwähnten linearen Hand/Fuß-Pattern beide mit der linken Hand gespielten Anschläge als Snaredrum Ghost Notes ausgeführt.

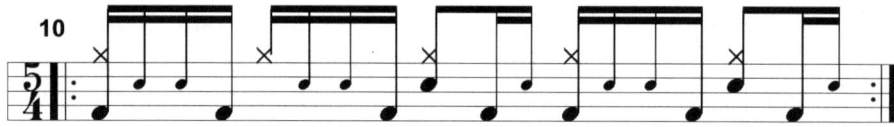

X. Play along-Songs

Play Along Songs - Vorbemerkungen

Die **Play Along** Songs geben dir die Möglichkeit, die verschiedenen Grooves, Fills, Licks sowie Ideen und Konzepte, mit denen du dich in diesem Buch beschäftigt hast, praktisch mit einer Band anzuwenden und auszuprobieren und somit deien eigene Kreativität zu fördern.

Zu jedem der Songs findest du ein sogenanntes „Lead Sheet", aus dem der Ablauf des Stük-kes hervorgeht. Der jeweilige Basis-Groove des Songs ist dabei lediglich andeutungsweise notiert. Versuche daher mit der Zeit die in der Originalversion gespielten Rhythmen und Fills herauszuhören und aufzuschreiben und/oder deine eigenen Groove- und Fill In-Ideen umzusetzen.

Transkriptionen von allen möglichen Songs zu erstellen ist sehr lehrlich, dadurch entwickeln sich viele Ideen und Anregungen dazu, wie Grooves und Fills in einem bestimmten musi-kalischen Zusammenhang gespielt werden können. Das, was du dir selbst erarbeitet hast, bleibt in der Regel viel besser in deinem Gedächtnis haften, auf diese Weise förderst du deine Kreativität sowie deinen eigenen Spielstil. Zudem schulst du durch das Heraushören und Aufschreiben ungemein dein Gehör. Deine Fähigkeit, die Rhythmik und das Zusammen-spiel mit anderen Musikern sowie dein Überblick über die musikalischen Zusammenhänge werden stark gefördert.

Auf der Begleit-CD hörst du jeden Song in zwei Versionen: einmal mit der originalen Schlag-zeugbegleitung, damit du weißt, wie es klingen soll und einmal ohne das Schlagzeug. So kannst du dir deine eigene Drumbegleitung zu jedem Song ausdenken. Um dich an das Mitspielen zu gewöhnen, solltest du zuerst zu der Originalfassung - mit den Drums - spielen. Auch hierbei kannst du schon eigene Ideen ausprobieren.

Wenn du dann später zur zweiten Version - ohne Drum - spielst, ist es sehr interessant, wenn du gleichzeitig dein Schlagzeugspiel und den jeweiligen Song aufnimmst, wie in einem rich-tigen Studio. So kannst du dir hinterher anhören, ob das, was du gespielt hast, wirklich im richtigen Timing zusammen mit den anderen Instrumenten ist und auch musikalisch passt.

Nachfolgend noch ein paar Erklärungen zu musikalischen Begriffen und Zeichen, die du beim Spielen der Play Along Songs brauchst:
Die nachfolgenden Zeichen werden als **Häuser** oder **Klammern** bezeichnet. Hierbei spielst du vom Doppelstrich bis zum Ende der ersten Klammer (Takte 1-4). Dann wiederholst du die Takte ab dem ersten Doppelstrich und spielst bis einschließlich zu dem Takt vor der ersten Klammer (Takte 1-3). Von dort springst du direkt in die zweite Klammer und spielst weiter.
Die „Slash"-Zeichen in den einzelnen Takten bedeuten, dass der Groove des Songs weiter-gespielt wird.

Das folgende Zeichen **D.S.** nennt man **Dal Segno**. Ab dieser Stelle wiederholst du vom Zeichen 𝄋 an.

                                                                          D.S.

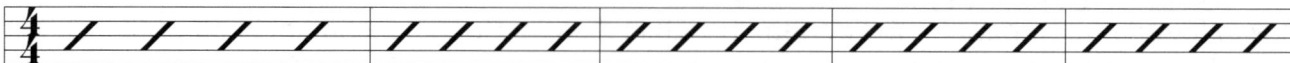

Dieses Zeichen nennt man auch **Coda** oder **Kopf**. Es bezeichnet den Beginn der Coda, des Schlusses.   ⊕

Diese Zeichen bedeuten **Dal Segno al Coda**. Hierbei wiederholst du ab dem **Dal Segno**-Zeichen und spielst bis zum **Kopf**-Zeichen. Von dort springst du zum nächsten **Kopf**-Zeichen.

                                            ⊕   *D.S. al Coda*

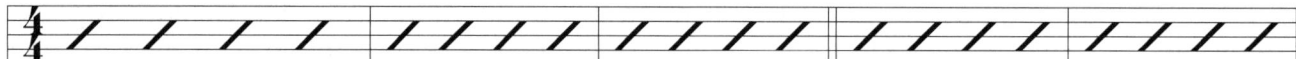

Leu-Verlag

Rio Rio (Latin)

Diethard Stein
Markus Wienstroer

Song 1

Intro

Thema 1

Thema 2

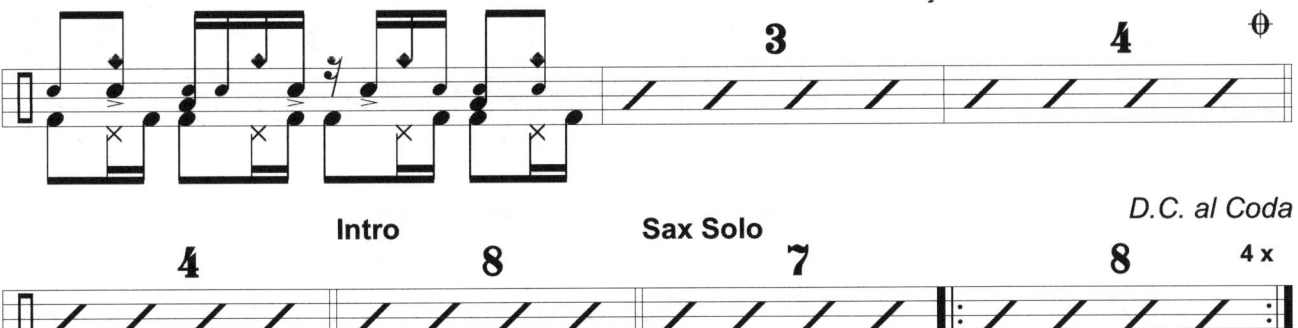

D.C. al Coda

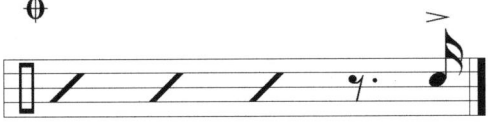

Leu-Verlag

SLOW MOTION (Heavy)

Diethard Stein
Markus Wienstroer

Song 2

Intro

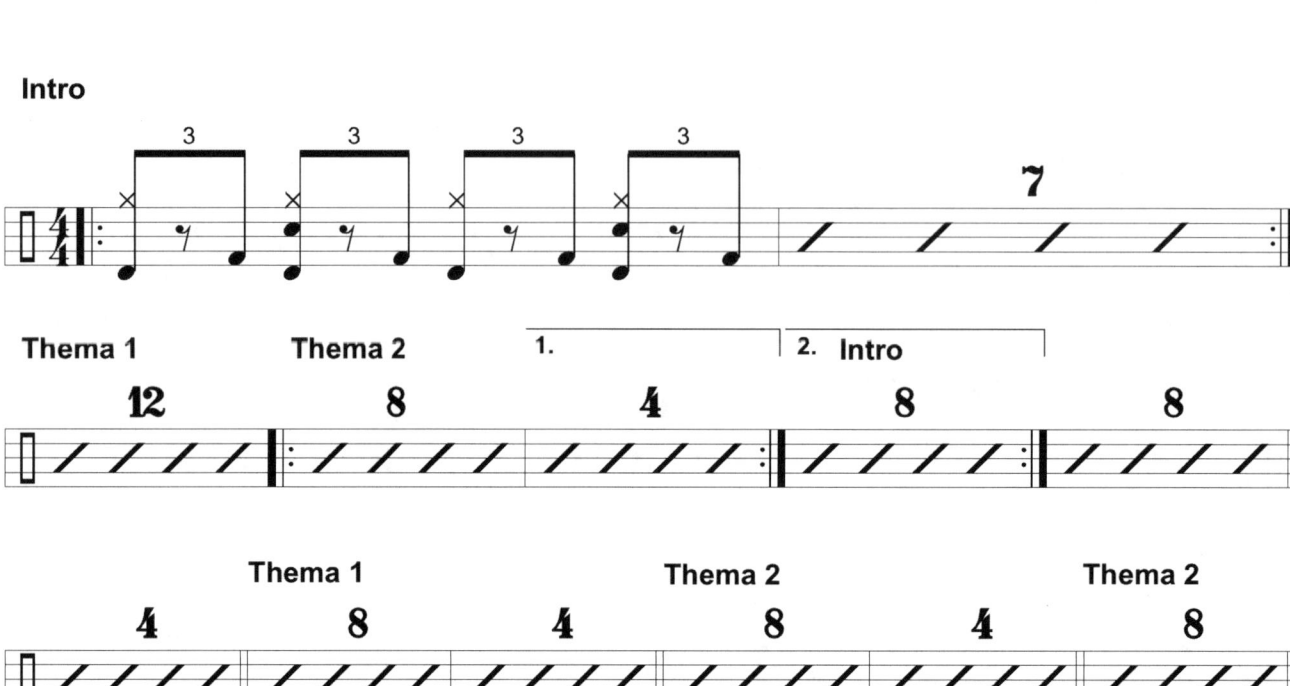

SUNSHINE (Pop Funk)

Diethard Stein
Markus Wienstroer

Song 3

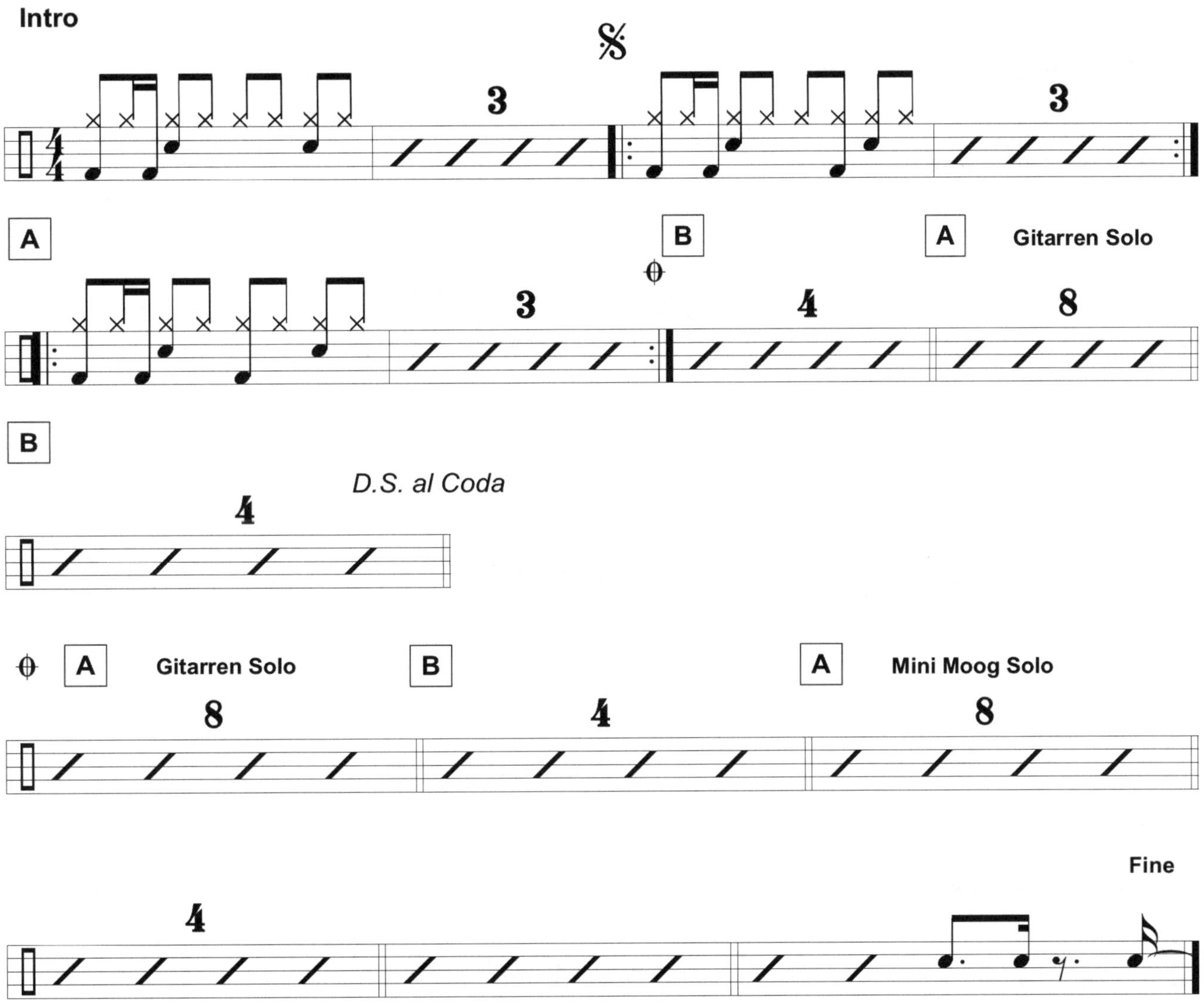

High Life (Rock Funk)

Diethard Stein
Markus Wienstroer

Song 4

Intro

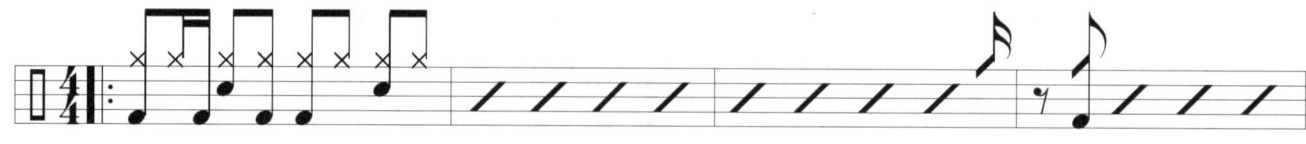

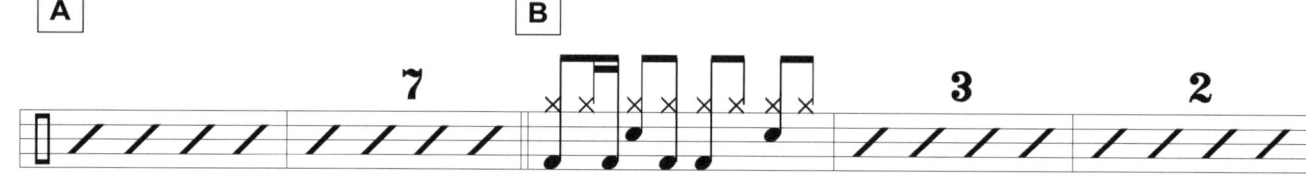

Intro

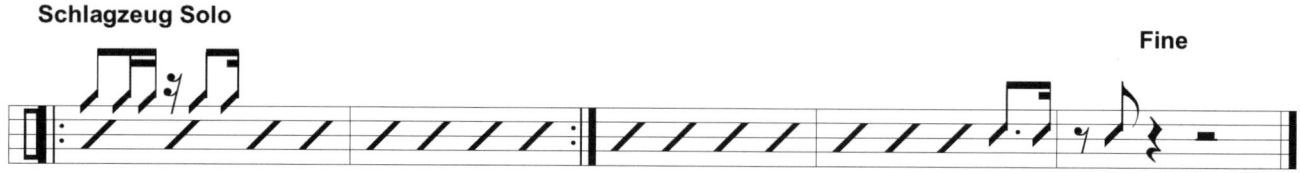

Leu-Verlag

Funky Mama (Funk)

Diethard Stein
Markus Wienstroer

Song 5

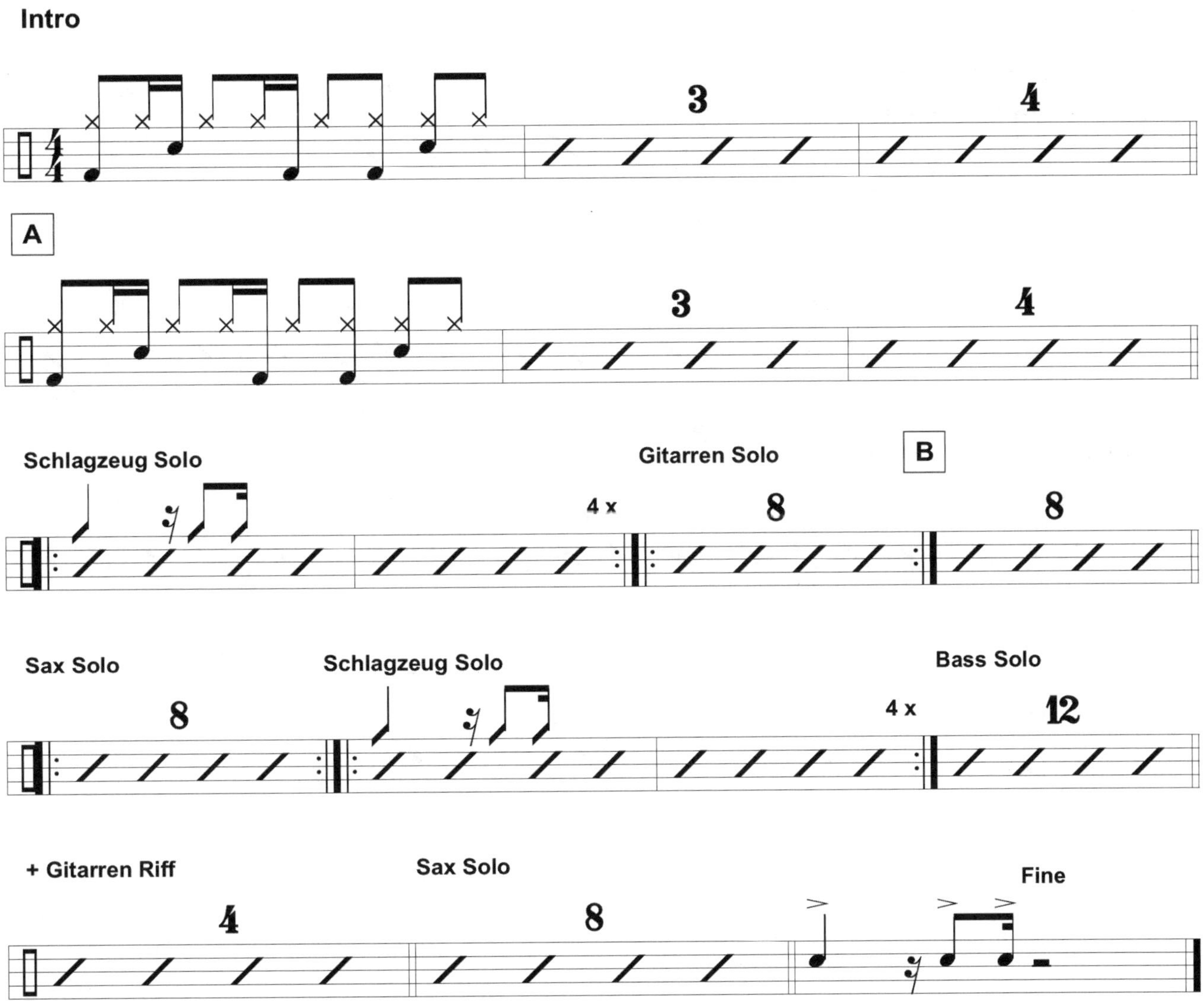

Intro

A

Schlagzeug Solo   **Gitarren Solo**   **B**

Sax Solo   **Schlagzeug Solo**   **Bass Solo**

+ Gitarren Riff   **Sax Solo**   **Fine**

Leu-Verlag

Graceland (Jazz binär)

Diethard Stein
Markus Wienstroer

Song 6

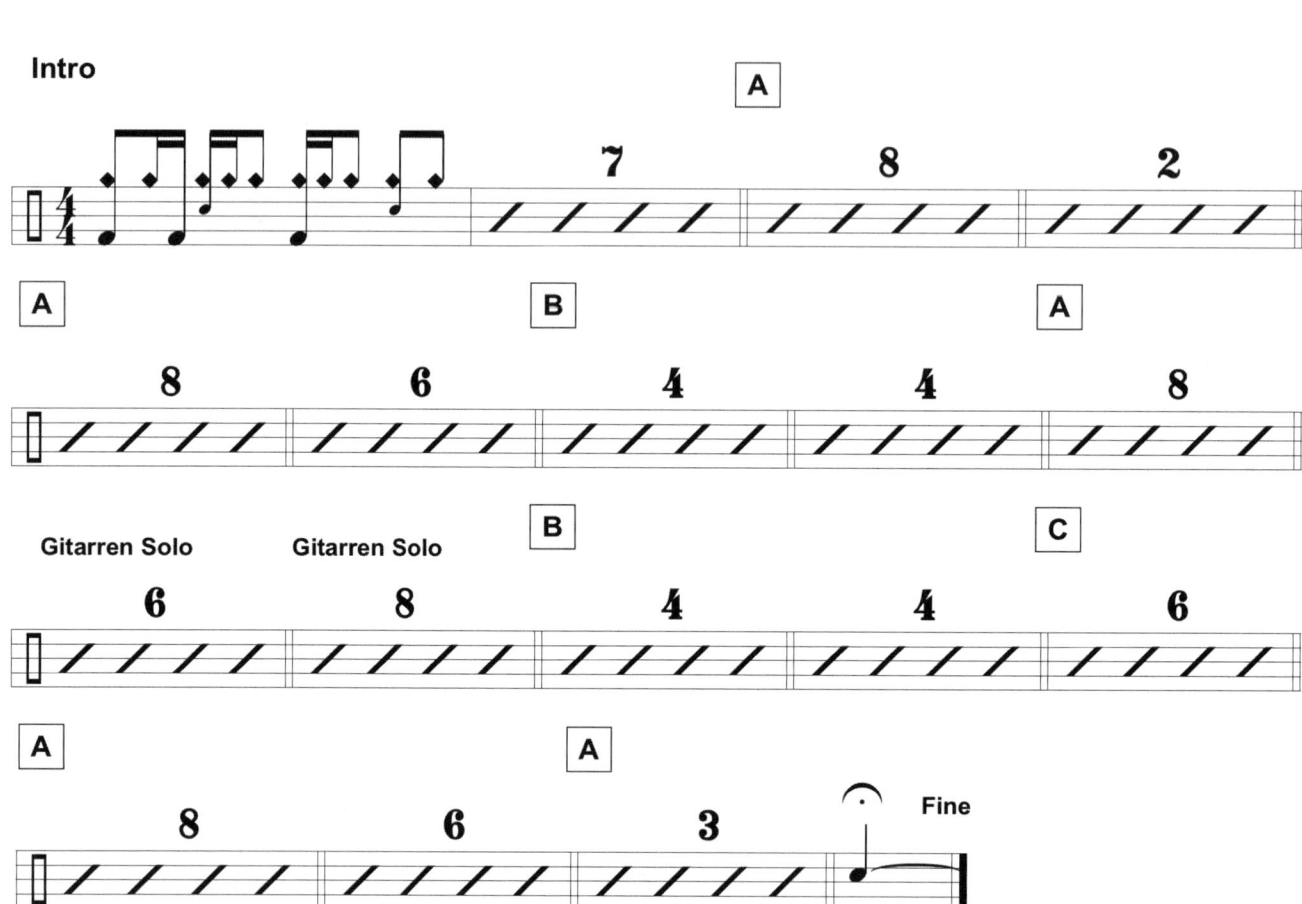

The Grunge (Grunge)

Diethard Stein
Markus Wienstroer

Song 7

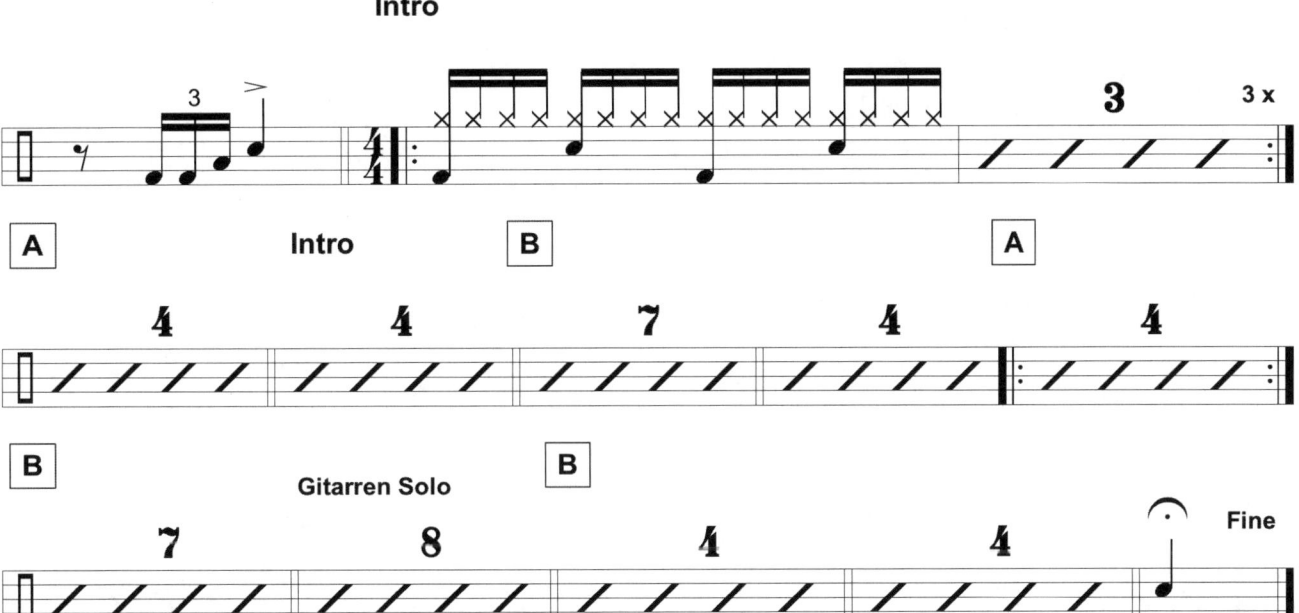

Visions (Slow)

Diethard Stein
Markus Wienstroer

Song 8

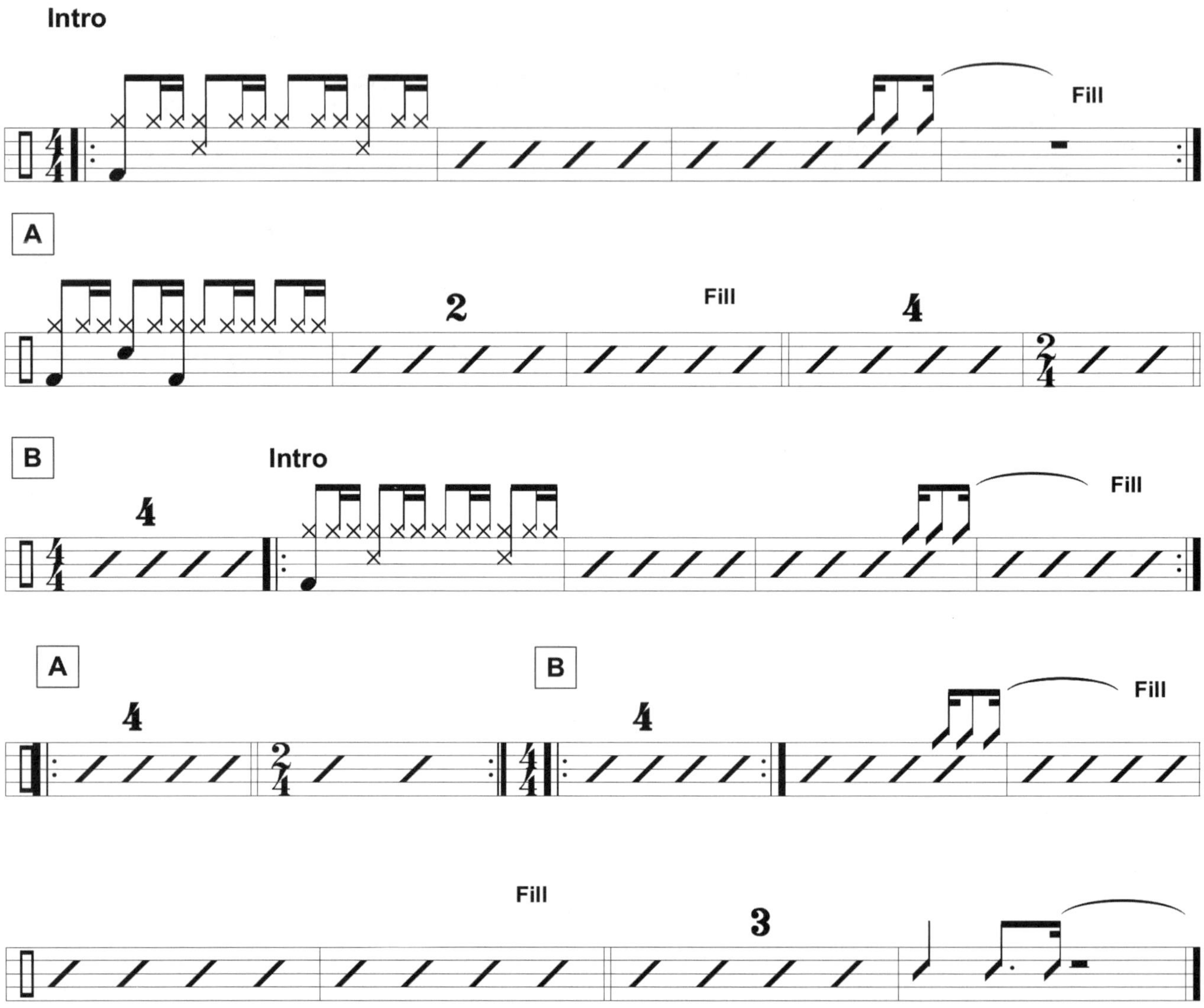

Intro

A

B

A

B

Fill

Leseübung 1 a

Leseübung 1 b

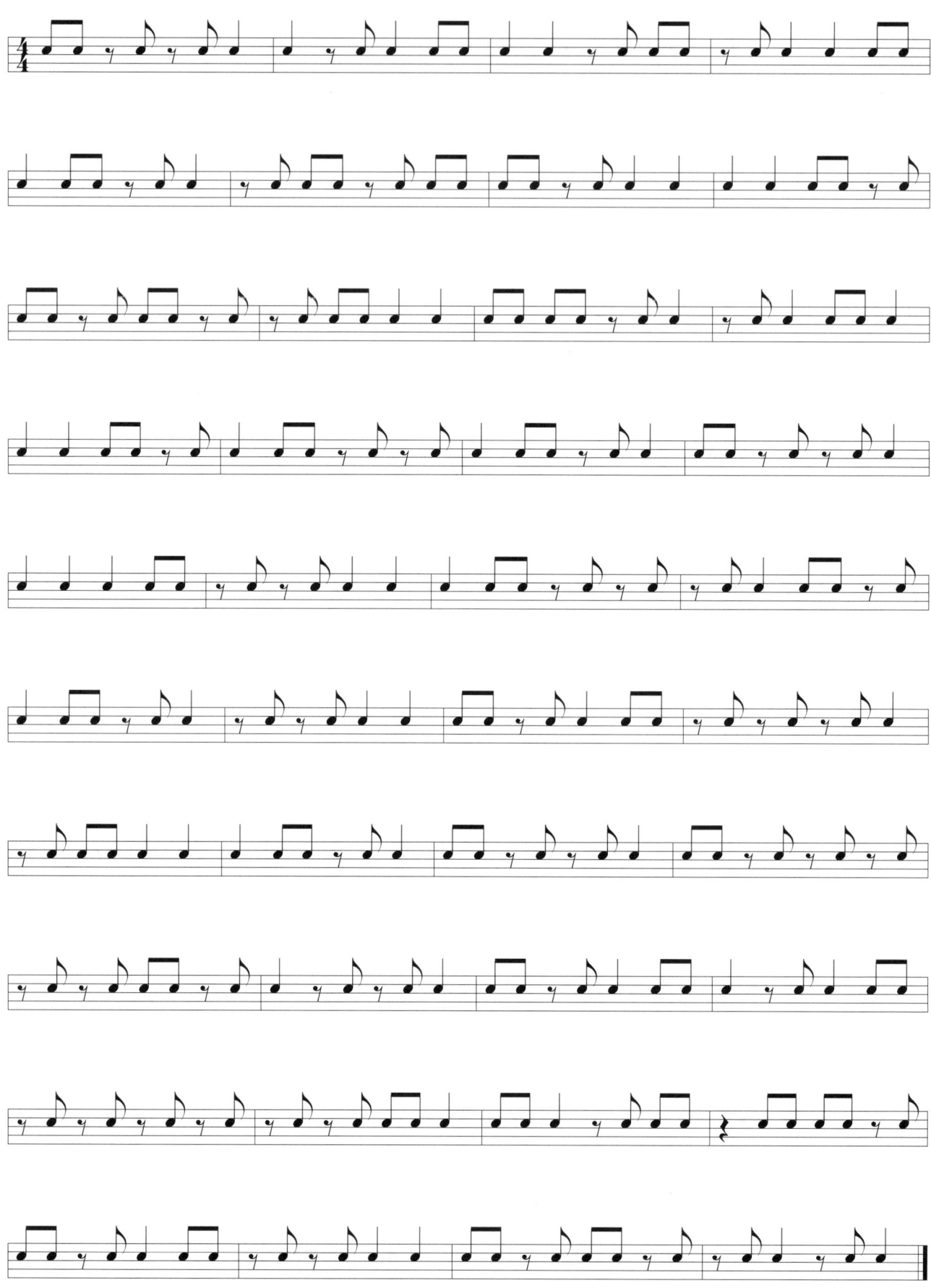

Leseübung 1 c

Leseübung 1 d

Leseübung 2 a

Leseübung 2 b

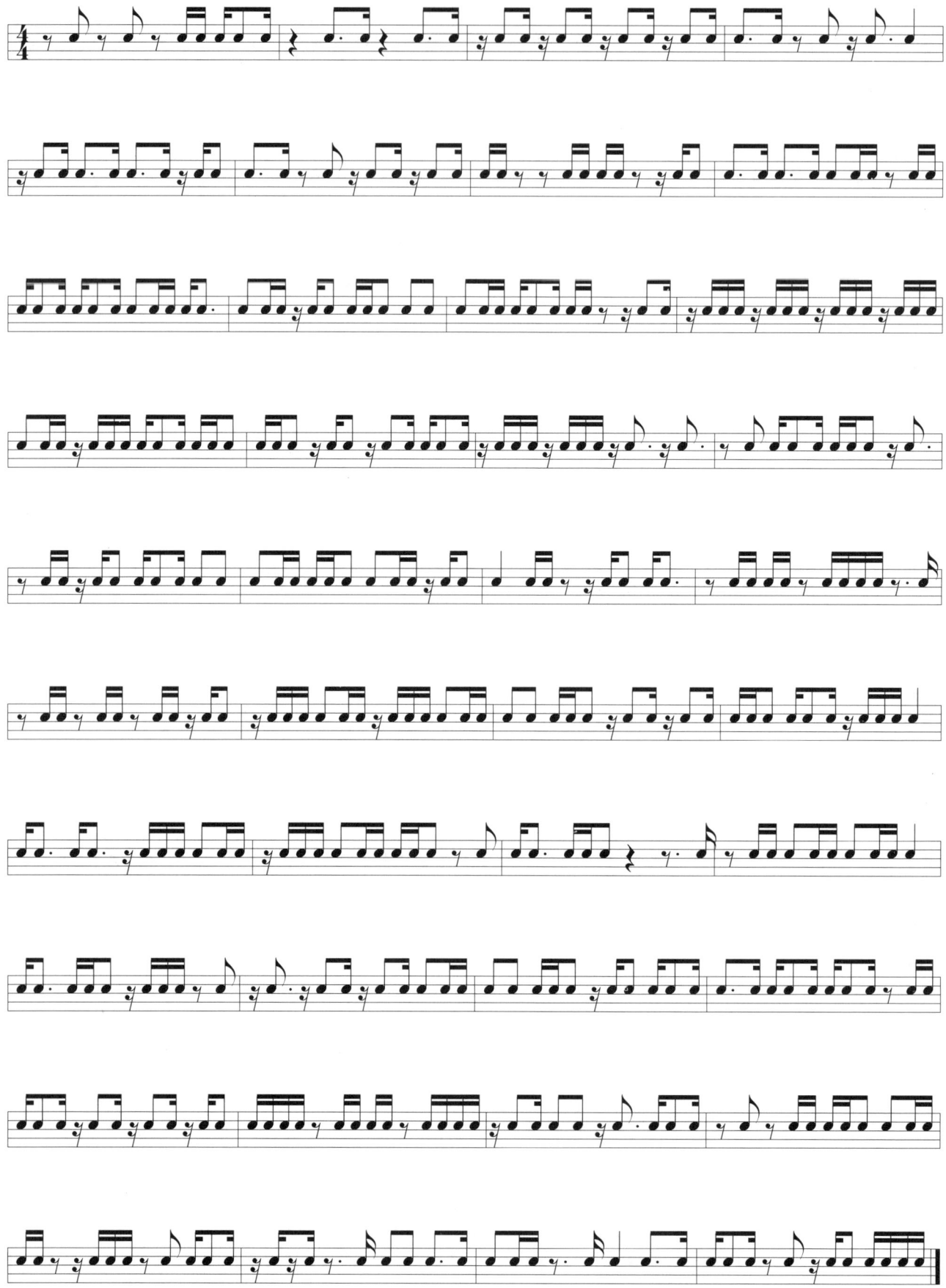

Leseübung 3 a

Leseübung 3 b

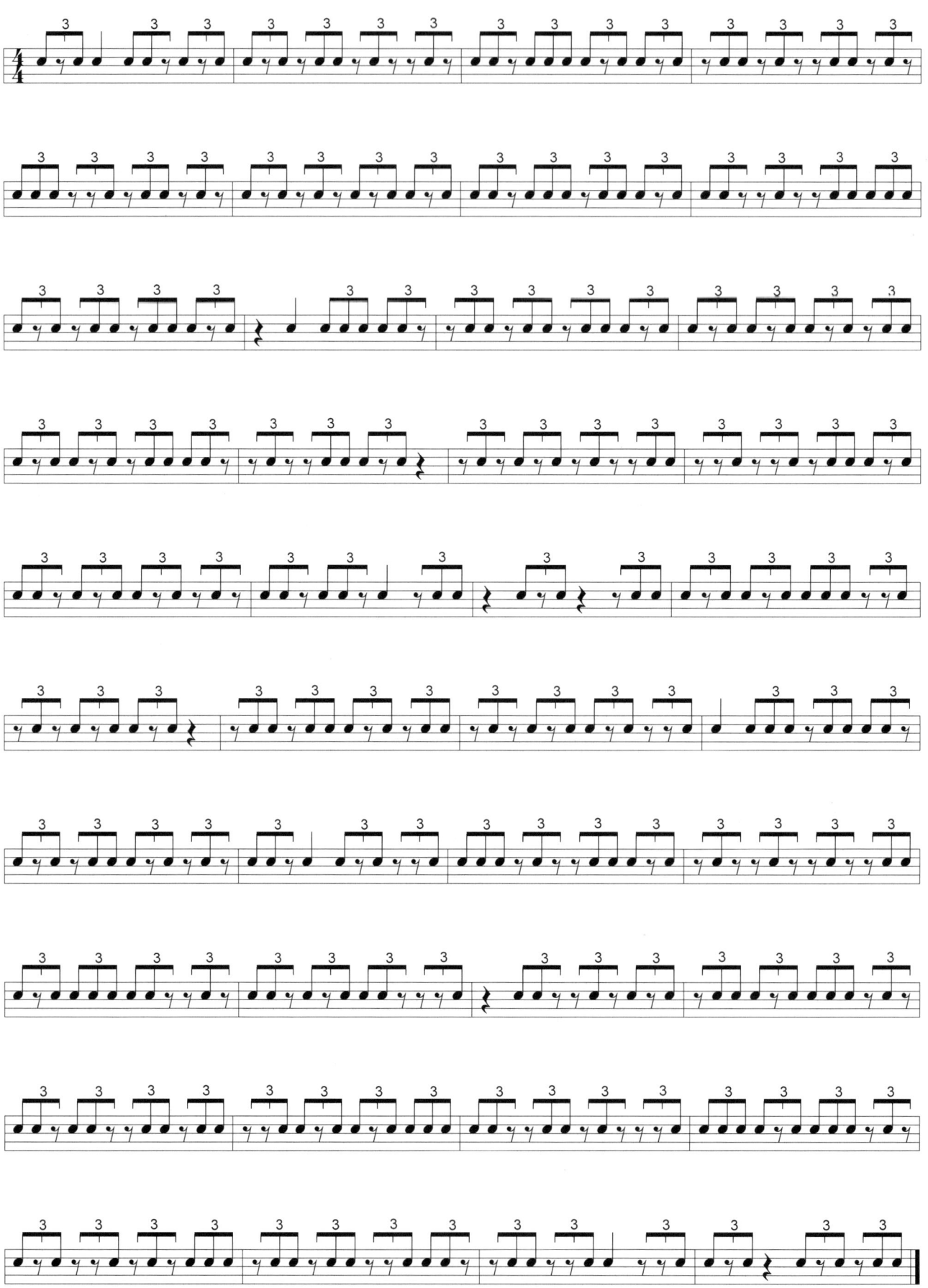

Anhang

Equipment

Soundeigenschaften von Drums, Fellen, Cymbals und Sticks

Es ist wichtig, dass du dir dein Schlagzeug auf deine persönlichen Anforderungen abstimmst. In welcher Musikrichtung möchtest du das Drumset hauptsächlich einsetzen?
Wie soll dein Schlagzeug klingen? Damit du dir diese Fragen besser beantworten kannst, gebe ich dir in diesem und den nachfolgenden Kapiteln einige Basis-Informationen und Tipps zum Klangverhalten der Trommeln, Cymbals und Drumsticks.
Ausschlaggebend für den Sound einer Trommel sind - neben einer guten Stimmung - die verwendeten Felle und die Trommelkessel. Der Anteil der Felle an einem guten Sound macht dabei sicherlich mehr als 50 % aus. Das heißt, mit einem Satz hochwertiger Markenfelle kannst du den Klang eines von der Qualität der Trommelkessel her weniger guten Drumsets erheblich verbessern.

Der Trommelkessel

Der *Trommelkessel* ist laut wissenschaftlichen Messungen akustisch passiv. Er hat hinsichtlich seiner Abmessungen eine frequenzbestimmende Funktion: Je tiefer der Kessel und je größer damit die mitschwingende Luftmasse über und unter den Fellen ist, desto tiefer und auch lauter ist der Grundton der Trommel bei gleicher Fellspannung. Der Trommelkessel hat also vor allen Dingen Einfluss auf die Fellschwingung und deren Schallabstrahlung.
Das beim Trommelkessel verwendete *Holzmaterial* ist ebenfalls für den Sound ausschlaggebend. Grundsätzlich lässt sich sagen, dass je härter das Holz ist, desto brillanter bzw. prägnanter auch der entstehende Ton ist. Umgekehrt entwickeln weichere Hölzer eher einen Ton, der dunkler und bassiger ist.
Durch die *Kesselwandstärke* eines Trommelkessels wird die Klangqualität des Grundtones beeinflusst. Bei *geringer Wandstärke* des Trommelkessels empfindet man den Klang als obertonreicher, brillanter und knackiger.
Der Klang von Trommelkesseln mit *großer Wandstärke* erscheint dagegen bei gleicher Fellbestückung weicher und voller, der durch den Grundton bestimmte Sound tritt mehr hervor.
Um dem Fell keine *Schwingungsenergie* zu entziehen, sollte der Trommelkessel schwingungsneutral sein und wenig Eigenschwingungen entwickeln. Bei einer großen Kesselmasse wird die Ausklingzeit einer Trommel weitgehend unabhängig von der Aufhängung auf Haltegelenken oder Stativen, die das saubere Ausklingen (Sustain) einer Trommel oft negativ beeinflussen. Eine optimale Möglichkeit, das Ausklingverhalten einer Trommel weitgehend unabhängig von Aufhängungen und Halterungen zu machen, bieten z.B. gummigelagerte Aufhängesysteme, bei denen ein direkter Kontakt zwischen Trommelkessel und Aufhängung vermieden wird.

Verarbeitungsqualität der Trommelkessel

- Für einen sauberen Klang ist es bei einem Trommelkessel wichtig, dass er rund ist und die Kesselgratungen, d.h. die eigentlichen Auflageflächen für die Felle, exakt und an allen Stellen gleich gearbeitet sind und der Kessel auf einer ebenen Fläche plan aufliegt.
- Bei den Kesselgratung gibt es unterschiedliche Ausführungen von eher rundlich bis hin zu einer sehr spitzen „messerscharfen" Form.
- Um festzustellen, ob ein Kessel völlig rund ist, lege einfach ein neues Fell auf den Kessel. Berührt es den Kesselrand an irgendeiner Stelle oder ist es offfensichtlich, dass der Abstand an verschiedenen Stellen ungleich ist, besteht die Möglichkeit, dass der Kessel nicht gleichmäßig rund ist. Zur Gegenprobe probiere das gleich noch mit einem weiteren Fell aus.

Leu-Verlag

- Das Snarebed der Snaredrum - darunter versteht man die Ausfräsung am unteren Rand des Snare Drum-Kessels zur exakten Führung und gleichmäßigen Auflage des Snareteppiches am Resonanzfell - sollte ebenfalls sauber gearbeitet sein.

Trommel-Hardware

Unter der Trommel-Hardware versteht man die an einer Trommel angebrachten Beschlagteile wie Spannböckchen, Stimmschrauben und Fellspannreifen:

- Die Stimmschrauben und die Gewindehülsen sollten frei von Schmutz und zudem gut gefettet und leichtgängig sein.
- Die einzelnen Stimmschrauben sollten über Kunststoff-Unterlegscheiben verfügen. Diese isolieren die Schraube vom Spannreifen und verhindern ein allzu leichtes Verstimmen der Trommel bei härterer Spielweise, indem sie sich den Unebenheiten von Schraubenkopf und Spannreifen anpassen.
- Auch die Spannreifen sollten sowohl rund als auch im Bereich der Auflagefläche des Fells plan sein.
- Nicht zuletzt sollten alle Hardwareteile sauber verchromt sein.

Die Trommelfelle

Das angeschlagene *Trommelfell* versetzt die im Trommelkessel vorhandene Luftmasse in Schwingung. Das Fell ist demnach Klangerzeuger und Schallabstrahler zugleich. Je besser das Fell schwingen kann, desto effektiver ist die in Schall umgesetzte Energie. Um also die Schwingung des Trommelfells frei von Nebengeräuschen zu ermöglichen, sollte der Fellreifen den Trommelkessel nicht berühren und das Fell nur auf dem Kesselrand aufliegen. Messungen haben ergeben, dass bei einem im Winkel von 45 Grad abgeschrägten Kesselrand die Schwingungen optimal abgestrahlt werden.

Auch das Fellmaterial bestimmt den Klangcharakter einer Trommel. Aufgrund ihrer Materialeigenschaften zeichnen sich die verschiedenen Felltypen durch eine unterschiedlich starke Dämpfung der Obertöne aus. Felle mit größerer Dämpfung haben scheinbar ausgeprägtere Grundtöne und klingen daher weicher, dunkler und voller als ungedämpfte Felle.

Klangeigenschaften der Trommelfelle

- Die *unterschiedliche Materialbeschaffenheit* der verschiedenen Felltypen ist für eine unterschiedlich starke Dämpfung der Obertöne verantwortlich.
- Der Klang einer Trommel besteht aus einem *Grundton* und den dazugehörenden *Obertönen*.
- Die *Obertöne* schwingen bei jedem Ton unterschwellig mit und bestimmen die Klangfarbe des Instrumentes.
- *Ungedämpfte Felle* klingen sehr offen und knackig, die Obertöne kommen voll zur Geltung. Felle, die *stärker gedämpft* sind, haben scheinbar ausgeprägtere Grundtöne und klingen daher weicher, dunkler und voller.
- *Dünnere* Felle ermöglichen das Spielen in allen Dynamikbereichen, haben eine schnelle Ansprache und erzeugen einen sehr klaren und lebendigen Sound. Diese Felle werden daher häufig im Jazz, Latin oder Fusion verwendet. Für den Einsatz im Rock bzw. Hard-Rock benötigt man in der Regel dagegen *dickere*, stabilere und festere Felle, die für einen voluminösen Sound mit größerer Lautstärke sorgen.
- Probiere mit der Zeit einfach verschiedene Felltypen und auch Möglichkeiten der unterschiedlichen Fellstimmung aus. So sammelst du Erfahrung und wirst mit der Zeit den für dich optimalen und individuellen Sound bekommen.

Die Cymbals

Die *Cymbals* werden zum Spielen durchlaufender rhythmischer Figuren (Ridecymbal/Hi Hat) oder zum Setzen von Akzenten, Abschlägen bzw. Effekten (Crashcymbals) benutzt. Je nach Materialbeschaffenheit, Herstellungsart, Größe, Dicke und Gewicht entstehen sehr unterschiedliche Klangcharakteristika und damit musikalische Einsatzmöglichkeiten. Ein Cymbals Basisset besteht in der Regel aus einem Paar Hi Hat Cymbals, einem Ride- sowie einem Crash Cymbal.

Neben den verwendeten Legierungen und Fertigungsvorgängen haben der Durchmesser, das Gewicht, die Form und die Dicke eines Cymbals entscheidenden Einfluss auf seinen Klang.

Die **Cymbalkuppe** bestimmt hauptsächlich die Zusammensetzung der Obertöne. Eine kleine Kuppe bestimmt hierbei zum größten Teil den Klang, das Ausschwingverhalten und die Stockansprache eines Cymbals. Eine große Kuppe erzeugt mehr Obertöne mit viel Volumen und ermöglicht eine schnellere Ansprache.

Der gewölbte Teil des Cymbals, der zwischen dem Rand und der Kuppe liegt, wird **Cymbalschulter** genannt. Die Schulter ist hauptsächlich für die Tonhöhe verantwortlich. Flachere Cymbals klingen tiefer und haben mehr Obertöne. Je stärker die Wölbung der Schulter ist, desto höher wird die Stimmung und die Obertöne nehmen ab.

Auch das **Gewicht** eines Cymbals bestimmt seine Tonhöhe und Ansprache. Leichtere und mittlere Cymbals entwickeln beim Stockanschlag einen feineren 'Ping'-Sound und mehr Obertöne. Sie sprechen schnell an und klingen kürzer aus. Schwere Cymbals haben einen durchdringenden 'Ping'-Sound mit weniger Obertönen. Diese Cymbals bauen sich vom Klang her langsamer auf. Mittelschwere Cymbals sind von ihrer Tonlage her mittelhoch bis hoch, schwere Cymbals sind in der Tonlage noch höher.

Der **Durchmesser** eines Cymbals bestimmt die maximale Lautstärke. Je größer ein Cymbal ist, desto lauter klingt es, von der Stärke des Stockanschlages einmal abgesehen. Große Cymbals reagieren langsamer auf den Stockanschlag und klingen länger aus. Im Gegensatz dazu sprechen kleinere Cymbals schneller auf die Stockarbeit an und klingen schneller aus.

- Der Klang der Cymbals, die zum Spielen durchlaufender rhythmischer Figuren (Ridecymbal/Hi Hat) oder zum Setzen von Akzenten, Abschlägen bzw. Effekten (Crashcymbal) benutzt werden, ist je nach *Materialbeschaffenheit, Herstellungsart, Größe, Dicke, Durchmesser, Form* und *Gewicht* sehr unterschiedlich.
- *Größere* Cymbals klingen insgesamt lauter und schwingen länger aus. *Kleinere und leichtere* Becken sprechen recht schnell auf den Stockanschlag an und verklingen schneller.
- Gerade die Auswahl deiner Cymbals solltest du in einem Schlagzeugfachgeschäft treffen, das eine große Cymbalauswahl testbereit in seinem Angebot hat. Der Klang der Cymbals fällt auch bei gleicher Serienbezeichnung häufig sehr unterschiedlich aus.

Die Trommelstöcke

Wichtig ist ebenfalls die Wahl der *Trommelstöcke*, die maßgeblichen Einfluss auf den Sound des Schlagzeuges und der Cymbals haben. Ausschlaggebend sind hierbei die Beschaffenheit der Stockspitze, die Form, das Gewicht, die Balance, die Länge sowie das Material, aus dem der Stock hergestellt wird. Zudem solltest du auf die *Haltbarkeit*, ein gutes *Spielgefühl* sowie die *Griffigkeit* der Sticks achten. Erfahrungsgemäß braucht es einige Zeit, bis du die für dich richtigen Drumsticks gefunden hast. Am Besten probierst du im Laufe der Zeit verschiedene Modelle unterschiedlicher Hersteller aus, damit du ein Gefühl für die für dich optimalen Sticks bekommst.

Hörakkustik

Mittlerweile hat es sich auch bei vielen Musikern herumgesprochen: Das Wissen um lärm-bzw. musikbedingte Hörschädigungen und Ohrgeräusche (Tinnitus) hat mit der Zeit dazu geführt, dass das Interesse am Umgang mit den potentiellen Gefährdungen und der Suche nach geeigneten Lösungen geweckt wurde. Mittlerweile gibt es viele Musiker, die verantwortungsbewusst mit diesem Thema umgehen und beim Musikmachen Gehörschutz verwenden: in erster Linie sogenannte Ohrstöpsel bzw. „earplugs", die in unterschiedlichen Ausführungen und Preisklassen angeboten werden.

Beim Gebrauch gängiger Arbeitschutz- oder Schlaf-Stöpsel stellt man in der Regel fest, dass diese zu sehr dämpfen und insbesondere durch die starke Beschneidung der Höhen einen verzerrten und dumpfen Sound vermitteln. Und besonders für den Drummer ist das Tragen von Gehörschutz auch unter ergonomischen Gesichtspunkten zu betrachten, kann das veränderte Hören doch gegebenenfalls das Spiel verändern. In der Gewöhnungsphase kann das eigene Spiel lauter und damit anstrengender werden. Bei höhenschluckenden Stöpseln verstärkt sich oft der Anschlag auf Cymbals und Snaredrum, was zu einer Fehlbelastung ähnlich der Entstehung eines Tennisarms führen kann. Und - die Mitspieler könnten sich über zunehmende Lautstärke beschweren. Daher ist die richtige Wahl des Gehörschutzes, abgestimmt auf die entsprechende musikalische Situation, von großer Bedeutung.

Auf dem Markt gibt es mittlerweile viele unterschiedliche Gehörschutzmittel vom einfachen Ohrstöpsel über die dauerverwendbaren „earplugs" bis hin zum vom Hörgeräte-Akustiker angebotenen maßgefertigten Gehörschutz. Dabei wird der Wirkungsbereich der einzelnen Gehörschutzmittel jeweils mit einem Zahlenwert angegeben, der als Angabe in dB(A) der mittleren Dämmung eine gewisse Vergleichbarkeit erlaubt und die Auswahl für unterschiedliche Einsatzbereiche in den verschiedenen musikalischen Situationen ermöglicht.
Darüber hinaus gibt für Drummer vom Schallschutzkopfhörer bis hin zum sogenannten In-Ear-Monitoring im Bereich der elektronisch verstärkten Musik weitere Möglichkeiten, optimalen Schallschutz mit Monitoring zu kombinieren.

Neben anderen ist die Firma HEARSAFE von Eckhard Beste ist auf dem Gebiet des Gehörschutzes speziell für Musiker sicherlich führend und bietet eine große Auswahl der unterschiedlichsten Gehörschutzmittel. Auf der Hompage von HEARSAFE findest du ständig die aktuelle Auflistung aller Produkte, Infos und auch Preise. Wer also seinen Ohren etwas Gutes tun und seine Hörfähigkeit bewahren möchte, sollte sich dort mal umschauen.

Die Welt der E-Drums und V-Drums - eine wichtige Facette des modernen Drummings

Auf deinem bisherigen Weg als Schlagzeuger bist du bestimmt schon das ein oder andere Mal mit E-Drums in Kontakt gekommen. Sehr viele Drummer haben da zunächst Vorbehalte, lernen aber dann schnell die Vorteile solcher E-Drums zu schätzen. Die Dinger werden einfach immer besser und haben weder beim Spielgefühl, noch beim Thema Sound noch was mit den frühen E-Drums der 70er und 80er Jahre und ihren harten Gummitellern samt futuristischer „Piuuuu", „Duff" und „Zissscchhh" Sounds zu tun. Das hatte auch seinen ganz eigenen Charme und die damalige Musik bestimmend geprägt. Auch heutzutage sind in praktisch jedem Soundmodul solche kultigen Elektrosounds integriert, dazu jede Menge Effekte und Spezialsounds, die mit akustischen Drums so niemals spielbar wären. Immer besser gelingt es aber eben auch, genau diese akustischen Sounds zu imitieren, selbst die schwierigen Cymbalsounds gleichen sich dem Original immer mehr an.

Die Firma Roland war schon früh mit dabei und hat die Welt der E-Drums entscheidend mitgeprägt. Zum Beispiel durch den Einsatz der Gewebefelle, die die Pads nicht nur realistischer spielbar machen, sondern vor allem auch leiser. Auch die Sounds werden immer realistischer, so ist bei den neuesten V-Drums Modellen mit SuperNAUTRAL Sounds und dazugehörigem Behavior Modeling das Spielerlebnis nur noch schwer vom akustischen Original zu unterscheiden.

TD-30 KV

Als Übungsset für zuhause ist so ein leises E-Drum mit einem Kopfhörer jederzeit einsatzbereit. Wer nicht gerade extreme Probleme mit Trittschall in der Wohnung hat, kann selbst in der Mietwohnung jederzeit loslegen, da gibt es keine Ausrede mehr. Das Set klingt immer gut. Es muss nichts gestimmt werden, alles klingt immer hochprofessionell (Stimmen musst du als Drummer aber natürlich ebenso üben, auch dafür braucht es jede Menge Erfahrung und Übung!). Es ist auch nicht nur EIN Drumset, es sind VIELE Drumsets auf einmal. Blitzschnell lässt sich hier alles von Rock über Jazz auf Latin, Hip Hop, Metal und unzählige andere Sounds switchen. Das kann entscheidend sein, um das richtige Spielgefühl für den jeweiligen Stil zu entwickeln.

Das alles macht sofort Spaß und hat mit den integrierten Übungsfunktionen sogar echten Mehrwert beim Üben. Der Rhythm Coach kann dein Spiel durch diverse Übungen mit dem integrierten Click viel sicherer und genauer werden lassen. Dazu sind noch Songs direkt in den Modulen implantiert, die zum Mitspielen in vielen verschiedenen Stilen einladen. Oder du verbindest dein Roland E-Drum mit dem Computer und lässt dich vom Programm Drum Tutor DT-1 spieltechnisch auf Vordermann bringen. Oder du wirst Teil von Rolands Online Social Network für Drummer, genannt „Friend Jam", bei dem du nochmal zusätzliche Songs online mitspielen kannst und dich dabei sogar mit Drummern aus der ganzen Welt misst. Als Übungsset ist so ein E-Drum mit all den Punkten sogar für Profis ein brauchbares Tool mit Spaßfaktor und auch in mancher Musikschule sind E-Drums mit diesen Pluspunkten eingesetzt mittlerweile als Hilfsmittel etabliert.

Als jetzt fortgeschrittener Drummer, der mit Modern Drumming II arbeitet und damit hoffentlich auch aufmerksamer Zuhörer ist, wirst du schon festgestellt haben, dass elektronische Sounds aus modernen Produktionen kaum mehr wegzudenken sind. Es gehört praktisch zum Handwerkszeug moderner Drummer, sich in der Welt der elektronischen Drums auszukennen.

Trotz aller Vorteile werden die E-Drums ihre akustischen Partner wohl nie verdrängen. Aber das wollen sie auch gar nicht. Wenn akustische Drums gefragt sind, sind akustische Drums gefragt. Punkt! Immer mehr Drummer gehen aber auch hin und würzen ihre akustischen Drumsets mit elektronischen Elementen, das müssen dann gar keine kompletten Sets sein. Hybrid-Sets heißen solche Drumsets dann.

Legendär ist hier Rolands OCTAPAD mit integrierten Sounds, das in etwa groß ist wie ein Aktenkoffer und gleich acht Spielflächen auf der Oberseite bietet. So ein OCTAPAD lässt sich sehr komfortabel und platzsparend im Set integrieren und sorgt in der neuesten Generation für beste Bespielbarkeit und jede Menge interessanter Sounds. Wenn du in diesem Buch mit diversen Konzepten und Verteilungen arbeitest, ist es dann zum Beispiel auch sehr interessant, einzelne Akzente einfach mal mit neuen frischen Sounds vom OCTAPAD zu ersetzen. Fills oder Grooves mit Spezialeffekten können dann noch lebendiger werden.

Noch einen Schritt weiter geht das Roland SPD-SX Sampling Pad. Das hat auch integrierte Schlagflächen und Sounds, lässt dich aber sogar auch EIGENE Soundfiles abspielen, die ganz leicht ins Sampling Pad gespielt werden können. So hast du auf der Bühne oder im Studio genau deine Signature Sounds parat, du kannst aber sogar auch kurze Loops oder ganze Songs damit abfahren. Sowas wird von modernen Drummern heute erwartet.

Für die Puristen bietet das Roland TM-2 dafür die Minimallösung. Der kleine Kasten mit zwei Eingängen für Stereotrigger kann Sounds von bis zu vier Monopads oder Triggern abfeuern. Selbst hier sind schon viele Sounds und Effekte integriert und per SD-Card lassen sich dazu bis zu 32 GB eigene Sounds, Loops und Songs laden. Ein Metal-Drummer könnte sich damit zum Sound der per Trigger abgegriffenen Bassdrum diesen typisch metallischen Klick im Attack einfach dazumischen, oder den Natursound bei schwierigen Soundverhältnissen auf der Bühne sogar gleich ganz ersetzen. Oder wie wäre es mit einem Trigger an der Snare für verschiedene Soundvarianten während der verschiedenen Songs eines Gigs? Oder ein extra Pad für die Subbass-gespickte Explosion am Ende eines Songs?
Hier gibt es Möglichkeiten ohne Ende und wer sich damit mal beschäftigt, kann sein Drumming um einige interessante Facetten bereichern.

Hybrid-Drumset

Tipps für Fachzeitschriften

Es gibt einige interessante Musikfachzeitschriften zu kaufen, in denen du viele Interviews, Instrumenten-Testberichte, Workshops und andere Informationen sowie Anregungen rund um das Musikmachen und das Schlagzeug findest. Dadurch kannst du dich ständig über die aktuelle Musikszene informieren und z.B. für die Auswahl deines Drumsets die wertvollen Tipps und Erfahrungswerte nutzen, die Musikprofis in den verschiedenen Testberichten über die einzelnen Instrumente zusammengetragen haben. Auf der internationalen Website 'Drummerworld.com' sind vielfältigste Informationen über Schlagzeuger aus den unterschiedlichsten musikalischen Stilrichtungen zusammengetragen.

STICKS Schlagzeug + Perkussion   www.sticks.de
Musikmachen.de   www.musikmachen.de
Das Portal für junge Musiker/Innen
Drums & Percussion   www. drumsundpercussion.de
drumheads   www.drum-heads.de
percussion creativ   www.percussion-creativ.de
drummerworld   www.drummerworld.com

Lehrbücher von Diethard Stein

Die Vorstufe für den Schlagzeug-Einsteiger:
MODERN DRUMMING BASICS, der Vorstufen-Lehrgang zum Band **MODERN DRUMMING 1,** richtet sich an den absoluten Schlagzeug-Einsteiger, mit CD incl. aller Übungen und 5 Play along- Songs
Die anschließende Weiterführung liegt hier vor:
MODERN DRUMMING 1, Schlagzeugschule mit CD zum Mitspielen, das praxisnahe und umfassende Lernprogarmm, alle modernen Spieltechniken und musikalischen Stilrichtungen, umfangreiche Groovesammlung, Fill Ins, spieltechnische Übungen, Rudiments etc.
Der weiterführende 2. Band für semi-professionelle bzw. professionelle Drummer:
MODERN DRUMMING 2, weiterführende Schlagzeugschule mit CD mit allen aktuellen Konzepten des modernen Schlagzeugspiels: Linear Drumming, Permutation, Substitution, Odd Times, metrische Modulation, Systeme, Koordination, Rhythmik, Grooves und Licks aus allen musikalischen Stilrichtungen, 8 Play along-Songs
Lernen von den Top-Schlagzeugern:
MODERN DRUMMING 3, Schlagzeug-Transkriptionen, ergänzend zu MODERN DRUMMING 1 und 2, Original-Transkriptionen, bearbeitet von Diethard Stein und Michael Strunk, Stilanalysen, Spieltechnikerläuterungen.
Die ergänzenden Groove-Tools zu MODERN DRUMMING 1:
MODERN DRUMMING Grooves, Lehrbuch mit CD, Schlagzeug-Groove-Tools, Groove-Konzepte aller musikalischen Stilrichtungen, notierte Grooves, 12 Basictracks

Klassische Standard-Lehrbücher

Snaredrum/Spieltechnik/Rudiments
01.	150 Rudimental Solos	Charley Wilcoxon
02.	The Duthart Book, Pipe Band Snaredrum Compositions	Alex Duthart

Koordination/Unabhängigkeit/Grooves/Konzepte:
03.	Patterns I-IV	Gary Chaffee
04.	Linear Time Playing	Gary Chaffee
05.	Four Way Coordination	Marvin Dahlgreen
06.	Extreme Interdependence	Marco Minnemann
07.	The New Breed 1 + 2	Gary Chester
08.	Future Sounds	David Garibaldi

Jazz:
09.	The Art Of Bop Drumming	John Riley
10.	Beyond Bop Drumming	John Riley
11.	The Erskine Method for Drumset	Peter Erskine

Latin:
12.	Afro Cuban Grooves for Bass and Drums	Lincoln Goines/Robby Ameen
13.	Afro Cuban Rhythms for Drumset	Frank Malabe/ Bob Weiner
14.	Brazilian Rhythms for Drumset	Duduka Forseca/ Bob Weiner

Rhythmische Konzepte: Polyrhythmik, ungerade Metren:
15.	Even in The Odds	Ralph Humphrey
16.	Rhythmic Illusions	Gavin Harrison
17.	Rhythmic Perspectives	Gavin Harrison
18.	Ricks Licks	Rick Gratton

Leu-Verlag

Credits

Diethard Stein wird unterstützt durch:

	Online-Fachmagazin für Schlagzeug & Perkussion	www.sticks.de
	Musikbuch - Verlag	www.leu-verlag.de
	Drums	www.sonor.de
	Cymbals	www.anatolian.com
	E-Drums	www.rolandmusik.de
	Drumsticks	www.vater.com
	Drumcases	www.aheadarmorcases.com www.musikwein.de
	Plattform für den professionellen Online-Musikunterricht	www.doozzoo.com
	Notationssoftware	www.klemm-music.de

Aktuelle Infos findest du auf meiner Website: **www.diethardstein.com**

Leu-Verlag